Der Name Gottes
in deutschen Übersetzungen
des Neuen Testaments

Der Name Gottes
in deutschen Übersetzungen
des Neuen Testaments

Wie Bibelübersetzer kenntlich machen,

wo mit *kyrios* Gott gemeint ist

Nikodemus Löffelmann

Bibliografische Information der Deutschen Nationalbibliothek: Die Deutsche Nationalbibliothek verzeichnet diese Publikation in der Deutschen Nationalbibliografie; detaillierte bibliografische Daten sind im Internet über dnb.dnb.de abrufbar.

Der Name Gottes in deutschen Übersetzungen des Neuen Testaments. Wie Bibelübersetzer kenntlich machen, wo mit *kyrios* Gott gemeint ist.

©2019 Nikodemus Löffelmann

Herstellung und Verlag: BoD – Books on Demand, Norderstedt.

ISBN: 978-3-7481-5955-1

INHALTSVERZEICHNIS

3

5

6

7

Teil Zwei: Andere Methoden, kenntlich zu machen, wo mit *kyrios* Gott gemeint ist

Bibelstellen: Kapitel werden von Versen durch einen Doppelpunkt getrennt

Abkürzungen biblischer Bücher, in alphabetischer Reihenfolge:

1Jo	1. Johannesbrief	Ag	Apostelgeschichte
1Ko	1. Korinther	Eph	Epheser
1Pe	1. Petrus	Gal	Galater
1Th	1. Thessalonicher	Heb	Hebräer
1Ti	1. Timotheus	Jd	Judas
2Jo	2. Johannesbrief	Jk	Jakobus
2Ko	2. Korinther	Jo	Johannes (Evangelium)
2Pe	2. Petrus	Kol	Kolosser
2Th	2. Thessalonicher	Lk	Lukas
2Ti	2. Timotheus	Mk	Markus
3Jo	3. Johannesbrief	Mt	Matthäus
		Off	Offenbarung
		Phm	Philemon
		Php	Philipper
		Rö	Römer
		Tt	Titus

Ich verwende der Einfachheit halber die geläufigen Bezeichnungen *Altes Testament* und *Neues Testament*, obwohl Begriffe wie *Hebräische Heilige Schriften* und *Christliche Griechische Heilige Schriften* korrekter wären.

Zitate, Buch- und Aufsatztitel gebe ich in der originalen Schreibwiese wieder, ohne auf Abweichungen zur aktuellen Orthographie hinzuweisen.

Ein paar Zitate, um zu zeigen, wie weit die Meinungen auseinandergehen:

"Der Uebersetzer darf ..., wenn er ... ehrlich und treu mit seinem Original umgehen will, ein Wort, welches durch die Zeit viele Veränderungen erlitten hat, nicht aufnehmen; er muß es mit einem andern, welches den Begriff des Originals erreichet, und den Sitten seiner Zeit ähnlicher ist, vertauschen, oder es doch zum wenigsten mit einem kleinen Zusatz mildern. Nach dem Orientalischen Sprachgebrauch wird das Wort κύριος (Herr) nur Gott und denen, die das Bild seiner Majestät auf dieser Erde an sich tragen, zugeeignet, aber in unserer Sprache gibt es beynahe so viele Herren, als es Männer gibt. Im N.T. heißt immer unser göttlicher Erlöser κύριος; <u>übersetzt man nun dies Wort durch Herr, so verliert es seine ganze orientalische Kraft</u>, und wird ganz von seiner alten Größe und Höhe herabgesetzt. <u>Schicklicher</u> wäre es daher für unsere Zeiten, es mit dem ebräischen Worte <u>Iehova</u> zu vertauschen, da auch schon die 70 Dollmetscher יהוה durch κύριος übersetzen."[1]

„Gott ist in allen Teilen der Bibel derselbe bzw. dieselbe. Deshalb werden die entsprechenden Stellen, bei denen es sich um Übersetzungen des Eigennamens Gottes in das Griechische handelt, ebenfalls markiert. ... Die Hervorhebung ... verweist nicht darauf, dass an den entsprechenden Stellen das Tetragramm im übersetzten Text steht, sondern sie gibt eine Entscheidung durch die Übersetzer wieder, kyrios <u>an diesen Stellen als Übertragung des Gottesnamens zu verstehen</u> und nicht z.B. als alltägliche Anrede."[2]

---

[1] Rektor Christian Gottfried Müller, in: *Eine Abhandlung. Daß die Uebersetzung von der Anrede gyné durch Weib im N.T. unsern Zeiten gar nicht angemessen, und wie sie schicklicher zu übersetzen sey.* Schleiz, bey Johann Gottlieb Mauken, 1782

[2] Vorwort der *Bibel in gerechter Sprache.*

„*Matthäus 1 V. 20 wird* Engel des Herrn *in* Bothe Jehovens *ohne Noth um-gewandelt; denn warum wollen wir … das hebräische* Jehova *da einführen, wo es nicht steht? Hieße das nicht, die Sache in einer freyen Uebersetzung <u>zu genau</u> zu nehmen?*"[3]

„*Geradezu <u>empörend</u> ist es für gläubige Christen, dass die „Übersetzer", wenn im NT bei alttestamentlichen Zitaten der Herr geschrieben steht, auch dann noch* Jehova *einzusetzen, wenn die neutestamentlichen Schreiber das Zitat offensichtlich auf Jesus Christus beziehen.*"[4]

„*Das <u>herausragendste Merkmal</u> der vorliegenden Übersetzung besteht demnach darin, daß der göttliche Name wieder an seinem rechtmäßigen Platz im deutschen Text eingesetzt worden ist. Das wurde durch den Gebrauch der deutschen Form „Jehova" erreicht, die … 237mal in den Christlichen Griechischen Schriften erscheint.*"[5].

---

[3] *Oberdeutsche allgemeine Litteraturzeitung*, 25. November 1796, S. 1021: Rezension zu *Sämmtliche Schriften des Neuen Testaments, Zweyte völlig umgearbeitete Ausgabe*, Zürich 1795.

[4] Dietrich Hellmund: Rezension *Die „Neue-Welt-Übersetzung" – die Bibel der Zeugen Jehovas*. In: *Materialdienst der EZW* 1/2006.

[5] Vorwort der *Neue-Welt-Übersetzung der Heiligen Schrift*

EINFÜHRUNG

Im 4. Kapitel des Evangeliums nach Lukas wird berichtet, dass Jesus in seinem Heimatort Nazareth, wie er es gewohnt war, an einem Sabbattag in die Synagoge ging. Es wurde ihm eine hebräische Schriftrolle gereicht, die den Text des Propheten Jesaja enthielt, und Jesus öffnete die Rolle und las auf Hebräisch jene Sätze vor, die in unseren Bibeln am Beginn des 61. Kapitels von Jesaja zu finden sind: *"Der Geist des Souveränen Herrn JHWH [der Name Gottes: Jahweh, oder Jehovah] ist auf mir..."* Wer diesen Bericht in einer der Abschriften des griechisch verfassten Lukasevangeliums[6] liest, stößt dabei aber nicht auf diesen Namen Gottes, sondern im Griechischen steht hier *Herr* (griech. *kyrios*).

Es wird allgemein angenommen, dass der Name Gottes von den Juden beim Lesen üblicherweise laut ausgesprochen wurde, als Jesaja diese Worte in hebräischer Sprache Jahrhunderte vor der Zeit Jesu unter Inspiration niedergeschrieben hatte. Es ist unbestritten, dass in der hebräischen Jesaja-Schriftrolle, aus der Jesus in Nazareth vorlas, das Tetragrammaton stand, das heißt die vier Buchstaben *JHWH*, die den heiligen Namen Gottes bilden. Daher stellt sich die Frage, warum dieser Name in keiner einzigen griechischen Handschrift des Neuen Testaments zu finden ist, die darüber berichten, dass Jesus jene Worte Jesajas laut vorlas. Wieso also stimmen die griechischen Handschriften des Neuen Testaments nicht mit den hebräischen Handschriften des Alten Testaments überein, wenn es um den Gebrauch des Namens Gottes geht?

Dafür gibt es unterschiedliche Erklärungsversuche:

1.) Jesaja verwendete unter göttlicher Inspiration den Namen Gottes, und dieser Name war auch in der Schriftrolle enthalten, die Jesus in der Synagoge in Nazareth gereicht wurde. Doch Jesus las nicht exakt das vor, was auf der Rolle stand, sondern er vermied es, beim Vorlesen den Gottesna-

---

[6] Lk 4:18

men auszusprechen. Das würde bedeuten, dass der Sohn Gottes aufgrund eines lange nach der Zeit Jesajas aufgekommenen jüdischen Brauchs etwas anderes vorlas, als sein Vater dem Propheten Jesaja diktiert hatte. Doch Jesus trat sonst entschieden dagegen auf, dass die Juden ihre Überlieferungen über das Wort Gottes stellten.

Oder:

2.) Jesaja verwendete unter göttlicher Inspiration den Namen Gottes; dieser Name war auch in der Schriftrolle enthalten, die Jesus in der Synagoge in Nazareth gereicht wurde; und Jesus las den hebräischen Text der ihm gereichten Schriftrolle unverändert vor, indem er den Namen Gottes aussprach. Das würde bedeuten, dass der Evangelist Lukas, der in griechischer Sprache über diese Begebenheit berichtete, Jesu hebräische Worte nicht korrekt wiedergab, sondern unter göttlicher Inspiration den Namen Gottes (den Jesaja unter göttlicher Inspiration noch zu verwenden hatte) vermied und ihn einfach durch *Herr* ersetzte.

Oder:

3) Jesaja verwendete unter göttlicher Inspiration den Namen Gottes; dieser Name war auch in der Schriftrolle enthalten, die Jesus in der Synagoge in Nazareth gereicht wurde; und Jesus las exakt den hebräischen Text der ihm gereichten Schriftrolle vor, indem er den Namen Gottes aussprach. Der Evangelist Lukas, der unter göttlicher Inspiration in griechischer Sprache über diese Begebenheit berichtete, gab Jesu Worte einschließlich des Namens Gottes korrekt wieder. Das würde bedeuten, dass frühe Abschreiber des Evangeliums den Namen durch das griechische Wort *kyrios* (*Herr*) ersetzten, und zwar zu einem so frühen Zeitpunkt, dass keine einzige der heute bekannten Handschriften des Neuen Testaments den Namen enthält.

Nun kann eine solche Änderung des neutestamentlichen Textes durch frühe Abschreiber mangels Handschriftenmaterials aus dem maßgeblichen Zeitraum weder belegt noch widerlegt werden. Zumindest für die griechischen Abschriften des <u>Alten</u> Testaments ist aber nachgewiesen, dass um den fraglichen Zeitraum herum genau eine solche Textänderung eintrat: Die ältesten erhaltenen Fragmente griechischer Handschriften des

Alten Testaments enthalten mitten im griechischen Text noch den Namen Gottes, sei es als Tetragramm in hebräischer Quadratschrift oder in althebräischer Schrift, oder in Form der hebräischen Buchstaben ⁔ [7] oder der griechischen Buchstaben *IAO*. Spätere Abschreiber änderten aber den Text, sodass in allen jüngeren Handschriften an diesen Stellen nur mehr das griechische Wort für *Herr* (*kyrios*) steht.

Einige[8] denken, dass frühe Abschreiber des Neuen Testaments ebenso vorgingen wie es von den griechischen Abschriften des Alten Testaments bekannt ist: dass also der Name in den Urschriften des Neuen Testaments noch enthalten war und erst im Lauf des Zweiten Jahrhunderts von Abschreibern weggelassen bzw. durch *kyrios* ersetzt wurde. Es gibt aber keinen dokumentierten Nachweis für eine solche Änderung der Originaltexte des Neuen Testaments durch spätere Abschreiber. Keine der heute bekannten alten Handschriften des Neuen Testaments enthält den Namen Gottes. Da jedoch weder Originale neutestamentlicher Schriften erhalten geblieben sind, noch aus den ersten etwa 100 Jahren ab der Niederschrift der Originale auch nur ein einziges für den Gebrauch des Gottesnamens relevantes Handschriftenfragment des Neuen Testaments vorhanden ist, wäre es theoretisch durchaus möglich, dass in diesem Zeitraum eine Änderung durch Abschreiber stattgefunden hat.

Solche und ähnliche Überlegungen haben einige Bibelübersetzer veranlasst, den Namen Gottes in neuzeitliche Übersetzungen des Neuen Testaments aufzunehmen, obwohl er im griechischen Text nicht (bzw. ihrer Meinung nach: nicht <u>mehr</u>) vorhanden ist. Nur sehr wenige dieser Übersetzer begründen ihre Vorgehensweise. Einige Übersetzer gehen insofern halbwegs konsequent vor, als sie den Namen zumeist dort verwenden, wo im Neuen Testament Stellen aus dem Alten Testament zitiert werden, die dort im hebräischen Grundtext den Namen Gottes enthalten; andere hingegen verwenden den Namen nach nicht nachvollziehbaren Kriterien nur ganz vereinzelt im Neuen Testament.

---

[7] J J

[8] z.B. der amerikanische Hebraist George Howard; die Zeugen Jehovas, die die *Neue-Welt-Übersetzung* der Bibel herausgeben; Angehörige des *Sacred Name Movements* (vgl. S. 123)

Ein Sonderfall, auf den näher einzugehen diesen Rahmen sprengen würde, sind (Teil-)Übersetzungen des Neuen Testaments aus dem Aramäischen[9] und aus dem Hebräischen[10], bzw. der Versuch einer Übersetzung aus einem hypothetisch rekonstruierten Urtext in solchen Sprachen.[11] Einzelne Forscher meinen, dass diese Sprachen den Grundtext zumindest einiger neutestamentlicher Schriften bieten, der erst später ins Griechische übersetzt worden sei.

Ziel dieser Zusammenstellung

Die folgenden Seiten sollen einen Überblick geben, auf welche Weise deutschsprachige Bibelübersetzer den Namen Gottes im Text des Neuen Testaments hervorgehoben haben:

In Teil Eins wird ein umfassender Überblick über jene deutschsprachigen Übersetzungen des Neuen Testaments geliefert, die den Namen Gottes in irgendeiner Form (*JHWH, Ihova, Jova, Jehova, Jehovah, Jahve, Jahwe, Yahweh*) im biblischen Text verwenden.

Anschließend wird in Teil Zwei gezeigt, welche sonstigen Vorgehensweisen deutschsprachige Übersetzer des Neuen Testaments gefunden haben, um bei der Wiedergabe des griechischen Wortes *kyrios* zwischen Gott, dem Vater, und dem Herrn Jesus zu differenzieren: die Verwendung groß geschriebener persönlicher Fürwörter (z.B. *ER, IHM*), die Verwendung von *Gott, Adonai* oder *Ewiger*, die Schreibweise *HErr* oder *HERR* im Gegensatz zu *Herr*, und die Verwendung von Zusätzen in Klammern oder Fußnoten.

Abschließend werden in Teil Drei Übersetzungen in Bezug auf die Verwendung des Namens Gottes miteinander verglichen: in einer tabellarischen Übersicht, in einem knappen inhaltlichen Vergeich, und in einer nach Bibelversen geordneten umfangreichen Auflistung der Wiedergaben.

---

[9] z.B. von Holger Grimme (vgl. S. 117)

[10] z.B. von Moritz Heidenheim (vgl. S. 103 u. S. 134)

[11] z.B. von Johann Adrian Bolten (vgl. S. 52)

Zur Auswahl der hier beschriebenen Übersetzungen

Bibelübersetzer verfolgen unterschiedliche Ziele, so streben manche eher eine wörtliche, andere eher eine sinngemäße Wiedergabe an. Ich maße mir nicht an, zu entscheiden, was noch eine *Übersetzung* des Neuen Testaments ist und was nicht, sondern liste hier im Streben nach Vollständigkeit auch Paraphrasen, "erklärende Übersetzungen", Evangelienharmonien und poetische Nachdichtungen auf, sowie Autoren, die in ihren Schriften lediglich einzelne Zitate aus dem Neuen Testament lieferten oder sich in Nacherzählungen der Evangelien stellenweise eng an den biblischen Text anlehnten und dabei den Namen Gottes verwendeten.

Nicht aufgenommen in diese Zusammenstellung habe ich solche Übersetzungen, die den Gottesnamen ausschließlich in – in den Text eingeschobenen – Erklärungen anderer Eigennamen verwenden.[12]

Meines Wissens gab es bisher keine auch nur annähernd so umfangreiche Übersicht über die Verwendung des Gottesnamens in deutschsprachigen Übersetzungen des Neuen Testaments. Die umfangreichsten mir bekannten Auflistungen befinden sich in Publikationen der Zeugen Jehovas. Dabei wurden insgesamt bloß dreizehn deutsche Übersetzer genannt, die den Namen Gottes im Text des Neuen Testaments verwenden,[13] außerdem

---

[12] also Übersetzungen, die z.B. Lukas 1:13 (*„du sollst ihm den Namen Johannes geben"*) mit *„du sollst ihm den Namen Johannes', das heißt „Jehova ist gnädig', geben"* wiedergeben

[13] So hieß es 1983 (*Gottes Name im Neuen Testament*, in: *Wachtturm* 15.9.1983), dass es "in Deutsch wenigstens sechs Übersetzungen des Neuen Testaments gibt, die den göttlichen Namen enthalten", nämlich die von Dominikus von Brentano, Johann Christoph Friedrich Schulz, Johann Jakob Stolz (Ausgabe 1798), Johann Babor, Petrus Dausch (Bonner Bibel) und Sebastian Mutschelle. – 1986 wurden im Anhang der *Neue-Welt-Übersetzung der Heiligen Schrift mit Studienverweisen* insgesamt sieben deutsche Übersetzungen genannt, die im Neuen Testament den Gottesnamen verwenden: neben den oben genannten sechs Übersetzungen (dabei wurden bei Stolz auch die von der bereits früher erwähnten Ausgabe von 1798 stark abweichende Ausgabe von 1781/82 sowie die Neuübersetzung von 1820 erwähnt) wurde nun auch auf Wilhelm Martin Leberecht de Wette verwiesen. 1991 (*Die Neue-Welt-Übersetzung zeugt von Gelehrsamkeit und Ehrlichkeit*, in: *Wachtturm* 1.3.1991) stellte man fest: "Es gibt allein 11 deutschsprachige Übersetzungen, die "J[e]hova[h]" (oder "Jahve", die Transkription aus dem Hebräischen) in den Text des "Neuen Testaments" aufgenommen haben."[13] Neben den sieben Übersetzern, die bereits

erwähnte man Luthers Bemühungen, durch die unterschiedlichen Schreibweisen von *HERR* auch im Neuen Testament auf den Namen Gottes hinzuweisen.

In den nächsten Jahren wird es möglich werden, den Namen Gottes in weiteren deutschen Übersetzungen neutestamentlicher Schriften zu entdecken – durch den leichteren Zugriff auf rare Bücher dank fortschreitender Digitalisierung von Bibliotheksbeständen[14] und durch Verbesserungen bei der Texterkennung von Frakturschrift, die eine elektronische Volltextsuche erleichtern. Doch schon der Umfang der vorliegenden Übersicht mag jene überraschen, die die Verwendung des Gottesnamens im Neuen Testament bisher fast ausschließlich mit der *Neue-Welt-Übersetzung* der Zeugen Jehovas in Verbindung brachten.

---

bis 1986 genannt worden waren, listete man nun auch Carl Friedrich Bahrdt, Georg Friedrich Griesinger, Friedrich Muenter und Heinrich August Wilhelm Meyer auf. – 2008 (*Gehört der Name Jehova ins Neue Testament?* in: *Wachtturm* 1.8.2008) erwähnte man zusätzlich das Neue Testament Heinz Schumachers. Dazu kommt natürlich noch die *Neue-Welt-Übersetzung* selbst.

[14] z.B. das VD18-Projekt (www.vd18.de, Verzeichnis der im deutschen Sprachraum erschienen Drucke des 18. Jahrhunderts), ZVDD (www.zvdd.de, Zentrales Verzeichnis Digitalisierter Drucke), Google Books

TEIL EINS

JHWH, Ihova, Jehova(h), Jahve, Jahwe, Yaweh im Neuen Testament

Der Name und seine Verwendung im Deutschen Sprachraum

Die hebräischen Handschriften des Alten Testaments enthalten den Namen Gottes in der Form יהוה (von rechts nach links: *JHWH*). Der Name kommt im Text des Alten Testaments mehr als 6.800mal vor, häufiger als jeder andere Eigenname und jedes Substantiv. Wie dieses Tetragramm[15] ursprünglich ausgesprochen wurde, ist nicht bekannt: antike schriftliche hebräische Dokumente für die Aussprache existieren nicht, da im Hebräischen nur Konsonanten geschrieben wurden. Und da das Judentum aus Sorge um die Heiligkeit des Namens schon vor langem völlig aufhörte, ihn auszusprechen, existiert auch keine verlässliche mündliche Überlieferung mehr über die korrekte Aussprache.

In lateinischer Schrift wurde der Name Gottes erstmals im Jahr 1278 von dem spanischen Mönch Raymund Martini festgehalten, in der Form *Yohoua*. Im deutschen Sprachraum war über Jahrhunderte hinweg *Jehova(h)* die gängige Schreibweise, die beispielsweise schon Martin Luther in exegetischen Schriften verwendete. In deutschen Bibeln erschien der Name zunächst nur ganz vereinzelt, und wenn, dann meist nur in Fußnoten.[16] Erst zur Zeit der Aufklärung, als mehr und mehr Übersetzer nicht auf lateinische Vorlagen, sondern auf die Ursprachen zurückgriffen, wurde der Name in der Form *Jehova(h)* in großem Stil in den Text deutscher Bibelübersetzungen aufgenommen. Eine Sonderform stellt die um 1800 gelegentlich – vor allem seitens der Rationalisten – verwendete Schreibweise *Jova* dar, die zum Teil in bewusster Anlehnung an die lateinische

---

[15] griechisch: "vier Buchstaben"

[16] Die ersten deutschen Vollbibeln, die den Namen Jehovah in den Bibeltext aufnahm, waren im 17. Jahrhundert in Bern gedruckte Ausgaben nach der Übersetzung von Johann Piscator.

Form des Namens des höchsten heidnischen Gottes der Antike, Jupiter (Zeus) gewählt wurde. Ab Mitte des 19. Jahrhunderts wurde dann vermehrt die Frage der korrekten Aussprache des Namens diskutiert, die sich jedoch nicht mehr endgültig klären lässt. Während sich bei vielen Gelehrten die Form *Jahwe* durchsetzte, blieben die Gläubigen noch lange beim herkömmlichen *Jehova*. In der aktuellen wissenschaftlichen Literatur wird oft die Form *JHWH* verwendet, um es dem Leser zu überlassen, ob und wie er den Namen ausspricht.

All das spiegelt sich auch in den deutschen Übersetzungen des Neuen Testaments wieder, in denen sich seit dem 18. Jahrhundert der Name Gottes nachweisen lässt.

Die Mehrheit der Theologen, die den Namen Gottes auch im Neuen Testament verwendeten, tat dies nur an einzelnen markanten Zitaten aus dem Alten Testament, wie dem von Jesus in Markus 12:29 zitierten *Sch'ma Israel*. Einzelne Übersetzer verwendeten den Namen aber mehr oder weniger konsequent durchgehend; unter den vollständigen Übersetzungen des Neuen Testaments trifft das auf Bahrdt[17], Stolz[18], Meyer[19], die *Neue-Welt-Übersetzung*[20], Pfleiderer[21] Biermanski[22] und Stahl[23] zu.

Chronologischer Überblick über Autoren, die den Namen Gottes im Text des Neuen Testaments verwendeten

Auf den folgenden Seiten wird ein chronologisch geordneter Überblick über Autoren geboten, in deren deutschsprachigen Werken der Name Gottes im Neuen Testament oder in Zitaten daraus erscheint.

---

[17] Näheres zu Bahrdt: S. 30
[18] Näheres zu Stolz: S. 38
[19] Näheres zu Meyer: S. 91
[20] Näheres zur Neue-Welt-Übersetzung: S. 109
[21] Näheres zu Pfleiderer: S. 113
[22] Näheres zu Biermanski: S. 119
[23] Näheres zu Stahl: S. 121

Holger Paulli

Paulli (* 1644 in Kopenhagen; † 1714) war ein dänischer Kaufmann protestantischer Abstammung, der sich als Messias und König der Juden ausgab, sich für die Rückkehr der Juden ins Verheißene Land einsetzte und zahlreiche religiöse Schriften verfasste.

1704: *Jehovah* in Zitat aus Neuem Testament

In seinem 1704 verfassten Pamphlet *Irrendes Israel wieder zurecht gebracht* setzte Paulli Jesus mit Jehova gleich. Paulli zitierte Philipper 2:11 und verwendete dabei den Namen *Jehovah*.

Php 2:11 *"Daß alle Zungen bekennen sollen dass Jesus Messias der Jehovah sey zur Ehre Gottes des Vaters."*

Johann Kayser (Pseudonym: Timotheus Philadelphus)

Kayser (1680 – 1765) war ein Stuttgarter Arzt und Anhänger des Mystikers Jakob Böhme und der Madame Guyon, der sich 1705 – gemeinsam mit Johann Friedrich Rock – von der protestantischen Kirche trennte und 1710 in Stuttgart einen Philadelphischen Kreis und 1717 eine Inspirationsgemeinde gründete. Kayser geriet jedoch mit Rock und mit Zinzendorf in Konflikt und näherte sich im hohen Alter der Amtskirche wieder an.

1734: *Jehovah* neunmal in Übersetzung des Neuen Testaments

1733/34 erstellte Kayser eine freie Übersetzung der historischen Bücher des Neuen Testaments.[24] In dieser teils paraphrasierenden Wiedergabe verwendete Kayser den Namen *Jehovah* neunmal.[25]

Lk 4:18 *"Der Geist des HErrn ist über mir: um deßwillen daß Er mich mit seinem Geist gesalbet hat. Darum hat mich Jehovah gesandt, denen von Herzens-Grund Armen das Evangelium zuverkündigen: ja Er hat mich gesandt, diejenige zuheilen, die eines zerknirschten Herzen-Gemühts sind"*

---

[24] *Das Neue Testament nach dem Sinn des Grund-Textes übersezt*, 1733. Bd.1: Matthäus, Markus, Johannes; 1734 Bd.2: Lukas, Apostelgeschichte

[25] Lk 1:32,47; 3:38; 4:18; 10:27; Ag 3:23, 4:24; 7:33; 13:47

Bemerkenswert ist, dass die Zielgruppe dieses ersten deutschen Neuen Testaments, das den Namen Gottes enthielt, Juden waren. So lautete die Widmung: *"Denen hin und her zerstreueten Juden, welche auf die Zukunft des Messias sehnlich warten"*, und das Vorwort begann mit dem Satz: *"Der Messias ist erschienen, o liebe Israeliten! Bekehret euch zu Gott, so werdet ihr denselben erkennen."*

1735/36 lieferte Kayser, ebenfalls an Juden gerichtet, eine wörtlichere Übersetzung des gesamten Neuen Testaments.[26] Dieses Neue Testament stand mir bisher nicht zur Durchsicht zur Verfügung; ob auch hier der Name Gottes verwendet wurde, bleibt ungewiss.

1737: *Jehovah* 14mal in Evangelienharmonie

1737 erschien eine Evangelienharmonie Kaysers.[27] Darin verwendete Kayser den Namen *Jehovah* 14mal.[28] Bemerkenswert ist auch die Wiedergabe von Lukas 23:43: *"Amen (wahrlich Ich sage dir jez heute) du solt mit mir im Paradeis seyn."*

Lk 4:18 *"Der Geist des Herrn ist in und über mir; um deßwillen daß Er mich gesalbet hat. Darum hat mich Jehovah gesandt, den Armen das Evangelium zuverkündigen, und die am Herzens-Gemühte zerknirschet sind zuheilen; auch eine Freylassung für die Gefangene auszuruffen..."*

1739: *Jehovah* 20mal in Übersetzung der Offenbarung

1739 übersetzte Kayser nochmals die Offenbarung, diesmal auf der Grundlage des von Bengel herausgegebenen griechischen Texts. In dieser Übersetzung der Offenbarung[29] verwendete Kayser den Namen *Jehovah* 20mal.[30]

---

[26] *Das Neue Testament nach dem Buchstaben und buchstäblichen Verstand des Grund-Textes übersezt.*

[27] *Monotessaron Evangelicon, oder das Evangelium und die Evangelische Historie ... aus den vier Evangelisten Matthäo, Marco, Luca und Johanne, ... in eine Rede verfasst. 1737.*

[28] Lk 1:6,8,26,30,32,37,47,64,68; 2:11; 3:38; 4:18; 10:27; Jo 1:1

[29] *Propheticon Omega, oder das große Profeten-Buch; das ist die Offenbarung Jesu Christi, durch Johannes beschrieben, nach dem verbesserten Griechischen Grund-Text gemäs, nach dem Buchstaben übersezt.*

[30] Off 1:2,6,8,9; 4:8,11; 6:9; 12:17; 19:9,10,13; 20:4; 21:3,11,23; 22:1,3,5,6,9

Off 1:8 *"Ich bin das Alfa und das Omega, der Anfang und das Ende: spricht der HERR! Das ist Jehovah GOTT, der da ist, und welcher gewesen, ja welcher komt; der Allgewaltige."*

Nikolaus Ludwig von Zinzendorf

Zinzendorf (* 26. Mai 1700 in Dresden, † 9. Mai 1760 in Herrnhut) war ein lutherisch-pietistischer Theologe und Gründer der Herrnhuter Brüderge-meine. An der Schule in Halle vom Pietisten August Herrmann Francke geprägt, studierte er Rechtswissenschaft in Wittenberg und war von 1721 bis 1732 Hof- und Justizrat in Dresden. 1727 gründete er mit den auf sei-nem Gut aufgenommenen Glaubensflüchtlingen aus Mähren die Herrnhu-ter Brüdergemeine. 1734 wurde Zinzendorf als lutherischer Theologe or-diniert, 1737 als Bischof der Brüdergemeine.

1739: *Jehovah* viermal in Übersetzung des Neuen Testaments

Nachdem Zinzendorf 1727 die "Ebersdorfer Bibel", eine kommentierte Lutherbibel, herausgegeben hatte, versuchte er sich an der Übersetzung kleinerer Bibelteile. 1739 veröffentlichte er seine eigene Übersetzung des Neuen Testaments[31], in der er viermal den Namen *Jehovah* verwendete.[32]

Off 4:11 *"O Jehovah, du unser GOtt, du bist dieser majestät und respects und ansehens würdig: Denn du hast das All geschaffen, und durch deinen willen ist es da und erschaffen worden."*

Friedrich Erhard Rambach

Rambach (* 24. August 1708 in Pfullendorf, Gotha; † 16. August 1775 in Breslau) war ein evangelisch-lutherischer Theologe. Er studierte in Gotha und Halle und unterrichtete ab 1730 in Halle. Ab 1736 war er Pastor in Teupitz, ab 1740 Diakon in Halle, ab 1745 Prediger bzw. Pastor in Magde-burg, ab 1766 Oberkonsistorialrat und Inspektor der Lutherischen Kirchen in Breslau.

---

[31] *Eines Abermahligen Versuchs zur Uebersetzung der Historischen Bücher / der Lehr- und Prophetischen Bücher Neuen Testaments Unsers Herrn Jesu aus dem Original Erste Probe*; 2. verb. Auflage 1744; Nachdruck 1978 bei Georg Olms

[32] 1Ko 12:3; 1Pe 3:14; Off 4:8,11.

1755/56: Jehovah zehnmal in Paraphrase des Neuen Testaments

Er übersetzte mehrere Werke englischer protestantischer Theologen ins Deutsche, darunter die kommentierte Paraphrase des Neuen Testaments[33] von Philip Doddridge (1702 – 1751). Doddridge hatte im Englischen den Namen *Jehovah* zehnmal in der Paraphrase verwendet; auch Rambach verwendete in seiner deutschen Übersetzung[34] der Paraphrase den Namen an diesen Stellen.[35]

Lk 1:68 *"Gelobet sey Jehovah der Gott Israel, der nun seine Verbindung mit uns auf eine herliche Art an den Tag geleget; denn er hat in Gnaden herabgesehen auf sein bekümmertes Volck"*

1768: *Jehovah* zweimal in Paraphrase des Neuen Testaments

Aus dem Englischen übertrug Rambach auch den von späteren englischen Theologen wie Matthew Henry oder Charles Spurgeon hochgeschätzten Kommentar[36] von William Burkitt (1650 – 1703). Beim 8. Band, der Offenbarung, handelt es sich – entgegen den Angaben auf der Titelseite (!) – nicht um eine Übersetzung von Burkitts Werk, sondern um eine Übersetzung von Moses Lowmans (1680 – 1752) *Paraphrase and Notes on the Revelation of St. John*. Rambachs Ausgabe[37] enthält den Bibeltext nach der Lutherübersetzung, gefolgt von einer Übersetzung von Lowmans Paraphrase und Erklärung. Ebenso wie Lowman in seiner Paraphrase verwendet Rambach in deren Übersetzung zweimal den Namen *Jehovah*, und zwar in Offenbarung 4:11 und 21:22.

Paraphrase zu Off 4:11 *"Du, o Jehovah, bist würdig, den vereinigten Dank der Engel und Heiligen zu nehmen; dir allein gebühret Ehre, Preis und Dank. Denn du bist der über alles hochgelobte Gott; du hast alle Dinge erschaffen; durch deinen Willen und Macht hat alles, was da ist, sein Wesen, und durch deine erhaltende Kraft bleiben sie auch, was sie sind."*

---

[33] *The Family Expositor*, 1738–1748

[34] *Herrn Philipp Doddrigde ... Paraphrastische Erklärung der sämtlichen Schriftes Neues Testamentes ... Aus dem Engländischen übersetztet*, Seidel- und Scheidhauersche Buchhandlung, Magdeburg und Leipzig; 1751ff. (Mir lag nur die 2. Auflage vor, 1755ff).

[35] Mk 12:29; Lk 1:68; Ag 2:34; 15:17; Rö 11:3; Off 1:8; 16:5; 19:1,4,6

[36] *Expository Notes, With Practical Observations on the New Testament.*

[37] *Practische Erklärung des Neuen Testamentes*, Gebauer, Halle, 1768

Johann Friedrich Danneil

Danneil (* 21. November 1719 in Quedlinburg, † 10. Februar 1772 ebenda) war ein evangelischer Theologe und Autor von Kirchenliedern. In Quedlinburg war er ab 1754 Prediger, ab 1768 Konsistorialrat und Inspektor des Gymnasiums.

1763: *Jehovah* in poetischem Zitat aus dem Matthäusevangelium

In einem Gedicht zum Evangelium am Palmsonntag[38] lehnte sich Danneil eng an den Wortlaut von Matthäus 21:1–9 an und verwendete dabei den Namen *Jehovah*.

entspricht Mt 21:9 *"Hosianna dem, der kommt, von Davids edlem Samen! Gelobt sey, der da kommt, in des Jehovah Namen!"*

Johann Jakob Hess

Hess (* 21. Oktober 1741 in Zürich, † 29. Mai 1828 in Zürich) war ein evangelisch-reformierter Theologe. Er studierte in Zürich und wurde 1760 zum Predigtamt ordiniert. Nachdem er sich einige Jahre theologischen Studien und schriftstellerischen Arbeiten gewidmet hatte, wurde er 1777 Diakon in Zürich – wo er eng mit Lavater zusammenarbeitete – und 1795 Antistes (Vorsteher, entspricht etwa dem heutigen Präsidenten des Kirchenrats) der Züricher Kirche.

Hess veröffentlichte 1776 bis 1788 eine zwölfbändige *Geschichte der Israeliten vor den Zeiten Jesu*, zum Teil eine Nacherzählung, zum Teil eine Übersetzung des Alten Testaments, in der er durchwegs den Namen *Jehova* verwendete. Seine Arbeiten fanden weite Verbreitung, von einigen seiner Werke erschienen sogar Ausgaben für Katholiken.

1768 – 1773: *Jehovah* neunmal in Evangelienharmonie

1768 bis 1773 verfasste Hess in mehreren Teilen die *Geschichte der drei letzten Lebensjahre Jesu*.[39] Das Werk war teils eine Nacherzählung der Evange-

---

[38] enthalten in: *Zur Erbauung eingerichteten Poesien über alle Festtags-Episteln und Evangelia durchs ganze Jahr*, Andreas Franz Bisterfeld, Quedlinburg u. Leipzig 1763

lien, teils eine Evangelienharmonie. In den wörtlich übersetzten Teilen verwendete Hess neunmal den Namen *Jehova*.[40]

I. Buch 4. Kapitel; die Stelle, die Lk 4:18 entspricht *"Der Geist des Herrn Jehova hat sich meiner ganz bemächtigt. Er hat mich eingeweihet, arme geplagte Menschen mit guten Nachrichten zu erfreuen…"*

1775: *Jehova* sechsmal in Auswahlübersetzung der Apostelgeschichte

1775 erschien Hess' zweibändige *Geschichte und Schriften der Apostel Jesu* (Orell, Zürich), eine durch Zusätze erweiterte Fassung der Apostelgeschichte, in die in chronologischer Ordnung die neutestamentlichen Briefe in neuer Übersetzung aus dem Griechischen eingeschoben waren. In den übersetzten Teilen der Apostelgeschichte verwendete Hess siebenmal den Namen *Jehovah*.[41]

aus 1. Buch 2. Kapitel die Stelle, die Ag 4:36 entspricht *"Immer mögen Fürsten und Herren der Erde zusammentretten wider Jehova, der Gott Israels, und den von ihm verordneten König!"*

1828: *Jehova* fünfmal in Auswahlübersetzung des Neuen Testaments

In den 1828 erschienenen, in ähnlichem Stil gehaltenen *Schriften des Neuen Testaments, bearbeitet*[42] wurde der Name *Jehova* ebenfalls mehrmals verwendet, zusätzlich zu einigen[43] der oben erwähnten Verse auch zweimal in Johannes 12:38.

aus 9. Buch 2. Kapitel die Stelle, die Jo 12:38 entspricht *"Recht eigentlich mußte sich, was Jesajas, der Prophet sagt, erfüllen: Jehova, wer glaubt unserm Vortrag: und wem hat sich Jehova's Arm enthüllt?"*

---

[39] bei Orell, Zürich. In den folgenden Jahrzehnten wurde es immer wieder verbessert neu aufgelegt, so auch unter dem Titel *Lebensgeschichte Jesu* (z.B. bei Schramm u. Frank, Tübingen 1784).

[40] Lk 1:15,28,50,68; 2:14; 4:18; Mk 12:29,30,36.

[41] Ag 2:17,18,25; 4:26; 7:30,49; 13:21.

[42] bei Orell, Füßli & Co, Zürich

[43] Mk 12:29,30,36

1792: *Jehova* in Zitat aus Matthäus-Evangelium

In der 1792 erschienenen *Bibliothek der heiligen Geschichte*[44] zitierte Hess frei aus Matthäus 21:9 und verwendete dabei sowohl den Namen *Jehova* als auch *Ewiger*.[45]

entspricht Mt 21:9 *"Jehova laß es wohl gelinge dem Davidssohne! Heil! Willkommen Er, der kommt im Namen des Ewigen! Willkommen sey unsers Vaters Davids Königreich!"*

Johann Christoph Friedrich Schulz

Schulz (* 18. Mai 1747 in Wertheim, † 28. Jänner 1806 in Gießen) war ein evangelischer Theologe. Nach seinem 1765 begonnenen Theologiestudium in Göttingen wurde er 1771 Professor der orientalischen Sprachen und griechischen Literatur in Gießen und 1773 Theologieprofessor. 1793 wurde er Superintendent der Diözese Marburg und 1803 Landgräflich-hessischer Kirchen- und Schulrat. Er übersetzte Teile des Alten Testaments (Psalm 1– 50, 1772; Pentateuch, 1773) und des Neuen Testaments.

1770: *Jehova* in Teilübersetzung des Matthäus-Evangeliums

Schulz übersetzte eine Schrift des englischen Theologen Erward Harwood[46] ins Deutsche, und ergänzte sie um eine selbstverfasste Übersetzung von Matthäus Kapitel 1 bis Kapitel 13 Vers 50.[47] Darin verwendete er einmal den Namen *Jehova*. Schulz bezeichnete die Übersetzung als *"Mittelding zwischen einer wörtlichen Uebersetzung und einer ganz freyen Umschreibung. … Hiebey wollte ich das Original so treu, wie mir möglich ist, ausdrucken."*

Mt 2:13 *"Sobald sie weg waren, so erschien ein Bote des Jehova dem Joseph im Traum, und redete ihn mit folgenden Worten an."*

---

[44] bei Orell, Zürich

[45] zu *Ewiger* vgl. S.127

[46] *An Introduction to the Study and Knowledge of the New Testament*

[47] *Neue Einleitung in das Studium und die Kenntnis des Neuen Testaments. Aus dem Englischen des Herrn Hartwoods übersetzt. Mit einer Probe einer neuen teutschen Uebersetzung des Neuen Testaments vermehrt.* Johann Justinus Gebauer, Halle 1770

1774: *Jehova* 20mal in Übersetzung der Evangelien

Obwohl Schulz bereits 1770 nach eigenen Angaben das Neue Testament bis zum 2. Korintherbrief übersetzt hatte, erschien erst vier Jahre später der erste Band seiner Übersetzung.[48] In dieser Übersetzung der Evangelien verwendete Schulz 20mal den Namen *Jehova* (z.B. in Mk 12:29).[49]

> Mk 12:29 *"Das vornehmste Gesez, antwortete Jesus, ist dieß: "Höre Israel, Jehova, unser Gott, ist der einzige Gott!""*

Mehr dürfte nicht erschienen sein, obwohl Schulz 1775 in einem anderen Werk[50] im Zusammenhang mit einer die Apostelgeschichte betreffenden Übersetzungsfrage bereits auf den künftigen 2. Teil seines NTs verwies. 1784/85 folgte lediglich noch ein Kommentar über die Korintherbriefe

1774: *Jehova* zweimal in Übersetzungsvorschlag zum Neuen Testament

In einem 1774/75 von Schulz aus dem Englischen übersetzten und um Anmerkungen ergänzten textkritischen Werk[51] zum Neuen Testament verwendete Schulz bei der Besprechung von Mk 12:29 zweimal *Jehova*.

> zu Mk 12:29 *Man lese mit einem Komma bey dem zweyten Kyrios: "Jehova, unser Gott, Jehova ist ein einziger."*

Rochus Friederich zu Lynar

Graf Rochus Friedrich zu Lynar (* 16. Dezember 1708 in Lübbenau, † 13. November 1781 ebenda) war ein protestantischer Verfasser theologischer Schriften, und in den Diensten Dänemarks als Diplomat tätig. Er stammte

---

[48] *Das Neue Testament, aus dem Griechischen übersetzt, mit Anmerkungen für Leser aus allen Ständen. – 1. Band: Die Evangelien*, Weygand, Leipzig 1774

[49] Mir liegt das Werk nicht vor. Die Angaben über die Verwendung des Gottesnamens stützen sich auf den Aufsatz *„Gottes Name im Neuen Testament"*, in: *Der Wachtturm* 15.9.1983, sowie auf das *Bibelarchiv Carlo Vegelahn*, www.bibelarchiv-vegelahn

[50] *Konjekturen über das Neue Testament. Zuerst gesammlet von Wilhelm Bowyer. Aus dem Englischen der zwoten Ausgabe übersetzt und durchaus mit Zusätzen und Berichtigungen bereichert.* Weygand, Leipzig 1775, 2. Band, Anhang

[51] *Konjekturen über das Neue Testament. Zuerst gesammlet von Wilhelm Bowyer. Aus dem Englischen der zwoten Ausgabe übersetzt und durchaus mit Zusätzen und Berichtigungen bereichert.* Weygand, Leipzig 1774

aus einer alten preußischen Adelsfamilie, studierte in Jena und Halle und war ab 1735 als dänischer Gesandter tätig, zunächst in Schweden. 1742 wurde er Kanzler des Herzogtums Holstein, 1752 dänischer Statthalter in der Grafschaft Oldenburg, wo er sich aber eher mit Literatur und Theologie als den Bedürfnissen seiner Untertanen beschäftigte. 1765 wurde er wegen finanzieller Unregelmäßigkeiten seiner politischen Ämter enthoben. Er verfasste Paraphrasen bzw. *"erklärende Umschreibungen"* der neutestamentlichen Schriften mit Ausnahme der Offenbarung.

1771 – 1775: *Jehovah* 19mal in Umschreibung der Evangelien

Die *Erklärende Umschreibung der vier Evangelisten*[52] bestand aus einer paraphrasierenden Übersetzung der Evangelien. Darin verwendete er 19mal *Jehovah.*[53]

Lk 4:18 *"Der Geist des Jehovah ist über mir; denn er hat mich feierlich eingeweihet zu dem Amte, den Traurigen und Niedergeschlagenen die erfreulichste Nachricht zu überbringen; ..."*

Ein das Johannesevangelium enthaltender Separatabdruck[54] aus diesem Werk, der an zwei Stellen *Jehovah* enthält, wird übrigens häufig fälschlich Johann Michael Witte zugeschrieben, der aber als Leiter der Buchhandlung des Waisenhauses Halle nur die Widmung jenes Bandes verfasst hatte.

Gotthilf Traugott Zachariä

Zachariä (* 17. November 1729 in Tauhardt, Billroda; † 7. Februar 1777 in Kiel) war ein evangelischer Theologe. Der Sohn eines Superintendenten studierte Theologie in Königsberg und Halle. Ab 1755 war er Rektor in Stettin, ab 1760 lehrte er Theologie an der Universität in Bützow, ab 1765 in Göttingen, ab 1775 in Kiel. Seine Schriften waren weit verbreitet, und seine traditionellen Erklärungen standen in hohem Ansehen. Abgesehen

---

[52] Waisenhaus Halle, mehrere Auflagen, Angaben hier für die Ausgabe von 1775

[53] Mt 21:9; 22:37,44; Mk 11:9,10; 12:29,30,32,36; Lk 1:46,68; 4:18; 10:27; 13:35; 19:38; 20:37,42; Jo 10:34,35

[54] *Erklärende Umscheibung des Evangelii Johannes*, Waisenhaus Halle, 1771

von einer *"erklärenden Übersetzung"* der Psalmen verfasste er vor allem *"paraphrastische Erklärungen"* der neutestamentlichen Briefe.

1771: *Jehova(h)* fünfmal in Übersetzung der Briefe des Petrus und Judas

In der *Kurzen Erklärung der Briefe Jakobi, Petri, Judä*[55] verwendete Zachariä insgesamt fünfmal[56] den Namen Gottes, zum Teil in der Form *Jehova*, zum Teil *Jehovah*.[57]

> 1Pe 1:24,25 *"...Die Kräuter vertrokren, die Blüthen an denselben fallen ab. Aber die Verheissungen des Jehova sind von unvergänglicher Dauer, [ohne je unerfüllet zu bleiben]. ..."*

1780: *Jehovah* sechsmal in Paraphrase des Hebräerbriefs

1780 erschien bei Victorin Boßiegel in Göttingen seine *Paraphrastische Erklärung des Briefes an die Hebräer*, in der Zachariä ebenfalls zwischen den Schreibweisen *Jehova* und *Jehovah* schwankte. Insgesamt verwendete er in der Paraphrase dieses Bibelbuchs sechsmal den Namen Gottes.[58]

> Heb 1:10 *"Und an einer anderen Stelle wird Gott selbst angeredet: Du, o Jehova, bist es, der im Anfange die Erde zur langen Dauer gegründet hat, durch deine Macht sind die unermeßlichen Himmel bereitet."*

In den in ähnlichem Stil gehaltenen anderen Bänden[59] seines Werkes verwendete Zachariä meines Wissens den Namen Gottes nicht.

Carl Friedrich Bahrdt

Bahrdt (* 25. August 1741 in Bischofswerda; † 23. April 1792 in Nietleben bei Halle) war ein evangelischer Theologe. Nach seinem Studium in

---

[55] bei Daniel Friedrich Kühler, Göttingen 1771

[56] 1Pe 1:25; 3:12; 2Pe 2:11; 3:8; Jd 9.

[57] Das trifft auch auf die 1776 erschienene 2. Auflage zu, die um die Briefe Johannis erweitert wurde.

[58] Heb 1:10; 2:13 (2x); 10:30 (2x),31

[59] *Umschreibungen des Römerbriefs*, 1768; *Paraphrastische Erklärung der beyden Briefe an die Corinthier*, 1769; *Kurze Erklärung der Paulinischen Briefe an den Timotheus, Titus und Philemon*, 1774; *Paraphrastische Erklärung der Briefe Pauli an die Galater, Epheser, Philipper, Colosser und Thessalonicher*, 1770

Leipzig wurde er dort 1766 Professor der biblischen Philologie, 1769 für biblische Altertümer in Erfurt, 1771 in Leipzig. Aufgrund seines anstößigen Lebenswandels und seiner rationalistischen Ansichten verlor er mehrmals seine Ämter. Er begründete eine freimaurerische Union, schrieb seine Memoiren im Gefängnis, und gilt als *enfant terrible* und frivolste Gestalt der Aufklärung.

1773 – 1774: *Jehovah* 52mal in Übersetzung des Neuen Testaments

1773/74 veröffentlichte Bahrdt eine freie Übersetzung des Neuen Testaments.[60] Darin verwendete er den Namen *Jehovah* insgesamt 52mal.[61] Außerdem gab er über 80mal *kyrios* durch *Gott* wieder.[62]

Lk 4:18 *"Der Geist Jehovah ist über mir. Denn er hat mir Auftrag gegeben, den Elenden Trost, den bekümmerten Herzen Genesung, denen unter der Knechtschaft Seufzenden Freyheit, und den Blinden die Oefnung ihrer Augen anzukündigen."*

Bahrdts Übersetzung erregte großes Aufsehen und rief jede Menge Kritiker auf den Plan. Für die damalige Zeit waren die Anmerkungen zu sehr vom Rationalismus geprägt und die Übersetzung zu frei, z.B. wurde aus der Bitte um das tägliche Brot im Vaterunser der Satz *"Befreie uns durch deine liebreiche Vorsorge von ängstlichen Sorgen für die Zukunft."* Sogar Johann Wolfgang von Goethe lieferte mit seinem *Prolog zu den neusten Offenbarungen Gottes* scharfe Kritik an Bahrdt, indem er Bahrdt bei seiner Übersetzungstätigkeit die Worte in den Mund legte: *"Da kam mir ein Einfall von ungefähr, So redt ich wann ich Christus wär."*

Die dritte Auflage, von 1783, enthält den Namen *Jehovah* an den gleichen 52 Stellen wie die Erstauflage.[63]

---

[60] *Die neusten Offenbarungen Gottes in Briefen und Erzählungen verdeutscht*, Hartknoch, Riga

[61] Mt 4:10; 21:9; 22:37; 26:63; 28:2; Mk 11:9,10; 12:29; Jo 4:20; 6:42,69; 12:13; Lk 1:19,28,68; 4:8,18; 10:27; 13:35; 19:38; Ag 1:24; 2:25,34; 4:26; 7:30,31,33,37; 8:39; 15:17; Rö 9:28,29; 10:13; 11:2,27; 15:11; Heb 7:21; Off 1:4,8; 4:8,11; 7:2; 8:2; 15:3,4; 16:7; 18:8; 19:6; 21:22; 22:5,6,7.

[62] zur Verwendung von *Gott* bei Bahrdt vgl. S. 152

1781: *Jehovah* in Übersetzung von Hebräer Kap. 10

Dass Bahrdt flexibel war, was die Verwendung des Namens Gottes in seinen Übersetzungen betrift, zeigt sich daran, dass er in anderen Schriften, in denen er Auszüge aus der Bibel bot, deutlich vom Wortlaut seines eigenen Neuen Testaments (zumindest von dessen erster Ausgabe) abwich: Bahrdts 1781 in Basel erschienene *Apologie der Vernunft durch Gründe der Schrift unterstützt, in Bezug auf die christliche Versöhnungslehre* enthielt eine Übersetzung von Hebräer 9:24 bis 10:39, in der er einmal den Namen *Jehovah* (Heb 10:29) verwendete, wo er in der Erstauflage seines Neuen Testaments noch nicht vorgekommen war.

Heb 10:29 (ohne die in kleinerer Schrift in den Bibeltext eingefügten Erklärungen): *"wie viel straffälliger muß der seyn, welcher den ersten Liebling Jehovah, verachtet und das Blut des Bundes von sich stößt und den Geist des Geschenkes Hohn spricht."*

1782: *Jehovah* zweimal in Auszügen aus Evangelien

Bahrdts Wochenschrift *Briefe über die Bibel, im Volkston*[64] enthielt kleine Auszüge aus der Bibel, dabei wurde der Name *Jehovah* an zwei Stellen[65] verwendet, in denen er in der Erstauflage des Neuen Testaments noch nicht enthalten war.

Neunter Brief, entspricht Lk 1:46 *"Jehovah preiset meine Seele"*

Simon Grynäus

Grynäus (* 1725; † 1799)[66] hatte Theologie studiert, war danach drei Jahre in England, und wurde dann evangelisch-reformierter Diakon an der St-Peter-Kirche in Basel. Er übersetzte zahlreiche literarische Werke: antike

---

[63] Hingegen liegt mir die zweite, *"sehr veränderte"* Auflage von 1777 ebensowenig vor wie die vom evangelischen Nicht-Rationalisten Johann Friedrich Kleuker berichtete Ausgabe von 1780/81

[64] bei Johann Friedrich Dost, Halle 1782

[65] Mt 1:20; Lk 1:46

[66] nicht zu verwechseln mit seinem prominenteren gleichnamigen Vorfahren aus dem 16. Jahrhundert, dem Reformator und Mitverfasser der *Helvetischen Confession*.

griechische Schriftsteller, englische und französiche Antideisten, und zeitgenössische englische Autoren wie Milton und Young; so dürfte auch die erste deutsche Übersetzung eines Shakespeare-Stücks überhaupt von Grynäus stammen.

1774: *Jehovah* mehrmals in "erklärender Übersetzung" des Neuen Testaments

1774 veröffentlichte Grynäus *Das Neue Testament in einer erklärenden Uebersetzung*.[67] In dieser weitschweifigen, vierbändigen Paraphrase verwendete er mehrmals den Namen *Jehovah*, so in dem einzigen mir vorliegenden Band (Erste Hälfte einer Evangelienharmonie) in Lukas 1:15 und 2:11.

Lk 1:15a *"Ob er gleich nur der Sohn eines gemeinen Priesters, arm und daher von vielen verachtet seyn wird, so wird er doch groß seyn vor dem Herrn, dem Jehovah, dem dreyeinigen Gott; "*

1776: *Jehovah* im Neuen Testament seiner Bibelübersetzung

1776 – 1777 übersetzte Grynäus die gesamte Bibel aus den Grundsprachen.[68] Dabei verwendete er im Neuen Testament *Jehovah* in Heb 7:21.

Heb 7:21 *"Ja, da jene Priester ohne einen Eid Gottes eingesezt worden, heißt es von diesem: 'Jehovah hats beschworen, abgeändert wird es nie werden: du bist ein ewiger Priester.'"*

Das ist insofern überraschend, als Grynäus im Alten Testament den Eigennamen Gottes nur an ganz wenigen Stellen[69] verwendete und sonst nur *Herr* ohne jede Hervorhebung verwendete.

Diese Grynäus-Bibel ist einspaltig und ohne Verseinteilung gesetzt; die Evangelien sind nur als Evangelienharmonie enthalten. Trotz zweier Auflagen ist Grynäus' Übersetzung heute eine der am schwersten erhältlichen gedruckten deutschen Vollbibeln, nur alle paar Jahre einmal taucht ein Exemplar am antiquarischen Markt auf.

---

[67] bei Johann Rudolf Im-Hof u. Sohn, Basel

[68] *Die Heilige Schrift übersetzt*, Im-Hof, Basel; 2. verbesserte Auflage 1782

[69] wie 2. Mose 3:16; 6:3

Heinrich Pape

Pape (* 9. März 1745 in Bremen; † 17. April 1805 in Visselhövede, Niedersachsen) war ein evangelischer Theologe. In Göttingen studierte er ab 1766 Theologie und Sprachen, 1770 wurde er Prediger in Wulfsbüttel bei Bremen. Ab 1783 war er Pfarrer in Visselhövede. Er besaß eine außergewöhnlich gut bestückte Bibliothek.

1777: *Jehovah* mehrmals in Umschreibung des Lukasevangeliums

Zu Papes theologischen Werken zählt ein Kommentar zum Lukasevangelium.[70] Mir liegt nicht das Buch vor, sondern nur ein kurzer Auszug (Lukas 1:26–33), der in einer Rezension[71] abgedruckt ist, aber schon in jenen wenigen Versen gebrauchte Pape mehrmals *Jehovah* (Lk 1:28,32).

Lk 1:32 *"Und dieser dein Sohn wird einst zum grossen Regenten erhöht werden, Mit der Würde des Sohnes der höchsten Gottheit geschmückt seyn. Ihn wird Jehovah auf den Thron seines Ahnherrn David erheben"*

1781: *Jehovah* 16mal in Paraphrase der Evangelien-Perikopen

1781 folgte ein Handbuch Papes zu den Evangelien.[72] In der darin den Luthertext begleitenden erklärenden Paraphrase verwendete Pape 16mal *Jehova*.[73]

Kurios ist die Wiedergabe von Matthäus 22:44,45, wo Pape fälschlich unterstellt, dass der von Jesus zitierte Psalm 110 *"Jehova thut diesen Ausspruch an Jehova"* (statt: *"...an meinen Herrn"*) laute und daraus folgert, dass *"David den Meßias den Jehova nennt."*

Lk 1:28 *"Ich unterwerfe mich dem Willen Jehovens, als dessen gehorsame Magd! So mag denn an mir geschehen, was du mir jetzt verkündigt hast!"*

---

[70] *Das Evangelium Lucä umschrieben und erläutert,* Cramer, Bremen, 2 Teile, 1777 – 1781

[71] *Allgemeine Deutsche Bibliothek,* Bd.38, 1779

[72] *Handbuch zum richtigen Verstande und nutzbaren Gebrauche der Sonn- und Festtags-Evangelien und Episteln,* Förster, Bremen

[73] Mt 4:7,10; 21:9; 22:44(2x),45; Lk 1:28,38,46,54,68, 71,73,76,77; Jo 1:23

Ludwig Heinrich Jacob

Jacob (* 26. Februar 1759 in Wettin bei Halle/Saale; † 22. Juli 1827 in Lauchstädt) war ein evangelischer Philosoph, Staats- und Finanzwissenschaftler und Übersetzer. 1777 begann er ein Theologie-, Philologie- und Philosophiestudium in Halle. Ab 1787 war er als Philosophieprofessor in Halle tätig.

Jacob verfasste bedeutende philosophische und staatswissenschaftliche Schriften (der Begriff „Nationalökonomie" geht auf ihn zurück) und übersetzte Werke englischer und französischer Autoren. Ab 1807 war er in Russland tätig, wo er zunächst an der Universität Charkow politische Ökonomie und Staatskunst lehrte und dann in St. Petersburg in der russischen Gesetzgebungskommission und im Finanzministerium wirkte. 1816 kehrte er nach Halle zurück und unterrichtete Staatswissenschaften.

1779: *Jehovah* zweimal in Übersetzung der Apostelgeschichte

Schon 1779, noch während seiner Studienzeit, erschien anonym Jacobs Übersetzung der Apostelgeschichte.[74] Zweimal verwendete er *Jehovah*.[75]

Ag 2:34 *"Denn ist wohl David je in Himmel gefahren? und doch sagt er: 'Jehovah hat gesagt zu meinem Herrn: Herrsche mit mir ...'"*

Johann Caspar Lavater

Lavater (* 15. November 1741 in Zürich; † 2. Jänner 1801 in Zürich) war ein evangelisch-reformierter Pfarrer, Philosoph und Schriftsteller. 1759 bis 1762 studierte er Theologie, ab 1775 war er Pastor in Zürich. Der überaus beliebte Prediger verfasste nicht nur theologische Werke, oft gegen die Aufklärer gerichtet, sondern auch Gedichte, Lieder und Dramen und sogar einige Schriften über Physiognomie.

1780: *Jehovah* Dutzende Male in Nachdichtung von Offenbarung

1780 veröffentlichte Lavater eine Nachdichtung der Offenbarung,[76] die in den folgenden Jahrzehnten noch mehrmals verlegt wurde. In den ersten

---

[74] *Neue Uebersetzung der Apostelgeschichte*, Waisenhaus Halle

[75] Ag 2:34; 4:26

[76] *Jesus Messias oder die Zukunft des Herrn*, Füssli, Zürich

Kapiteln hielt sich Lavater noch recht eng an den biblischen Wortlaut und verwendete *Jehovah* bis zum zwölften Kapitel 20mal.[77] In den folgenden Kapiteln wurde der Text bis zur Unkenntlichkeit gegenüber dem biblischen Original ausgeschmückt, daher verzichte ich hier auf eine Auflistung der weiteren Vorkommen des Gottesnamens in seiner Nachdichtung.

> entspricht Off 1:8 *"Ich bin Alpha! Ich bin Omega! Der Anfang, das Ende! Spricht Jehovah, der ist, Jehovah, der war, und der seyn wird."*

1783–1786: *Jehovah* Dutzende Male in Nachdichtung von Evangelien und Apostelgeschichte

1783–1786 folgte eine Nachdichtung der Evangelien bzw. einer Evangelienharmonie und der Apostelgeschichte.[78] Lavater verwendete dabei Dutzende Male den Namen *Jehovah*.[79]

> entspricht Lk 4:18 *"Ueber mir schwebt der Geist des Jehovah. Voll bin ich seiner. Mich, Mich weyht' Er! Jehovah salbte Mich, sandte Mich, Armen Zu verkündgen fröhliche Botschaft, zu heilen die Wunden Blutender Herzen; Gefangnen zu rufen: Erlösung ist nahe! ..."*

1783/1790: *Jehovah* sechsmal in Übersetzung/Nacherzählung der Evangelien

Lavaters *Betrachtungen über die wichtigsten Stellen der Evangelien*[80] enthalten die Evangelien teils übersetzt, teils nacherzählt. In den übersetzten Abschnitten wird *Jehovah* zweimal[81] verwendet, in den nacherzählten Abschnitten viermal.[82]

---

[77] Off 1:8; 2:18,27; 3:1; 4:8,11; 5:7,8; 7:4,5; 9:13; 10:7; 11:2,4,13,15,16,17,18; 12:5.

[78] *Jesus Messias oder Die Evangelien und die Apostelgeschichte in Gesängen.* in vier Bänden, Turneysen, Basel

[79] an Stellen, die Mt 1:20; 2:6; 4:10; 5:35; 16:16; 21:9; 22:32; 23:39; 26:63; Mk 5:19; 12:29,30; Lk 1:15,19,30,32,45,46,47,64,76; 2:29; 4:18(2x); 10:27; Jo 1:23; 10:36; Ag 2:11,17, 25,30,34; 3:13,22,26; 4:24,26(2x); 7:2,7,9,30,33,35; 10:4,38; 11:9,18; 13:22; 15:17(2x), 16:14; 21:28; 24:12 entsprechen.

[80] bei Heinrich Steiner, Winterthur. Erster Band: Matthäus, Markus: 1783; Zweiter Band: Lukas, Johannes: 1790

[81] Lk 4:8; 10:27

[82] Mt 26:63; Lk 1:25,68; 2:23

> Lk 10:27 *"Der Schriftausleger erwiederte: 'Liebe Jehovah, deinen Gott, von ganzem Herzen, von ganzer Seele, von allen Kräften und von ganzem Gemüthe, und deinen Nächsten, als dich selbst!'"*

1786: *Jehovah* in Teilübersetzung von Lukas 1

Lavaters Schrift *Nathanael oder, die eben so gewisse, als unerweisliche Göttlichkeit des Christenthums* (Zürich 1786) enthielt in dem Abschnitt über Zacharias eine Teilübersetzung des ersten Kapitels des Lukasevangeliums. In Lk 1:68 verwendete Lavater *Jehovah*.

> Lk 1:68 *"Hochgelobt sey Jehovah, der Gott Israels! Daß Er sich gnädig zu uns gewandt, und Seinem Volke Rettung verschafft..."*

1793: *Jehovah* dreimal in Umschreibung von Matthäus Kap. 3 bis 5

1793 enthielt die von Lavater herausgegebene Wochenschrift *Christliches Sonntagsblatt*[83] Umschreibungen des dritten, vierten und fünften Kapitels des Matthäusevangeliums. In diesen drei Kapiteln verwendete Lavater jeweils einmal den Namen *Jehovah*.[84]

> Mt 5:33 *"Auch ein Wort von Eidschwüren – Ihr habt oft aus dem Gesetze vorlesen hören – 'Du sollst nicht falsch schwören, sondern Jehovah deine Eide Gelübde halten.'"*

Johann Ludwig Vögeli

Vögeli war ein Schweizer evangelisch-reformierter Pfarrer. Er wirkte unter anderem als Pfarrvikar in Salmsach, als Pfarrer in Diepoldsau (ab 1780), wurde dort aber wegen eines leichtfertigen Lebenswandels 1784 abgesetzt, sowie 1793 als Pfarrvikar in Veltheim.

1780: *Jehovah* in Übersetzung der Evangelien

1780 übersetzte Vögeli die Evangelien und die Apostelgeschichte.[85] Dabei verwendete er zumindest[86] zweimal[87] den Namen *Jehovah*. Zusammen mit

---

[83] bei Bürkli, Zürich

[84] Mt 3:3; 4:10; 5:33

[85] *Geschichte Jesu unsers Herrn und Seiner Gesandten, Fünf Bücher aus dem Griechischen*, Joh. Caspar Füßli Sohn, Zürich

den danach von Häfeli und Stolz übersetzten übrigen Büchern des Neuen Testaments wurde dieser Text ein Jahr später auch in einer vollständigen Ausgabe des Neuen Testaments[88] abgedruckt.

Johann Georg Rosenmüller

Rosenmüller (* 18. Dezember 1736 in Ummerstadt bei Hildburghausen; † 14. März 1815 in Leipzig) war ein protestantisch-rationalistischer Theologe. Ab 1756 studierte er Theologie in Altdorf; 1761 wurde er Pfarrer, zunächst in Hildburghausen, dann in Heßberg; 1772 Diakon in Königsberg in Franken. Ab 1773 war er als Professor und Pastor in Erlangen tätig; ab 1783 als Professor und Superintendent in Gießen; ab 1785 als Professor und Pastor in Leipzig, daneben seit 1802 Prälat des Hochstifts Meißen. Er leistete wertvolle wissenschaftliche Arbeit durch Zusammenstellungen zur Geschichte der Bibelauslegung von den ältesten Zeiten bis zur Reformationszeit.

1781: *Jehovah* in Übersetzung der Paulusbriefe

1781 veröffentlichte Rosenmüller eine Übersetzung einiger neutestamentlicher Briefe[89], in der er in Hebräer 8:11 *Jehovah* verwendete.

Heb 8:11 *"Es wird nicht mehr nöthig seyn, daß Mitbürger, und Brüder einander belehren, Jehovah allein sey GOtt; denn alle werden mich ohnehin dafür erkennen, Alte und Junge."*

Johann Jakob Stolz

Stolz (* 31. Dezember 1753 in Zürich; † 12.März 1828 in Zürich) war ein evangelisch-reformierter Theologe. Er studierte in Zürich Theologie, Philosophie und Sprachen, und war dort ein Schüler Lavaters. 1781 wurde er Prediger in Offenbach bei Frankfurt a.M., ab 1784 in Bremen. Um 1790 wandte er sich von Lavater ab und den Aufklärern und Rationalisten zu.

---

[86] Mir liegt das Buch nicht vor; die Angaben stützen sich auf das *Bibelarchiv Vegelahn*.

[87] Lk 19:38; Jo 12:13

[88] *Sämtliche Schriften des Neuen Testaments*, Joh. Caspar Füßli Sohn, Zürich 1781/1782

[89] *Übersetzung der Briefe des Apostels Pauli an die Philipper, Kolosser, Thessalonicher, an den Timotheus und an die Hebräer*, Felsecker, Nürnberg

1811 ging Stolz von Bremen wieder in seine Heimatstadt Zürich zurück, wo er noch schriftstellerisch wirkte.

1781/1782: *Jehova(h)* 21mal(?) in Teilübersetzung des Neuen Testament

Stolz übersetzte auf Wunsch des Verlegers Füßli einige Bibelbücher[90], um gemeinsam mit Caspar Häfeli die von Vögeli[91] begonnene Übersetzung des Neuen Testaments fertigzustellen; das entsprechend vollständige Neue Testament erschien dann 1781/82.[92] Stolz soll[93] den Namen *Jehova(h)* darin 23mal verwendet haben, allerdings sind in dieser Zahl offenbar auch die von Vögeli übersetzten Teile inkludiert. Die Übersetzung wurde später vermutlich von Mutschelle verwendet.[94]

1786: Jehovah zweimal in Zitaten aus Evangelien

In seiner Schrift *Joseph – Prophetisches Symbol von Jesus, dem Nazarener, König der Juden*[95] verwendete Stolz den Namen *Jehovah* in zwei Zitaten aus den Evangelien (Lk 1:25,48).

Lk 1:25 *"Jehovah sah mich an; Er nahm meine Schmach unter den Menschen weg."*

1795: *Jehovah* 110mal in Übersetzung des Neuen Testaments

1795 erschien ein zur Gänze von Stolz übersetztes Neues Testament.[96] Stolz verwendete den Namen *Jehovah* an 110 Stellen.[97]

---

[90] Gal – Phm; Jak; Jud; JohBriefe, Off

[91] zu Vögeli s. S. 37

[92] *Sämtliche Schriften des Neuen Testaments*, Ziegler, Zürich

[93] Mir liegt das Werk nicht vor; die Angaben stützen sich auf *Einsichten in die heilige Schrift*, Wachtturm-Gesellschaft, Bd. 1, S.1284

[94] vgl. dazu S. 47

[95] ohne Ortsangabe, 1786

[96] *Sämmtliche Schriften des neuen Testaments. Zweyte, völlig umgearbeitete Auflage*, Ziegler, Zürich u. Leipzig 1795

[97] Mt 1:20,22,24; 2:13,15,19; 3:3; 4:7,10; 5:33; 21:9,42; 22:37,44; 23:39; 27:10; 28:2; Mk 1:3; 11:9; 12:11,29(2x),30,36; 12:26; 13:20; Lk 1:6,9,11,16,17(2x),25,28,32,38,45,46,68,76; 2:9,15,22,23,26,38; 3:4; 4:8,12,18; 10:27; 13:35; 19:38; 20:37,42; Jo 1:23; 12:13,38(2x); Ag 2:17,20,21,25,34,39; 3:19,22,25; 4:26; 6:11; 7:31,32(2x),36,37,46,49; 9:20; 15:17(2x);

Lk 4:18 "Jehovens Geist beseelt mich; denn Er hat mir aufgetragen, den Armen frohe Botschaft zu bringen; Er hat mich gesandt, verwundete Herzen zu heilen, Gefangnen Loslassung und des Tageslichts Beraubten Hervorführung an das Licht anzukündigen..."

1798: *Jehovah* 106mal in Übersetzung des Neuen Testaments

1798 erschien eine *"zum Theil wieder von neuem umgearbeitete"* dritte Auflage des Neuen Testaments.[98] Im Vorwort erwähnte Stolz: *"Ein gelehrter Freund tadelte die Uebersetzung des Worts kyrios, wo es in Beziehung auf alttestamentische Anstalten und Aussprüche vorkommt, durch* Jehovah, *und wünschte, daß ich es bey dem gewöhnlichen* Herr *liesse, oder* Gott *dafür setzte. Allein ich glaubte doch bey Anführung alttestamentischer Stellen, wenn es z.B. heißt,* legei o kyrios[99], *und in andern ähnlichen Stellen die Benennung* Jehovah *beybehalten zu müssen."*

Zumindest[100] 106mal[101] wurde Jehovah verwendet. Einige Male wurde *kyrios* durch *Gott* wiedergegeben.[102]

Lk 4:18 "Jehovens Geist beseelt mich; denn Er hat mir aufgetragen, den Armen frohe Botschaft zu bringen; Er hat mich gesandt, Gefangnen Loslassung und des Tageslichts Beraubten Hervorführung an das Licht anzukündigen..."

Diese Übersetzung in moderne, z.T. auch recht flache Sprache war eine der beliebtesten unter den Aufklärern und Rationalisten, und andere zeitgenössische Bibelübersetzer wurden in Rezensionen oft im Vergleich mit Stolz beurteilt.

16:14; Rö 4:8; 9:4,25,28,29; 10:13,16; 11:3; 14:11(2x); 15:10; 1Ko 3:20; 10:21; 14:21; 2Ko 6:17,18; Heb 3:8; 7:21; 8:8,9,10,11; 10:16,30(2x); 13:6; 1Pe 3:12; Off 11:2,4.

[98] *Sämmtliche Schriften des neuen Testaments. Dritte, durchaus verbesserte, und zum Theil wieder von neuem umgearbeitete Auflage,* Ziegler, Zürich u. Leipzig 1798

[99] Wort des Herrn (Wort Jehovahs)

[100] *Einsichten in die heilige Schrift* nennt als Zahl, ohne Details zu geben, *"mindestens 108mal"*

[101] Gegenüber der Ausgabe von 1795 fehlt der Name viermal (Mk 12:29; 13:20; Ag 9:20; 1Ko 10:21)

[102] zur Verwendung von *Gott* bei Stolz vgl. S. 153

1820: *Jehovah* 63mal in Übersetzung des Neuen Testaments

1820 veröffentlichte Stolz eine völlig neue Übersetzung des Neuen Testaments.[103] Im Vorwort schrieb er: *„Bey Anführungen der Stellen des A[lten] T[estaments] habe ich, so wie früher: o Kyrios, durch J e h o v a h gegeben; sonst aber ward, meines Wissens, überall: der H e r r gesetzt."* 63mal verwendete Stolz in dieser Übersetzung den Namen *Jehovah*.[104]

> Lk 4:18 *"Jehovens Geist ist über mir; dazu hat er mich gesalbt, daß ich den Armen frohe Botschaft bringe; er hat mich gesandt: Gefangenen Loslassung zu verkündigen, den des Tageslichts Beraubten, daß sie wieder sehen sollen; ..."*

Christian Gottfried Struensee

Struensee (* 14. August 1717 in Walchow, heute Fehrbellin bei Neu-Ruppin; † 14. August 1782 in Halberstadt) war ein evangelischer Pädagoge. Auf der Schule in Halberstadt pietistisch geprägt, studierte er ab 1737 Philosophie in Halle. 1741 wurde er Lehrer am Pädagogium des Klosters Am Berge bei Magdeburg, ab 1747 war er Konrektor (ab 1759 Rektor) am Stephaneum in Halberstadt, der Schwerpunkt seiner Lehrtätigkeit lag auf alten Sprachen. Ab 1770 veröffentlichte er Übersetzungen prophetischer und poetischer Bücher[105] des Alten Testaments.

1782: *Jehova* viermal in Übersetzung der neutestamentlichen Briefe

1782 folgte eine Übersetzung der neutestamentlichen Briefe,[106] darin verwendete Struensee viermal *Jehova*.[107] Im Vorwort schrieb er: *„Ich glaube von ganzem Herzen, daß ... die ganze heilige Schrift ... vom Geist Gottes eingegeben*

---

[103] *Die sämmtlichen Schriften des Neuen Testaments nach Griesbachs Ausgabe des griechischen Textes übersetzt*, Gebr. Hahn, Hannover u. Leipzig. Laut Titelseite *"eine ganz neue Arbeit, nicht eine Erneuerung einer der frühern Ausgaben"*.

[104] Mt 3:3; 4:7,10; 5:33; 21:42; 22:37,44; 27:10; Mk 1:3; 11:9; 12:11,29(2x),30,36; Lk 1:68; 2:23; 3:4; 4:8,12,18,19; 10:27; 19:38; 20:42; Jo 1:23; 12:13,38(2x); Ag 2:20,21,25,34; 3:22; 4:26; 7:37,49; 15:17(2x); Rö 4:8; 9:28,29; 10:13,16; 11:3; 12:19; 14:11; 15:11; 1Ko 3:20; 14:21; 2Ko 6:17,18; Heb 7:21; 8:8,9,10,11; 10:16,30(2x); 13:6; 1Pe 3:12(2x).

[105] Psalmen, Sprüche, Prediger, Klagelieder; Jesaja, Jeremia, die meisten Kleinen Propheten

[106] *Neue Uebersetzung der Apostolischen Briefe Neuen Testaments,* Selbstverlag, Halberstadt

[107] Rö 9:28,29; 14:11; 2Ko 3:18

ist. Und würde es für eine Sünde zum Tode halten, wenn ich einer Stelle in der Uebersetzung einen andern Sinn geben wollte, als ich nach meiner besten Erkenntniß glaube, daß sie wirklich hat."

Rö 9:28b,29 "... Jehova hat es vest beschlossen, und wird es im Lande gewiß hinausführen." – Und an einem andern Ort sagt Esaias: "Wenn Jehova, GOtt der himmlischen Heere uns nicht einen Samen übrig gelassen hätte, so wäre es uns ergangen, wie Sodom und Gomorrha."

Johann Konrad Pfenninger

Pfenninger (* 15. November 1747 in Zürich, † 11. September 1792 in Zürich) war ein evangelisch-reformierter Theologe. Nach dem Theologiestudium in Zürich wurde er 1775 Diakon an der Waisenhauskirche in Zürich. Mit Lavater, der ebendort Pfarrer war, verband ihn eine enge Freundschaft. Er verfasste apologetische Schriften, poetische und musikalische Werke und war Herausgeber des *Christlichen Magazins*.

1783: *Jehovah* mehrmals in Nacherzählung der Evangelien

1783 bis 1792 erschien Pfenningers Nacherzählung der Evangelien, zusammengesetzt aus fiktiven Briefen, Protokollen und Gesprächsmitschriften.[108] Mir liegt nur der erste Band vor, der die Geschehnisse aus Matthäus 1 bis 2 und Lukas 1 behandelt. Die in jenen Bibelkapiteln enthaltenen Reden wurden von Pfenninger – eingestreut in fiktive Ausmalungen – recht wörtlich wiedergegeben, dabei wurde fünfmal der Name *Jehova* verwendet.[109]

Jahrzehnte später wurde das Werk ab 1821, überarbeitet durch den evangelisch-reformierten Theologen Georg Geßner (1765–1843), nochmals aufgelegt.[110] Mir liegen nur einige Bände vor: der erste Band entspricht weitgehend der Originalausgabe; im dritten Band wird in der Passage, die Lukas 4 entspricht, dreimal *Jehova* verwendet.[111]

---

[108] *Jüdische Briefe, Erzählungen, Gespräche etc. aus der Zeit Jesus von Nazareth oder eine Messiade in Prose*, Dessau, Leipzig

[109] Lk 1:28,32,35,38,68

[110] bei Müller, Basel

[111] Lk 4:18(2x),19

entspricht Lk 4:18 *"Jehovens Geist ist über mir, Denn gesalbt hat mich Jehova; Heil zu verkünden den Bedrängten, sandt' er mich; Zu verbinden die verwundeten Herzen; Auszurufen für die Gefangenen Freyheit; ..."*

1785: *Jehova* in Umschreibung der Evangelien

Pfenningers 1785 bis 1789 anonym erschienene *Philosophische Vorlesungen über das sogenannte Neue Testament*[112] enthielten den Bibeltext weitgehend nach der Zürcher Bibel. In die Erklärungen eingeschaltet waren Pfenningers Umschreibungen einiger Bibelstellen, dabei verwendete er in Matthäus 21:9 *Jehova*.

Mt 21:9 *"Das Volk, das vorgieng und folgte, hätte ihm lautes Lob als dem Meßias zugerufen: 'Gesegnet sey uns, der da kommt im Namen Jehovas."*

Gabriel Christoph Benjamin Mosche

Mosche (* 23. März 1723 in Großen-Ehrich, Thüringen, † 8. Februar 1791 in Frankfurt a. M.) war ein evangelisch-lutherischer Theologe. Nach seinem 1741 begonnenen Studium der Theologie in Jena wurde er 1749 Diakon in Erfurt und 1759 Konsistorialrat und Superintendent in Arnstadt. 1773 berief man ihn als Senior des geistlichen Ministeriums nach Frankfurt a. M.

1783: *Jehovah* zweimal in umschreibender Evangelienharmonie

Mosches zahlreiche Schriften schlossen auch Erklärungen der Evangelien und Episteln ein; die *Erklärung aller Sonn- und Festtags-Evangelien*[113] bestand aus dem jeweiligen Text nach der Lutherbibel in Form einer Evangeliensynopse, daran schloss sich eine von Mosche erstellte umschreibende Evangelienharmonie an, gefolgt von Erklärungen. In der Evangelienharmonie verwendete Mosche zweimal den Namen *Jehova*.[114]

entspricht Mk 12:29 *"Merkt es wohl, ihr Israeliten! Jehova, der GOtt, den wir verehren, ist der einige, wahre und allerhöchste GOtt"*

---

[112] 6 Bände; bei Johann Friedrich Junius, Leipzig

[113] bei Fleischer, Frankfurt a. M. 1783

[114] an den Stellen, die Markus 12:29,36 entsprechen.

Friedrich Christian Carl Heinrich Muenter

Münter (* 14. Oktober 1761 in Gotha; † 9. April 1830 in Kopenhagen) war ein evangelisch-lutherischer Theologe, Kirchenhistoriker und Orientalist. Er studierte Theologie und Philosophie in Kopenhagen und Göttingen. Ab 1788 war er als Theologieprofessor in Kopenhagen tätig, 1808 wurde er Bischof des Stiftes Seeland.

1784: *Jehovah* 11mal in metrischer Übersetzung der Offenbarung

Muenter schuf eine metrische Übersetzung der Offenbarung, die 1784 in Kopenhagen erschien.[115] Darin verwendete er elfmal den Namen *Jehovah*.[116]

Off 4:11 *"Jehovah, Du bist wehrt Anbetung, und Dank und Preis zu empfangen! Schöpfer der Welten, auf deßen Gebot sie waren und wurden!"*

1806: *Jehova* 23mal in metrischer Übersetzung der Offenbarung

Mehr als 30 Jahre später erschien eine weitere metrische Übersetzung[117] der Offenbarung von Muenter, eine gründliche Überarbeitung seines 1784 erschienen Jugendwerks, wobei die Unterschiede so groß sind, dass man von zwei verschiedenen Übersetzungen sprechen muss. Seinem Vorwort zufolge wollte Münter eine poetische Übersetzung erstellen, nicht einfach eine freie Nachdichtung. In dieser Ausgabe von 1806 verwendete Münter 23mal *Jehova*.[118]

Off 4:11 *"Jehova, Du bist werth, Anbetung und Preis und Dank zu empfangen, Du hast Alles erschaffen: du woltest, da wurden die Welten!"*

Gottwerth Heinrich Loeber

Loeber (* 3. Mai 1760 in Altenburg, † 15. September 1808 in Kahla, Thüringen) war ein evangelischer Theologe. Doktor der Philosophie und Adjunkt der philosophischen Fakultät in Jena, ging er 1787 als zweiter Prediger nach Kahla; 1796 wurde er Vizesuperindentent.

---

[115] *Die Offenbarung Johannis übersezt.* C. G. Prost, Kopenhagen 1784

[116] Off 4:5,8,11; 11:4,17; 15:2,7; 18:8; 19:15,17; 22:19

[117] *Offenbarung Johannis, metrisch übersetzt*, Prost, Kopenhagen 1806

[118] Off 1:8; 4:5,8,11; 7:3; 8:4; 10:7; 11:1,4,16; 12:5; 14:3,5,7,19; 19:5,6,10,15,17; 21:5; 22:6,9

1786: *Jehovah* zweimal in Auswahlübersetzung der Evangelien

1786 erschien eine von Loeber verfasste Auswahlübersetzung der Evangelien.[119] Loeber verwendete dabei zweimal *Jehovah*.[120] In einer Rezension in der *Allgemeinen Literatur-Zeitung*[121] wird die Übersetzung als *"ziemlich gut"* bezeichnet.[122]

> Mt 22:44 *"Es heißt ja dort: Jehovah sprach zu meinem Herrn, seze dich zu meiner Rechten auf ewig, deine Feinde unterwerfe ich dir ganz."*

Johann Gottfried Dobermann

Dobermann (* 6. März 1761 in Weizenrodau, Schlesien, † 16. April 1824 in Leutmannsdorf) war ein evangelischer Pfarrer und Rektor.

1788: *Jehovah* dreimal in Auswahlübersetzung der Evangelien

In einer in Klonitz, Schlesien, verfassten Evangelienharmonie[123] verwendete Dobermann dreimal *Jehovah*.[124]

> entspricht Lk 10:27 *"Du sollst, sprach er, den Gott Jehovah, deinen Vergelter, von ganzem Herzen, mit ganzer Seele, und aus allen deinen Kräften lieben."*

Nikolaus Johannsen

Johannsen (* 12. August 1740 in Niebüll, † 26. August 1806 in Flensburg) war ein evangelischer Theologe. Nach Studium in Göttingen und Kopenhagen wurde er Diakon in Hattstedt und 1777 Pastor in Flensburg-St. Nikolai, wo er ab 1789 auch als Propst wirkte.

---

[119] *Neue Übersetzung der Episteln und Evangelien aufs ganze Jahr mit Erläuterungen und kurzen Betrachtungen zur Privatandacht darüber, nebst Beziehung auf Muster von Kanzelrednern*, Richter, Altenburg

[120] Mt 22:44, Lk 1:68

[121] Jg. 1787, Nr. 249a

[122] *Allgemeinen Literatur-Zeitung*, Jg. 1787, Nr. 249a

[123] *Auszug aus dem Neuen Testamente mit erläuternden Anmerkungen zum Gebrauch für aufgeklärte Bibelfreunde*, 1.Bd.: *Auszug aus den vier Evangelien*; Johann Gottfried Heller, Halle, 1788

[124] Mt 26:63; Lk 10:27, Jo 4:20

1788: *Jehovah* neunmal in Übersetzung der Offenbarung

In seiner Übersetzung der Offenbarung[125] verwendete Johannsen neunmal *Jehova*.[126]

Off 15:3,4 *"Groß und wunderbar sind deine Thaten, Jehova, Gott, Allbeherrscher! Gerecht und untadelhaft sind deine Wege, König der Redlichen! Wer sollte dich nicht verehren? Jehova! Wer deine Größe nicht erheben?"*

Thomas Wizenmann

Wizenmann (* 2. November 1759 in Ludwigsburg, † 22. Februar 1787 in Pempelfort; a.A.: Mühlheim a.R.) war ein evangelischer Theologe und Philosoph. In der Lateinschule Ludwigsburg lernte er Latein, Griechisch und Hebräisch; in Tübingen studierte er Theologie und Philosophie. 1780 wurde er Vikar in Essingen, dann Hauslehrer in Barmen.

Bekannt wurde seine *kritische Untersuchung der Resultate der Jacobischen und Mendelssohnschen Philosophie* (1786). Seine letzten Monate verbrachte er bei dem Philosophen Friedrich Heinrich Jacobi (* 1743 in Düsseldorf, † 1819 in München), einem Gegner des Rationalismus.

1789: *Jehovah* dreimal in Auswahlübersetzung des Matthäus-Evangeliums

Wizenmann hatte verfügt, dass Jacobi seinen Nachlass verwalten sollte, und wünschte für seinen Matthäus-Kommentar ausdrücklich eine Veröffentlichung nach Durchsicht. Diese besorgte im Auftrag Jacobis der evangelische Theologe Johann Friedrich Kleuker (* 24. Oktober 1749 in Osterode am Harz, † 1. Juni 1827 in Kiel), der nur Kleinigkeiten änderte. In dieser Auswahlübersetzung des Matthäusevangeliums[127] hatte Wizenmann dreimal[128] den Namen *Jehovah* verwendet.

Mt 22:37 *"Darauf gab Jesus die Antwort: Liebe den Jehovah, deinen Gott von ganzem Herzen"*

---

[125] *Die Offenbarung Johannis, oder der Sieg des Christenthums über das Juden- und Heydenthum*, Kortens, Flensburg u. Leipzig, 1788

[126] Off 1:8; 11:17; 15:3,4; 16:5; 18:8; 19:1,6; 21:22

[127] *Die Geschichte Jesu nach dem Matthäus als Selbstbeweis ihrer Zuverlässigkeit betrachtet*, Georg Joachim Göschen, Leipzig, 1789

[128] Mt 22:37,44; 23:39

Sebastian Mutschelle

Mutschelle (* 18. Jänner 1749 in Allershausen, Freising, † 28. November 1800 in München) war ein katholischer Theologe. Ab 1765 Jesuit, unterrichtete er ab 1770 am Münchener Jesuitengymnasium. 1776 wurde er Weltpriester, 1779 geistlicher Rat (auch für das Schulkommissariat zuständig) in Freising. Rationalistischer Tendenzen verdächtigt, gab er seine Stelle auf und widmete sich einem Philosophiestudium sowie schriftstellerischer Tätigkeit, wurde nach einem Bischofswechsel 1788 aber wieder in seine früheren Ämter eingesetzt. 1793 wurde er Pfarrer in Baumkirchen, 1799 Professor der Moraltheologie und Homiletik am Münchener Lyceum.

1789/90: *Jehova(h)* 18mal in Übersetzung des Neuen Testaments

1789/90 erschien in München anonym eine von Mutschelle verfasste Übersetzung des Neuen Testaments[129], die 18mal[130] den Namen *Jehovah* enthielt. Meines Wissens wurde bisher nie thematisiert, wie weit Mutschelle sich auf die Ausgabe von Vögelin-Häfeli-Stolz[131] stützte. Keiner der beiden nennt den anderen beim Namen, aber Mutschelle räumt im Vorwort ein, dass er *"eine der besten deutschen Uebersetzungen"* zugrunde legte (jene von Stolz?), während Stolz im Vorwort seiner Übersetzung von 1798 schreibt, dass die Vögelin-Häfeli-Stolz-Ausgabe *"in München mit einigen sich auf die Vulgata beziehenden Änderungen nachgedruckt"* wurde (von Mutschelle?). Das könnte erklären, wieso Mutschelle den Namen Gottes im Neuen Testament in den Briefen (in Anlehnung an Stolz?) wesentlich häufiger verwendete als in den geschichtlichen Büchern (in Anlehnung an Vögeli?).

Lk 1:68 *"Hochgelobt sey Jehova, der Gott Israels! Daß er sich gnädig zu uns gewandt, und seinem Volke Rettung verschafft"*

Johann Otto Thiess

Thiess (* 15. August 1762 in Hamburg; † 7. Jänner 1810 in Bordesholm) war ein evangelischer rationalistischer Theologe und Philosoph. Nach

---

[129] *Die heiligen Schriften des neuen Testamentes*, Strobl, München

[130] *Jehova* in Lk 1:68; Jo 12:13; 16mal *Jehovah*: in Rö 4:8; 9:4,29; 11:2,4; 15:10; 2Ko 6:17,18; Eph 6:3; Heb 3:5; 8:8,10; 10:16,30(2x); Jd 5

[131] vgl. S. 39

einem Theologiestudium in Helmstedt wurde er 1783 Prediger in Hamburg-St. Pauli und 1791 Privatdozent für Theologie in Kiel. 1795 wurde er Philosophieprofessor, 1799 aber entlassen, weil er rationalistische Ansichten respektlos öffentlich vortrug. Nach ein paar Jahren in Itzehoe übersiedelte er 1805 nach Bordesholm, wo er privat unterrichtete. Unter seinen zahlreichen Schriften[132] sind Übersetzungen einiger neutestamentlicher Bücher:

1790–1800: *Jehova* 42mal in Teilübersetzung des Neuen Testaments

Thiess hatte eine vollständige Ausgabe des Neuen Testament geplant. Laut der Vorrede sollte das so etwas wie die Quadratur des Kreises werden: neben einer treuen und ebenso buchstäblichen wie deutlichen Übersetzung wurde auch ein Kommentar irgendwo in der Mitte zwischen den Extremen "erbaulich" und "exegetisch" versprochen, der gleichermaßen für den Jugendunterricht wie für den Gebrauch von Predigern geeignet sein sollte.

Es erschien aber nur – in fünf Bänden – Matthäus bis Apostelgeschichte.[133] Vom Matthäus- (1794) und Markusevangelium (1795) gibt es jeweils auch *"zweite Ausgaben"*, eigentlich Neuübersetzungen. Thiess verwendete 42mal *Jehova* im Text,[134] und zweimal setzte er den Namen in Klammer in den Text.[135]

Mt 4:10 *"Da antwortete ihm Jesus: 'hinweg von mir, Satan! denn in der Schrift steht:"Jehovah deinen Gott, sollst du verehren, und ihm allein unterwürfig sein."'"*

---

[132] Döring listet 83 Werke

[133] *Das Neue Testament oder die heiligen Bücher der Christen. Neu übersetzt mit einer durchaus anwendbaren Erklärung*, Gebr. Herold, Hamburg bzw. Heinsius, Leipzig u. Gera. Matthäus 1790; Markus 1791; Lukas 1795; Johannes 1794; Apostelgeschichte 1800.

[134] Mt 4:7,10; 5:33; 21:9,42; 22:21(2x),37; 23:39; 27:10; Mk 11:9; 12:11,17(2x); 12:26,29(2x),30; Lk 1:16,32,46,68; 2:22,23,39; 4:8,12; 10:27; 13:35; 19:38; 20:25(2x),37; Jo 16:2; Ag 2:20,21,25,39; 3:19,22; 4:26; 7:37. Die Angaben für Matthäus und Markus gelten für die zweite Ausgabe.

[135] Mk 11:9; Ag 2:16. Die Angabe für Markus gilt für die zweite Ausgabe.

Thiess übernahm den Text seiner Übersetzung auch in sein 1796 erschienenes Predigerhandbuch zu den Evangelien.[136] *Jehovah* wurde darin 19mal verwendet.[137]

Dominikus von Brentano

Brentano (* 6. Oktober 1740 in Rapperswil, St. Gallen; † 2. Juni 1797 in Gebrazhofen bei Kempten) war ein katholischer Theologe. 1763 nach Theologiestudium am Collegium Helveticum in Mailand zum Priester geweiht, wurde er 1772 Hofkaplan des Fürststifts Kempten. Der Kemptener Fürstabt Rupert von Neuenstein förderte den aufklärerischen Freimaurer Brentano. Doch entstanden schwere Spannungen zwischen Aufklärern und Konservativen, und als nach Neuensteins Tod der konservative Castolus Reichlin von Meldegg Fürstabt wurde, verließ Brentano 1794 Kempten und wurde Pfarrer von Gebrazhofen.

1790: *Jehovah* dreimal in Bibelübersetzung im Neuen Testament und 23mal in einer die Übersetzung begleitenden Paraphrase

Brentano hätte zunächst lediglich das Neue Testament der *Fuldaischen Bibel*[138] revidieren und um eine erklärende Umschreibung nach dem Muster von Hess' *Lebensgeschichte Jesu*[139] ergänzen sollen. Doch ab dem 15. Kapitel des Matthäus-Evangeliums begann Brentano, selber aus der Ursprache zu übersetzen. Das Werk erschien 1790 in Kempten.[140] Brentano verwendete den Namen *Jehovah* zunächst dreimal[141] in der Übersetzung.

Mk 12:29 *"Das allervornehmste Gebot, antwortete Jesus, ist dies: Höre Israel! Jehovah, unser Gott, ist der einige Gott."*

---

[136] *Handbuch zum richtigen Verstande und fruchtbaren Gebrauche der Sonn- und Festtagsevangelien des ganzen Jahres für Prediger,* Wilhelm Hensius, Leipzig und Gera

[137] Mt 4:7,10; 5:33; 21:9; 22:21(2x),37; 23:39; Mk 12:29(2x),30; Lk 1:32,46,68; 2:22,23,39; 10:27; 20:37

[138] die 1778 (2. verbesserte Auflage: 1787) bei Stahel in Fulda erschienene Übersetzung des Jesuiten Joseph Andreas Fleischütz: *Die heilige Schrift nach der uralten, gemeinen, von der katholischen Kirche bewährten Uebersetzung, deutsch herausgegeben*

[139] zu Hess s.S. 25

[140] *Die heilige Schrift des neuen Testaments. Zum Nutzen und Gebrauch der hochfürstlichen Unterthanen,* Hofbuchdruckerei des Stiftes Kempten

[141] Mk 12:29; Lk 18:19; 20:37

Dieses Neue Testament war so gedruckt, so dass die Übersetzung in einer zweiten Spalte durchgehend von einer Paraphrase begleitet wurde. In der Paraphrase wurde an 23 Stellen *Jehovah* verwendet.[142]

> Paraphrase von Mk 12:29 *"Das Hauptgesetz – antwortete Jesus – ist in den Worten enthalten: Höre Israel! Jehovah unser Gott ist ein einiger Gott."*

Der Bibeltext dieser Erstauflage erschien – mit minimalen Korrekturen und ohne die begleitende Umschreibung – anonym 1808 noch einmal in Wien.[143]

1792: *Jehovah* viermal in Bibelübersetzung im Neuen Testament

Bis 1792 übersetzte Brentano auch die ersten 14 Kapitel des Matthäus-evangeliums neu, und nahm ansonsten kleinere Revisionen im Neuen Testament vor.[144] *Jehova(h)* erschien nun viermal im Haupttext.[145]

> Mk 11:10 *"Gesegnet sey der Gesandte des Herrn, Heil dem Reiche unsers Vaters Davids, das Jehovah beginnen läßt! Heil und Hülfe von oben!"*

1798: *Jehovah* fünfmal in Übersetzung des Neuen Testaments

In einer 1798 bei Varentrapp und Wenner in Frankfurt erschienenen *"dritten, vermehrten und verbesserten"* Auflage erschien der Name *Jehova* fünfmal.[146]

> Lk 2:26 *"Von dem er die Versicherung empfangen hatte, daß er nicht eher sterben sollte, bis er den von Jehova Verheissenen gesehen hätte."*

Brentano konnte auch noch die Bücher Mose, Psalmen und Sprüche aus dem Hebräischen übersetzen; nach seinem Tod wurde seine Arbeit von

---

[142] Mt 22:44; Mk 11:9,10; 12:29,37; Lk 1:19,46,68; 10:27; 18:19; 19:38; 20:44; Ag 2:17,25; 7:30,33,35; Heb 8:5; Off 15:3,4; 18:8; 19:5,6

[143] *Die heilige Schrift des neuen Testamentes mit auserlesenen Anmerkungen,* St. Anna Schulbuchverlag, Wien

[144] *Die heilige Schrift des neuen Testaments,* Varentrapp u. Wenner, Frankfurt a. Main 1794. Es erschienen in den folgenden Jahren weitere Ausgaben und Auflagen mit diesem Text, in unterschiedlicher Bandeinteilung (bei Varentrapp u. Wenner, Frankfurt a. M. 1799 und 1803; bei Franz Haas, Wien u. Prag 1796).

[145] zusätzlich zu den drei Stellen von der Erstauflage nun auch in Markus 11:10

[146] zusätzlich zu den vier Stellen der zweiten Auflage nun auch in Lukas 2:26

Thaddäus Anton Dereser fortgesetzt und die vollständige Bibel in mehreren Auflagen veröffentlicht. Im Alten Testament wurde durchgehend der Name *Jehovah* verwendet. Das Werk war bahnbrechend: seit Hieronymus' Vulgata war bis zur Arbeit Brentanos keine vollständige Bibelübersetzung mehr aus den Ursprachen mit kirchlicher Genehmigung verfasst worden, sondern man hatte sich, zumindest offiziell, stets auf die Vulgata gestützt.

Anonym

1791: *Jehova* zweimal in Übersetzung in Evangelienharmonie

1791 erschien mit kirchlicher Druckerlaubnis in Passau die Evangelienharmonie eines ungenannten katholischen Verfassers.[147] Von diesem auf mehrere Bände angelegten Werk konnte ich bisher nur den ersten Band nachweisen. Diese Evangelienharmonie enthält eine eigens angefertigte Übersetzung der biblischen Texte. Zumindest zweimal wird darin der Name *Jehova* verwendet.[148]

entspricht Lk 1:68 *"Gepriesen sey Jehova! Israels Gott! Er hat sich gnädig zu seinem Volke gewandt; Und verschafft ihm nun einmal die Rettung."*

Traugott August Seyffarth

Winterberg (* 31. Oktober 1762 in Sitzenroda, Sachsen; † 13. April 1831 in Freiberg) war ein lutherischer Theologe und Lehrer. Nach dem Studium in Wittenberg, unter Franz Volkmar Reinhard, wirkte er als Prediger und Hauslehrer. Ab 1799 war er Superintendent, zunächst in Liebenwerda, dann in Herzberg (Elster), in Belsig und ab 1822 in Freiberg.

1792 bis 1797: *Jehova* häufig in Übersetzung neutestamentlicher Stellen

In seiner Auswahlübersetzung des Neuen Testaments[149] verwendete Seyffarth in den neutestamentlichen Texten häufig den Namen *Jehova*.[150]

---

[147] *Geschichte des großen Stifters des Christenthums, Jesus, unsers göttlichen Erretters der Zeitordnung nach in einer freyern Uibersetzung aus den vier Evangelien wörtlich dargestellt,* Mangold, Passau, 1791

[148] Lk 1:68, 2:14

[149] *Uibersetzung und Erklärung der gewöhnlichen Episteln und Evangelien an allen bei uns üblichen Sonn- und Festtagen,* 7 Hefte, Crusius, Leipzig 1792–1797

Johann Adrian Bolten

Bolten (* 11. September 1742 in Süderstapel, Schleswig-Holstein; † 11. August 1807 in Altona) war ein lutherischer Theologe und Historiker. Nach einem Studium der Theologie und der Orientalischen Sprachen in Kopenhagen wurde er 1772 Prediger in Wöhrden (Schleswig-Holstein), ab 1782 in Altona. Er verfasste theologische, historische und kirchenge-schichtliche Werke.

1792 - 1805: *Jehova* 46mal in Übersetzung des Neuen Testaments

1792 bis 1805 übersetzte Bolten das Neue Testament[151], wobei er die von ihm angenommene aramäische Ursprache der Aussprüche Jesu nachzu-empfinden suchte. Mir standen bisher nur fünf der acht Bände zur Verfü-gung, in denen insgesamt 46mal *Jehova* verwendet wurde.[152]

Anzunehmen ist, dass Bolten den Namen auch in den übrigen Bänden[153] verwendete, die mir nicht vorliegen.

---

[150] Mir lagen nur die Hefte 1, 2, 3, 4 und 7 vor, in denen *Jehova* insgesamt 19mal erscheint: Mt 22:44; Lk 1:30,46,49,68,74,76,77; 2:14,22,38; 17:15; 18:11; Rö 15:11; 1Ko 10:6; Eph 3:20; 1Pe 3:12,13,15

[151] in acht Bänden, bei Kaven bzw. bei J. F. Hammerich, Altona: *Der Bericht des Matthäus von Jesu dem Messia* (1793), *Der Bericht des Markus von Jesu dem Messia* (1795), *Der Bericht des Lukas von Jesu dem Messia* (1796), *Der Bericht des Johannes von Jesu dem Messia* (1797), *Die Geschichte der Apostel von Lukas* (1799)

[152] Mt 3:3; 4:4,7,10; 21:42; 22:37,44; Mk 1:3; 12:29(2x),30,36; Lk 1:8,9,16,17,25,32, 41,67,68; 3:4; 4:8,12,18(2x),19; 10:27; 20:37,42; Jo 1:23; 6:45; Ag 2:20,21,25,34,39; 3:22; 4:26; 7:31,33,37; 10:22; 13:16,26; 15:17

[153] *Die neutestamentlichen Briefe*, 1800/1801/1805

Eucharius Ferdinand Christian Oertel

Oertel (* 13. Mai 1765 in Streitberg (Ansbach); † 16. Mai 1850 in Ansbach) war ein rationalistischer protestantischer Theologe, Philologe und Kaltwasserkurarzt. Er hatte Theologie und Philologie in Erlangen studiert; von 1795 bis 1827 war er Lehrer am Gymnasium Ansbach. Er verfasste ca. 80 verschiedene Schriften, neben philologischen Arbeiten (darunter Übersetzungen antiker Dichter) auch theologische und medizinische.

Oertels theologische Werke zeugen von seiner rationalistischen Einstellung; in der 1792 erschienenen Abhandlung *Christologie oder die Resultate der neuesten Aufklärungen über die Gottheit Christi* nahm er einen arianischen Standpunkt ein und widerlegte zahlreiche angebliche Beweistexte für die Trinität, unter anderem gab er Johannes 1:1 mit *"das Wort war ein Gott"* wieder.

1793: *Jehova* in Übersetzung des Römerbriefs

1793 erschien Oertels Übersetzung des Römerbriefs.[154] Dabei verwendete Oertel in Römer 15:11 *Jehova*.

Rö 15:11 *"Preiset Jehoven, alle Heiden! Verkündet seinen Ruhm, alle Nazionen!"*

Ein von Oertel geplantes vollständiges Bibelwerk wurde nicht realisiert, doch erschienen immerhin noch seine Übersetzungen von Johannes' Evangelium und Briefen (1795), des Pentateuchs (1815; durchgehend *Jehova* verwendet) und der Offenbarung[155] (1835).

1835: *Jehova* in Verbesserungsvorschlag zur Lutherbibel

Oertel lieferte 1835[156] zahlreiche Verbesserungsvorschläge zur Lutherbibel: teils regte er an, einzelne Wörter zu modernisieren; teils bot er Neuübersetzungen ganzer Verse oder Versgruppen. In seiner Neuübersetzung von Matthäus 3:1–12 verwendete er *Jehova*.

---

[154] *Versuch einer philosophischen Bibelerklärung, welcher Pauli Brief an die Römer philosophisch geprüft, übersetzt und erläutert enthält.*

[155] *Die Offenbarung Johannis. Ein großes himmlisches Drama oder Schauspiel, freiwörtlich übersetzt und freisinnig erklärt* (1835). Das Werk liegt mir nicht vor; es soll zwei von Oertel erstellte Übersetzungen der Offenbarung enthalten: eine wörtliche und eine freie.

[156] *Rück- und Vorblick auf Luther's Bibelübersetzung, oder Beweis, daß sie für unsere Zeiten nicht mehr brauchbar ist*, Schorner, Straubing

> Mt 3:2,3 *"Bessert euch! Sprach er, denn das Messiasreich beginnt. Er machte es also gerade so, wie dort der heilige Seher Jesaias von Jehovens Ankunft sagt: Des Herolds Stimme tönt im Lande: Bereitet unserm Herrn den Weg Und ebnet seine Pfade."*

Johann Nikolaus Milow

Milow (* 2. November 1738 in Hamburg; † 10. Juni 1795) war ein protestantischer Theologe. In Göttingen studierte er Philosophie und lernte orientalische Sprachen (darunter Chaldäisch, Syrisch, Arabisch) bei Hollmann und Heilmann sowie Exegese bei Michaelis. Ab 1765 war er Philosophie-Professor in Kiel, ab 1769 Prediger in Lüneberg bzw. ab 1770 in Wandsbeck bei Hamburg. Daneben unterrichtete er orientalische Sprachen.

Heute ist Milows Frau Margarethe Elisabeth, geb. Hudtwalcker (1748 - 1794) bekannter als er, aufgrund eines von ihr verfassten Tagebuchs, das im 20. Jahrhundert mehrfach veröffentlicht wurde und interessante Einblicke ins Leben einer Bürgersfrau des 18. Jahrhunderts bietet.

1793: *Jehovah* in Zitat aus Matthäus-Evangelium

Milow verwendete im Aufsatz *Versuch über die Stellen im N. T. die vom Sohne Gottes, vom Sohne des Menschen, Christus etc. reden*[157] den Namen *Jehovah* neben alttestamentlichen Stellen auch in Matthäus 22:44.

> Mt 22:44 *"Jehovah spricht zu meinem Herrn: Sitze zu meiner Rechten, bis ich deine Feinde dir zur Fußbank gelegt, dir unterworfen habe."*

Johann Ernst Christian Schmidt

Schmidt (* 6. Januar 1772 in Busenborn, Oberhessen; † 4. Juni 1831 in Gießen) war ein protestantischer Theologe. 1791 beendet er ein Studium der Theologie, ab 1798 lehrte er an der Universität Gießen. 1820 wurde er Prälat mit lebenslänglichem Sitz im Landtag Hessen. Er verfasste Schriften zu Exegese und Kirchengeschichte.

---

[157] in: Henkes *Magazin für Religionsphilosophie* 1. Bd, 2. Stk, S.180, bei Fleckeisen, Helmstädt 1794, 1. Bd, 2. Stk, S.180

1795: *Jehova* zweimal in Übersetzung von 2. Korinther Kap. 6

Im 1. Teil seines *Philologisch-Exegetischen Clavis über das neue Testament*[158] übersetzte Schmid 2. Korinther Kapitel 6 und verwendete dabei zweimal *Jehova*. Der *Clavis* enthielt auch Übersetzungen anderer Wendungen und Verse, dabei wird *kyrios* immer wieder mit *Gottheit* wiedergegeben.

> 2Ko 6:17,18 *"Darum trettet von ihnen, (den Heiden) ab, und trennet euch von ihnen, – so spricht Jehova, – und berühret nichts unheiliges, – und ich will euer Vater, ihr sollt meine Söhne und Töchter seyn: so spricht Jehova der Allbeherrscher!"*

Fortgesetzt wurde das Werk von Friedrich Gottlieb Welcker, der in seinen Übersetzungsvorschlägen, zum Brief an die Hebräer, zehn Jahre später ebenfalls *Jehova* verwendete.[159]

Johann Michael Milley

1795: *Jehova* siebenmal in Nachdichtung der Evangelien

1795 erschien ohne Autoren- und Verlagsnennung *Die Geschichte Jesu. Ein Geschenk für die Jugend in Gesängen.* Die Bayrischen Behörden hatten einem gewissen Johann Michael Milley die Druckerlaubnis dafür erteilt. Milley, über den ich nichts in Erfahrung bringen konnte, verwendete in dieser freien Nachdichtung siebenmal den Namen *Jehova* bzw. *Jehovah*.[160]

> entspricht Lk 4:18 *"Ueber mir schwebte der Geist des Jehova, Voll bin ich Seiner, Mich, mich weyht' Er! Jehova salbte mich, sandte mich Armen Zu verkündgen fröhliche Botschaft, zu heilen die Wunden Blutender Herzen; Gefangenen zu rufen: Erlösung ist nahe!"*

Matthäus Schabet

Schabet (* 11. September 1753 in Friedrichshafen) wurde nach dem Theologiestudium in Dillingen katholischer Pfarrer in Fussach bei Bregenz, Vorarlberg. Er verfasste 1792 bis 1796 einige Schriften über Jesu Leben, die

---

[158] *Philologisch-Exegetischer Clavis über das neue Testament für Akademien*, 1. Teil: *Briefe an die Römer und Korinthier*, Georg Friedrich Heyer, Gießen 1795

[159] vgl. S. 71

[160] Lk 1:46,47; 2:28; 4:10; 4:18 (2x); Jo 4:20

Evangelien und Bibelübersetzungen, wobei er traditionelle katholische Ansichten, frei vom Geist der Aufklärung, vertrat. 1796 verließ er bei der Annäherung französischer Truppen seine Pfarre und lebte einige Jahre in seiner Heimatgemeinde Tettnang, bevor er eine Pfarrerstelle in Goppertschweiler annahm.

1796: *Jehova* zweimal in Evangelienübersetzung

1796 brachte Schabet eine Evangelienharmonie mit von ihm übersetztem Bibeltext heraus.[161] Im Abschnitt über die Frage nach dem größten Gebot verwendete Schabet zweimal den Namen *Jehova* (Mk 12:29).

Mk 12:29 *"Höre Israel! Jehova, dein Gott, ist ein einiger Gott! Du sollst Jehova, deinen Gott, aus deinem ganzen Herzen, aus deiner ganzen Seele, aus deinem ganzen Gemüthe, und mit allen deinen Geisteskräften lieben!"*

Christian Wilhelm Friedrich Penzenkuffer

Penzenkuffer (* 25. Januar 1768 in Nürnberg; † 25. Oktober 1828) war Professor für biblische Exegese in Nürnberg und Lehrer der französischen und italienischen Sprache. Gelegentlich publizierte er auch unter dem Pseudonym Carlo Beretti.

1796: *Jehovah* mehrmals in der Übersetzung einiger neutestamentlicher Verse

In seiner Schrift *Neue Beyträge zur Erklärung der wichtigsten biblischen Stellen, in denen das πνευμα αγιον vorkommt*[162] verwendete Penzenkuffer in seiner Übersetzung neutestamentlicher Stellen mehrmals *Jehovah*.[163]

1Jo 2:29 *"Wer moralisch handelt, der ist vom Jehovah gebohren."*

---

[161] *Jesus Messias einziges und wörtliches Evangelium aus den vier Evangelien Zum neuen, vortheilhaftesten Gebrauche und Nutzen der Prediger und aller heilsbegierigen Christen*, Rieger, Augsburg

[162] *Neue Beyträge zur Erklärung der wichtigsten biblischen Stellen, in denen das πνευμα αγιον vorkommt, mit Rücksicht auf des Herrn Hezels Schrift über Geist und Fleisch*, Felsecker, Nürnberg, 1796

[163] jedenfalls in 1Ti 3:16; Jo 1:6; 4:24; 1Jo 2:29. Mir liegt das Werk nicht vor; die Angaben stützen sich auf Zitate, die in Georg Michael Eisenbachs Schrift *Missions-Geschäft des Dalai-Lama oder Penzenkuffers Neue Beyträge zur Erklärung der wichtigsten biblischen Stellen* (1798) enthalten sind

1800: *Jehovah* mehrmals in Übersetzung einiger neutestamentlicher Verse

Penzenkuffer zugeschrieben wird auch der 1800 anonym verfasste Aufsatz *Der Geist des evangelischen Christenthums oder übereinstimmende moralische Grundsätze Jesu und der Apostel.*[164] In den zahlreichen darin enthaltenen Zitaten aus dem Neuen Testament wurde zumindest dreimal *Jehova* verwendet.[165]

Rö 10:13 *"Ein jeder, sagt der Prophet, der Jehoven verehrt, wird Rettung finden."*

Anonym

1797: *Jehovah* fünfmal in Auswahlübersetzung aus Evangelien

Eine 1797 anonym veröffentlichte Schrift[166] versuchte die in den Evangelien berichteten Wunder *"für aufgeklärte und denkende"* Leser auf natürliche Weise – aber recht oberflächlich und willkürlich – zu erklären bzw. wegzuerklären. *"Man lese die Wundergeschichten nicht in der vorgefaßten Meinung, als ob man jetzt im Begriff sei, etwas Übernatürliches zu lesen; etwas, das von einem göttlichen Wesen herrühre."* Dass die Schrift anonym und unter einer fingierten Verlagsadresse erschien, war eine nicht unnötige Vorsichtsmaßnahme: Das Buch wurde von der staatlichen Zensur konfisziert.

In den darin übersetzten Auszügen aus den Evangelien wurde fünfmal der Name *Jehovah* verwendet.[167]

Mt 4:10 *"Da erwiederte Jesus: Weg von mir, du Wiedersacher! die Schrift sagt auch: Jehovah deinen Herrn sollst du verehren, und ihm allein dienen."*

Johann Friedrich des-Côtes

Des-Côtes (* 1735; † ca. 1810) war ein evangelisch-reformierter Theologe. Ab 1757 Pfarrer in Kirchheimbolanden, wurde er 1776 fürstlich nassau-weilburgischer Hofprediger.

---

[164] enthalten in dem *"von einem wahrheitsliebenden Schulmeister"* herausgegebenen Buch *Etwas von dem Herrn Professor Fichte und für Ihn*, Band 2, ohne Ort, 1800

[165] Rö 10:13, Heb 13:6, 1Pe 3:12a.

[166] *Das Uebernatürliche des neuen Testaments natürlich erklärt nebst der Uebersetzung des Erklärten*, *"Peter Hammer, Frankfurt u. Leipzig"* steht in diesem Fall vermutlich für: Hammerich, Altona

[167] Mt 4:10; Lk 1:6,11,16; 2:9

1797: *Jehovah* achtmal in Übersetzung neutestamentlicher Verse

Des-Côtes *Schutzschrift für Jesum von Nazareth oder das Reich Christi und Gottes nach neutestamentlichen Begriffen*[168] enthielt zahlreiche Verse des Neuen Testaments in seiner eigenen Übersetzung. Darin verwendete Des-Côtes achtmal den Namen *Jehova* bzw. *Jehovah*.[169]

Lk 1:68 *"Gelobet sey Jehova, der Schutzgott Israels; denn er ist gnädig seinem Volke, und setzet es in Freyheit."*

Friedrich Samuel Winterberg

Winterberg (* 1735, a. Ang. 1731, in Landau, Bad Arolsen; † 10. November 1798) war ein protestantischer Theologe und Lehrer. Zunächst als Feldprediger tätig, wurde er 1778 Rektor in Dortmund und 1788 Direktor des Gymnasiums in Korbach. Der fürstlich-waldeckische Kirchenrat, ab 1791 Doktor der Theologie, veröffentlichte u.a. zwei Gebetbücher.

1798: Jehovah in Galater 3:20

In dem Aufsatz *Geschichte der Auslegung von Gal. 3,20. Nebst einem Versuche der einzigen Erklärung dieser Stelle*[170] verwendete Winterberg in seiner Übersetzung von Galater 3:20 den Namen *Jehovah*.

Gal 3:20 *"Also ist dieser Mittelsmann nicht der Mittelsmann des (großen) Einzigen, denn Jehovah ist dieser Einzige."*

Novalis

Novalis (* 2. Mai 1772 auf Schloss Oberwiederstedt in Sachsen-Anhalt; † 25. März 1801 in Weißenfels in Sachsen-Anhalt), eigentlich Georg Philipp Friedrich Freiherr von Hardenberg, war ein deutscher Schriftsteller der Frühromantik, Philosoph, Jurist und Bergbauingenieur. Sein Vater war ein strenger Pietist und Freund der Herrnhuter Brüdergemeine. Novalis las Böhme und Lavater[171], war mit Friedrich Schiller, Ludwig Tieck und

---

[168] bei Johann Peter Bayrhoffer; Frankfurt a. M., 1797

[169] Mt 21:9; Mk 11:9,10; Lk 1:32,68; 2:30; 1Ko 15:24; Off 11:15.

[170] in Henkes *Neuem Magazin für Religionsphilosophie, Exegese und Kirchengeschichte,* Band 1, Fleckeisen, Helmstädt 1798

[171] Näheres zu Lavater s.S. 35

Friedrich Schelling befreundet und gilt als einer der bedeutendsten deutschen Frühromantiker. Der Großteil seiner Schriften – Dichtungen, Aufzeichnungen zu Geschichte, Philosophie, Religion, Politik, Ästhetik und Naturwissenschaften – wurde erst nach seinem Tod veröffentlicht. Einige seiner geistlichen Lieder wurden in lutherische Gesangsbücher aufgenommen.

vor 1800: *Jehovah* viermal in Nachdichtung von Lukas Kap. 1

Margot Seidel veröffentlichte 1973 in ihrer Dissertation *Die geistlichen Lieder des Novalis und ihre Stellung zum Kirchenlied* erstmals Novalis' handschriftlich hinterlassene, unvollendete Nachdichtung des ersten Kapitels des Lukasevangeliums. Darin hatte Novalis viermal *Jehovah* verwendet.[172]

Lk 1:46 *"Lobe unsterbliche Seele den Herrn der Schöpfung Jehovah, Jauchze mein Geist ihm zu, er ist es der mich beschützet."*

Friederich Popp

Popp (1757 - 1837) war ein protestantischer Ratskonsulent aus Nürnberg, zunächst Beisitzer des dortigen Stadt- und Ehegerichts, dann Ober- und Appellationsgerichtsrat und ab 1808 Direktor des Stadtgerichts Nürnberg. Er verfasste einige juristische Werke.

1800: *Jehovah* in Zitat aus Matthäus-Evangelium

In einer Schrift über die Ehescheidung[173] zitierte Popp zahlreiche Bibeltexte, unter anderem die Übersetzungen von Stolz[174] und von Brentano[175] verwendend. Bei einigen Bibelversen – darunter Auszüge aus der Bergpredigt – gibt er aber keine Quellenangabe an; es war für einen Gelehrten der damaligen Zeit nicht ungewöhnlich, selber aus dem Griechischen zu übersetzen. In Matthäus 5:33 verwendete er den Namen *Jehovah*.

Mt 5:33 *"Ihr habt ferner gehört, daß es vor Alters hieß: du sollst nicht falsch schwören, sondern Jehovah das eidlich Gelobte halten."*

---

[172] Lukas 1:6,41,46,54.

[173] *Über die Ehescheidung. Für gebildete Leser aus allen Ständen*, Seidel, Amberg u. Sulzbach 1800

[174] zu Stolz s. S. 38

[175] zu Brentano s. S. 49

Heinrich Gottlob Eberhard Paulus

Paulus (* 1. September 1761 in Leonberg, Baden-Württemberg; † 10. August 1851 in Heidelberg) war ein evangelischer Theologe. Er lehrte ab 1789 orientalische Sprachen und ab 1793 Theologie in Jena, ab 1803 in Würzburg, ab 1811 in Heidelberg. Zwischenzeitlich widmete er sich auch Fragen des Schulwesens und der Politik, so als Begründer der Zeitschrift *Sophronizon*. Er übersetzte nach und nach beträchtliche Teile der Bibel.[176] In einer Übersetzung des Hebräerbriefs[177] setzte er den Namen *Jehovah* in Klammern, nämlich in Hebräer 1:12.

1800: *Jehovah* sechsmal in der Übersetzung einzelner Wendungen aus den Evangelien

1800 verwendete Paulus in einem Kommentar zu den synoptischen Evangelien[178], der einzelne Sätze/Wendungen in deutscher Übersetzung enthielt, sechsmal den Namen *Jehovah*.[179]

Auszug aus Lk 4:19 *"ein Jahr, welches Jehovah besonders veranstaltet hat."*

1828: *Jehovah* sechsmal in Übersetzung der Evangelien

Fast 30 Jahre später verwendete Paulus im Text einer Evangelienübersetzung[180] zumindest sechsmal den Namen *Jehovah*[181] und setzte ihn außerdem mehrmals[182] in Klammern neben das Wort *Herr*.

Lk 4:18 *"Begeisterung des Jehovah ist über mir: gesalbt (zum Propheten eingesetzt) hat er mich deswegen, um Armen Heil zu verkünden."*

---

[176] Prediger, Jesaja, Psalmen, Evangelien, JohBriefe, Römer, Galater, Hebräer

[177] *Des Apostels Paulus Ermahnungsschreiben an die Hebräer-Christen wortgetreu übersetzt*, Winter, Heidelberg, 1833

[178] *Philologisch-kritischer und historischer Commentar über die drey ersten Evangelien*, Bohn, Lübeck

[179] Lk 1:11,15,38,76; 2:23; 4:19

[180] *Das Leben Jesu als Grundlage einer reinen Geschichte des Urchristentums, Die Geschichtenerzählung nach den vier vereint geordneten Evangelien in Beziehung auf eine wortgetreue, erklärende, synoptische Uebersetzung derselben*, Winter, Heidelberg, 1828

[181] Mt 4:7,10; Lk 4:8,12,18,19

[182] z.B. in Mk 12:29,36; Lk 1:76; 20:37; Jo 10:34

Bemerkenswert ist auch Paulus' Wiedergabe von Johannes 1:1c: *"und ein Gott war jener Sprechergeist."*

Karl Heinrich Georg Venturini

Venturini (* 30. Jänner 1768 in Braunschweig; † 25. Mai 1849 in Schöppenstedt, Niedersachsen) war ein evangelischer Theologe und Historiker. Ab 1788 studierte er – u.a. bei Henke – Theologie in Helmstedt. Dann unterrichtete er einige Jahre an einer Schule in Kopenhagen. Er verfasste zahlreiche rationalistische Schriften und bedeutende Werke über Landes- und Ortskunde.

1800: *Jehova* neunmal in Nacherzählung der Evangelien

Venturinis extrem rationalistische Ansichten prägten eine von ihm verfasste dreibändige romanhafte freie Nacherzählung des Lebens Jesu[183], die alles Übernatürliche wegerklärt. Darin wagte es Venturini beispielsweise, die Zeugung Jesu als Folge einer Vergewaltigung der ohnmächtigen Maria durch einen Priester darzustellen, und schreckte nicht davor zurück, den Vergewaltiger auch noch zu benennen, nämlich als Joseph von Arimathia. Das Machwerk enthält in den Gesprächen und Reden trotz aller inhaltlichen Ungereimtheiten immer wieder wörtliche Zitate aus den Evangelien. Dabei wird neunmal *Jehova* verwendet.[184]

entspricht Mt 22:37 *"Gewiß ist das Gebot das höchste: Du sollst Jehova lieben, deinen Gott von ganzem Herzen, mit ganzer Seele und aller Anstrengung des Geistes!"*

Die von Venturini vertretene Ansicht, Jesus wäre ein Mitglied der Essäer gewesen und von diesen nach seinem vermeintlichen Tod wieder gesundgepflegt worden, findet noch heute Anhänger. Die Veröffentlichung dieses Werks führte aber dazu, dass Venturini einige Jahre lang nicht als Pfarrer tätig sein durfte. Erst ab 1807 war ihm das wieder möglich, er war dann bis 1844 Pfarrer in Hordorf bei Braunschweig.

---

[183] *Natürliche Geschichte des großen Propheten von Nazareth,* anonym, ohne Angabe des Verlags, in "Bethlehem" (= Kopenhagen) 1800; 2. umgearbeitete Auflage 1806

[184] viermal in Band 1 (an den Stellen, die Lk 1:28,32,68,73 entsprechen) und fünfmal in Band 3 (Mt 21:9; 22:21(2x),37; 23:39).

1807: *Jehovah* 18mal in Übersetzung der Reden aus der Apostelgeschichte

1807 erschien Venturinis *Geschichte des Urchristentums*.[185] Das Werk lehnt sich an die Apostelgeschichte an und ergänzt sie um historische und rationalistische Zusätze; manche Teile sind in Art einer freien Nacherzählung verfasst.

Die in der Apostelgeschichte enthaltenen Reden (u. a. des Petrus, des Stephanus, des Paulus) gab Venturini allerdings wörtlich wieder, wobei er sich laut dem Vorwort zum Teil an die Übersetzungen von Stolz[186] und Thiess[187] anlehnte. Dabei verwendete er 18mal den Namen *Jehovah*.[188]

entspricht Ag 4:26 *"Die Könige der Erde treten auf, Die Fürsten sind versammlet, Wider Jehovah, Und wider den, den zum Messias e r erkohr."*

Johann Gottfried Immanuel Berger

Berger (* 27. Juli 1773 in Ruhland, Oberlausitz; † 20. Mai 1803 in Schneeberg, Sachsen) war ein protestantischer Theologe. Er war Dozent an der theologischen Fakultät Göttingen sowie ab 1802 Oberpfarrer in Schneeberg. In seiner kurzen Laufbahn verfasste er zahlreiche Aufsätze und Bücher, unter anderem eine *Praktische Einleitung in das Alte Testament* (nach Bergers Tod durch Augusti fortgesetzt).

1801: *Jehova* in Auswahlübersetzung des Neuen Testaments

In Bergers *Einleitung in das Neue Testament*[189] versuchte er praktische moralische Anwendungen aus dem Neuen Testament zu ziehen. Der vierte Band, der eine systematische Uebersicht der sämtlichen moralischen Lehren des Neuen Testaments enthält, beinhaltet eine – laut Vorwort „möglichst treue" – Übersetzung der betreffenden Stellen des Neuen Testaments.

---

[185] *Geschichte des Urchristenthums im Zusammenhange mit der natürlichen Geschichte des großen Propheten von Nazareth*, anonym, ohne Verlagsangabe, "Rom"

[186] zu Stolz s. S. 38

[187] zu Thiess s. S. 47

[188] Ag 2:25; 3:22; 4:26; 7:3,6,7,9,10,17,25,30,37,42; 10:22; 13:16,20,23,26

[189] *Versuch einer moralischen Einleitung in das Neue Testament für Religionslehrer und denkende Christen*, vier Bände; 1797 – 1801, Meyer, Lemgo

Dabei verwendete Berger gelegentlich den Wortlaut der Übersetzung von Stolz.[190] In Matthäus 5:33 gebrauchte er den Namen *Jehova*.

Mt 5:33 *"Ihr habt gehört, daß es bey den Alten hieß: Du sollst nicht falsch schwören, sondern Jehoven das eidlich Gelobte halten."*

Anton Theodor Hartmann

Hartmann (* 25. Juni 1774 in Düsseldorf; † 20. April 1838 in Rostock) war ein evangelischer Theologe und Orientalist. Nachdem er ab 1793 in Göttingen Theologie bei Eichhorn studiert hatte, trat er ab 1797 Lehraufgaben in Soest, Herford und Oldenburg an. 1811 wurde er auf Eichhorns e Empfehlung Theologieprofessor in Rostock, ab 1815 war er auch Konsistorialrat. Der Schwerpunkt seiner Arbeiten lag auf dem Gebiet der Auslegung und Kritik des Alten Testaments und auf den orientalischen Sprachen. So gab er 1800 den *Prophet Micha, neu übersetzt und erläutert* heraus.

1802: *Jehova* 15mal in Auswahlübersetzung aus Neuem Testament

Hartmanns 1802 bei Schreiner, Düsseldorf, erschienenes Werk *Blicke in den Geist des Urchristenthums* enthält eine Übersetzung zahlreicher Verse aus dem Neuen Testament, darin verwendete er 15mal *Jehova*.[191]

Mt 22:37 *"Jesus antwortete: du sollst Jehoven deinen Gott von ganzem Herzen, von ganzer Seele und aus allen Kräften lieben."*

1831: *Jehova* in Zitat aus Apostelgeschichte

In *Die enge Verbindung des Alten Testaments mit dem Neuen*[192] verwendete Hartmann *Jehova* in einem Zitat aus Apostelgeschichte 7:37.

Ag 7:37 *"Einst wird Jehova, euer Gott, aus eurer Mitte einen Propheten hervorgehen lassen, den sollt ihr hören."*

Christian Schreiber

Schreiber (* 15. April 1781 in Eisenach, Thüringen; † 15. August 1857 in Ostheim vor der Rhön, Unterfranken) war ein protestantischer Theologe

---

[190] zu Stolz s. S. 38

[191] Mt 12:4; 22:37,44; Lk 1:16,17,32,68,72,76; 2:26; 19:38; Jo 1:23,51[="52"]; Ag 2:20,34

[192] bei Friedrich Perthes, Hamburg, 1831

und Lyriker. Der Doktor der Philosophie – er hatte sein Examen bei Herder abgelegt – war Oberpfarrer, großherzoglich sachsen-weimarischer Kirchenrat und Superintendent der Diözesen Lengsfeld und Dermbach. Schreiber war ein ausgezeichneter Redner, verfasste Gedichte und ein Drama und gab ein Liederbuch heraus. Als Lyriker im Stil der Romantik, der mit Christoph Martin Wieland, Friedrich von Matthison, August Wilhelm Schlegel, Jean Paul, Madame de Stael und Heinrich Karl Eichstädt persönlich gut bekannt war, nahm er sich Schiller zum Vorbild, und gemäß der *Encyclopädie der deutschen National-Literatur* war er jener deutsche Lyriker, der Schiller tatsächlich am nächsten kam.

1802: *Jehovah (Jova)* 42mal in dichterischer Bearbeitung der Offenbarung

Schreibers erstes Werk überhaupt war eine dichterische Bearbeitung der Offenbarung.[193] Das Gedicht ist freier als eine gewöhnliche Übersetzung, aber es ist weitgehend möglich, darin den Bibeltext Satz für Satz wiederzuerkennen. Schreiber verwendete dabei den Namen *Jehovah* nicht weniger als 41mal,[194] sowie einmal[195] *Jova.*

entspricht Off 21:3,4a *"Siehe (so scholl's aus dem Innern des Throns) die Hütte Jehovah's Ist bei den Hütten der Menschen, er wird, ein liebender Vater, Seine Kinder umfassen mit heiliger Güte, Und von ihren Augen die Thränen trocknen des Kummers..."*

Georg Lorenz Bauer

Bauer (* 14. August 1755 in Hiltpoltstein; † 13. Januar 1806 in Heidelberg) war ein lutherischer Aufklärungstheologe, der die seines Erachtens mythischen Teile der Bibel rationalistisch zu erklären versuchte. Zunächst Prediger an der Schlosskapelle Nürnberg, wurde er 1789 Professor der Rhetorik und der morgenländischen Sprachen an der Hochschule Altdorf. Ab 1805 wirkte er als Professor für morgenländische Literatur und biblische Exegese an der Universität Heidelberg.

---

[193] *Prophetisch-poetisches Gemälde der Zukunft. Nachbildung der Offenbarung Johannis,* Wilhelm Wehel, Zeitz u. Naumburg, 1802

[194] Off 3:12,21; 4:8; 5:1,2,3,4,7,13; 6:2,10,16; 7:9,14; 8:6; 10:1,7,9; 11:13; 12:6,10; 13:6; 14:3,10; 15:7; 16:19; 17:3,17; 18:2,5,8,20; 19:4,17,21; 20:3,4,9; 21:3,5; 22:1

[195] Off 11:6

1802: *Jehova* in Umschreibung neutestamentlicher Texte

In einem Werk über hebräische Mythologie[196] verwendete Bauer in der Umschreibung von Lukas 2:9 *Jehova*.

entspricht Lk 2:9 *"Diesen erschien ein Engel des Herrn, und Jehovens Lichtglanz erleuchtete sie. Sie geriethen in Furcht."*

Karl Christian Ludwig Schmidt

Schmidt (* 23. September 1763 in Gemünden, Westerwald, Rheinland-Pfalz; † 14. März 1815 in Willmenrod im Westerwald) war protestantischer Pfarrer bzw. Pastor Adjunctus in Willmenrod. Bedeutend ist sein *Westerwäldisches Idiotikon*, ein 1800 veröffentlichtes Volks- bzw. Mundartwörterbuch.

1803: *Jehova* in Übersetzung einiger Verse aus dem Galaterbrief

1803 übersetzte und erklärte Schmidt in einem Aufsatz[197] Galater 3:20 (und die vorausgehenden Verse) und verwendete dabei *Jehova*.[198]

Gal 3:20b *"Jehova aber ist einer derselbe."*

Johann Ludwig Wilhelm Scherer

Scherer (* 27. Februar 1777 in Nidda, Hessen; † 1825) war ein protestantischer Theologe. Als Schüler Johann Wilhelm Friedrich Hezels in Gießen wurde ihm der Doktortitel verliehen. Er wirkte in verschiedenen hessischen Pfarren: ab 1796 als Diakon in Dauernheim, dann in Echzell, ab 1804 als Pfarrer, zunächst in Berstadt, ab 1815 in Rüsselsheim. 1808 wurde Scherers poetische Übersetzung ausgewählter Stellen des Alten Testaments veröffentlicht.[199]

---

[196] *Hebräische Mythologie des alten und neuen Testaments, mit Parallelen aus der Mythologie anderer Völker*, 2. Band, Weygand, Leipzig, 1802

[197] *Die schwere Schriftstelle Gal. 3,20 neu erklärt*, im ersten Band des *Repertoriums für die Litteratur der Bibel, der Religionsphilosophie, Kirchen- und Dogmengeschichte*, Köhler, Leipzig, 1803

[198] Mir liegt der Aufsatz nicht vor, doch gehen diese Daten aus einer Rezension in der *Allgemeinen Literatur-Zeitung* vom 10. August 1803 hervor.

[199] *Die schönsten GeistesBlüthen des ältesten Orients*, Karlsruhe

1803: *Jova* **mehrmals in Übersetzung einiger Verse aus Neuem Testament**

Scherer verwendete den Gottesnamen *Jova* in einigen Bibelzitaten[200] in einem Werk über neutestamentliche Prophezeiungen.[201] Seine Übersetzung wird in einer Rezension[202] als *"vortrefflich gelungen"*, *"correct und verständlich"* bezeichnet.

Lk 1:16 *"Und viel der Söhne Israels Wird er zurücke führen Zu Jova, ihrem Gott"*

1805: *Jehova(h)* **achtmal in Verbesserungsvorschlägen zur Luther-Übersetzung des Neuen Testaments, und zweimal in Übersetzung der Offenbarung**

Ein von Scherer herausgegebener Bibelkommentar[203] wurde laut der Titelseite von einer „*Gesellschaft von Gelehrten*" ausgearbeitet. Hinter dieser klingenden Bezeichnung verbargen sich Scherer und andere Schüler Hezels, die nicht regulär promoviert wurden, sondern von Hezel den Doktortitel kraft dessen Privileg als „Hofpfalzgraf" verliehen bekommen hatten.[204]

In den in dem Bibelkommentar enthaltenen Vorschlägen zu einer gegenüber der Lutherbibel verbesserten Übersetzung wird insgesamt achtmal der Name *Jehova* bzw. *Jehovah* verwendet.[205] Die Offenbarung wurde für den Bibelkommentar sogar zur Gänze neu übersetzt, dabei wurde zweimal *Jehova* verwendet.[206]

Off 11:4 *"Sie sind die zwei Olivenbäume, und die zwei Fackeln, die vor Jehoven stehen."*

---

[200] Mir liegt das Werk nicht vor, aber schon die knappen Zitate, die in einer Rezension in der *Allgemeinen Literatur-Zeitung* enthalten sind, beinhalten zweimal *Jova* (Lk 1:15,16).

[201] *Ausführliche Erklärung der sämmtlichen Weissagungen des neuen Testaments*, Weygand, Leipzig 1803

[202] *Jenaische allgemeine Literatur-Zeitung*, No.103, May 1807

[203] *Bibelcommentar zum Handgebrauch für Prediger, Schullehrer und Layen, nach den jetzigen Interpretationsgrundsätzen*, Richter, Altenburg

[204] vgl. Erwin Schmidt: *Die Hofpfalzgrafwürde an der hessen-darmstädtischen Universität Marburg-Gießen*, Mitteilungen des Oberhessischen Geschichtsvereins Gießen 1972

[205] Mt 3:3; Lk 20:42; Ag 2:25,34; 4:26; 15:17; Heb 7:21; 8:8

[206] Off 11:2,4

Johann Georg Friedrich Leun

Leun (* 9. August 1757 in Gießen; † 15. März 1823 in Butzbach, Hessen) war ein evangelischer Theologe. Ab 1790 war er außerordentlicher Professor für Philosophie am akademischen Pädagogium Gießen; später war er Kirchenrat und Oberpfarrer in Butzbach. Leun verfasste zahlreiche Schriften, die *Allgemeine Deutsche Biographie* nennt ihn wenig schmeichelhaft *„mehr einen Buchmacher als einen Forscher."*

1803: *Jehova* in Zitat aus Epheserbrief

1803 erschien bei Weygand, Leipzig, Leuns[207] *Reine Auffassung des Urchristenthums in den Paulinischen Briefen*, in dem in der Wiedergabe einer Stelle aus dem Epheserbrief (Eph 2:21) *Jehova* verwendet wird.

Eph 2:21 *"Das ganze Gebäude, in verschiedenen Fugen zusammengesetzt, erhebt sich auf diesem Ecksteine ruhend zu einem Heiligthume Jehova geweiht."*

Samuel Christian Gottfried Küster

Küster (* 18. August 1762 in Dom Havelberg, Sachsen-Anhalt; † 22. August 1838 in Neustadt-Eberswalde, Brandenburg) war ein evangelischer Geistlicher.

1785 wurde er Lehrer am Berliner Friedrich-Werder-Gymnasium, 1786 Prediger und 1797 Superintendent der Friedrich-Werder-Diözese Berlin, 1804 zusätzlich noch Direktor des königlichen Seminars für Volksschulen. Er setzte sich für die Union der protestantischen Kirchen ein und wirkte an der Ausarbeitung des protestantischen Gesangbuchs für Berlin mit. Unter seinen zahlreichen Schriften findet sich eine seinerzeit weitverbreitete Biographie Martin Luthers[208] und eine *Geschichte der deutschen Bibelübersetzung durch Martin Luther* (1823).

---

[207] Dieses Werk erschien anonym und wird in mehreren Quellen – z.B. Hagenbachs *Encyclopaedie und Methodologie der theologischen Wissenschaften* – Georg Lorenz Bauer zugesprochen, stammt aber meines Erachtens von Leun: Das Vorwort wurde in Butzbach verfasst, wo Leun zu jener Zeit Pfarrer war; und der Verfasser bezeichnet sich im Vorwort als Verfasser des *Handbuchs zur Cursorischen Lektüre der Bibel Neuen Bundes*, das ebenfalls anonym erschien, das aber heute einhellig Leun zugesprochen wird.

[208] *Dr. Martin Luther, der Mann Gottes. Eine lebengeschichtliche Darstellung im einfachen Volkston.* Albanus, Berlin 1817

1803: *Jehova* **in Übersetzung der Neutestamentlichen Briefe**

1803 erschien Küsters Übersetzung eines großen Teils des Neuen Testaments,[209] darin verwendete Küster in Römer 15:11 den Namen *Jehova*.

Rö 15:11 *"Singet Jehoven Loblieder, ihr Heiden und preiset ihn, Nationen."*

Heinrich Ludwig Pölitz

Pölitz (* 17. August 1772 in Ernstthal am Rennsteig, Thüringen; † 27. Februar 1838 in Leipzig) war ein evangelischer Publizist und Gelehrter. Er wurde 1795 Professor der Moral und Geschichte am Kadetteninstitut in Dresden, 1803 Professor der Philosophie in Leipzig, 1804 Professor des Natur- und Völkerrechts in Wittenberg, 1815 Professor der Geschichte und Statistik von Sachsen in Leipzig, und 1820 Professor der Staatswissenschaften. Der passionierte Büchersammler verfasste mehr als 100 Bücher.

1804: *Jehova* **sechsmal in Übersetzung einiger Verse aus den Evangelien**

Anonym verfasste Pölitz ein Buch über das Urchristentum,[210] das zahlreiche Verse der historischen Bücher des Neuen Testaments enthielt. Mindestens sechsmal verwendete Pölitz den Gottesnamen *Jehova*.[211]

Lk 1:68 *"Gepriesen sei Jehova, der Gott Israels, daß nun der Zeitpunkt der Rettung und Erlösung für sein Volk erschienen ist."*

Georg Conrad Horst

Horst (* 1769 in Lindheim, Hessen; † 1832) war evangelischer Theologe und Schriftsteller. Er studierte Theologie und Philosophie an der Vaterländischen Universität. In seinem Heimatort Lindheim war er als Pfarrer tätig, dann wurde er als Kirchenrat und Geheimrat nach Darmstadt versetzt. Die Zeitschrift *Der Katholik* schrieb ihm *"weit ausgebreitete Belesenheit"* und *"durchaus frommen Sinn"* zu.

---

[209] Römer bis Offenbarung, unter dem Titel *Die Briefe der Apostel Jesu aus dem Griechischen übersezt und mit Anmerkungen begleitetet,* Nauk, Berlin

[210] *Das Urchristenthum, nach dem Geiste der sämmtlichen neutestamentlichen Schriften entwickelt; ein Versuch in der Specialhermeneutik des N. T.,* F. Tröschel, Danzig, 1804

[211] Mk 3:28; 12:36; 14:61; Lk 1:68; 2:29; 19:38

1804: *Jehovah* zweimal in Übersetzung von Lukas 1

In einem Aufsatz über die ersten beiden Kapitel des Lukasevangeliums[212] hatte Horst Teile dieser zwei Kapitel übersetzt und dabei zweimal den Namen *Jehovah* verwendet.[213]

> Lk 1:68 *"Gepriesen sey Jehovah, Israels Gott, Huldvoll hat er angeblickt und erlöset sein Volk."*

Johann Jakob Schweizer

Schweizer (* 1771 in Zürich; † 31. Juli 1843 in Trub im Emmental) war ab 1798 evangelisch-reformierter Pfarrer in Embrach bei Zürich. Er verfasste einige politische Schriften, wurde deshalb 1800 angeklagt und 1804 abgesetzt. Nach seiner Rehabilitation durch den Kirchenrat wurde er 1809 Pfarrer in Nidau (Bern). 1821 wurde er nach Guttannen im Oberland versetzt; 1825 kam er in die Gemeinde Trub im Emmental, wo er bis zu seinem Tod als Pfarrer wirkte.

1804: *Jehova* in freier Übersetzung der Bergpredigt

1804, noch als Pfarrer, schrieb Schweizer eine Abhandlung über die Bergpredigt,[214] die gleich zwei Übersetzungen der Bergpredigt enthält: eine wörtliche, und darunter eine freie, *„paraphrastische und erläuternde."* In der Rezension in der *Allgemeinen Literatur-Zeitung* hieß es: *„Dadurch hat der V[erfasser] beide Classen von Lesern, sowohl die wörtliche Treue verlangenden als auch die ein deutsches Testament dem Deutschen lesbar und verständlich fordernden, zu befriedigen gestrebt."* Die freie Übersetzung enthält in Matthäus 5:33 *Jehova*.

> Mt 5:33 *"Ihr wisset ferner, daß es längsther geheißen hat: Du sollst nicht meineidig seyn: Du sollst aber deine eidlichen Gelübde halten, wenn du ausdrücklich beym Nahmen Jehova's geschworen hast."*

---

[212] *Ueber die beyden ersten Kapitel im Evangelium Luka's, in historisch-kritischer und exegetisch-dogmatischer Hinsicht*, im ersten Band von Henkes *Museum der Religionswissenschaft*, 1804

[213] Lukas 1:25,68

[214] *Sammlung der vorzüglichen Sittensprüche Jesu, nach Matthäus V, VI, VII. Neu übersetzt und erläutert*, Orell, Füßli und Co., Zürich

Aaron Wolfsohn

Aaron Wolfsohn (auch Halle-Wolfsohn; * 1754? in Halle?; † 1835 in Fürth) war ein jüdischer Pädagoge und Vertreter der Aufklärung. In Berlin machte er die Bekanntschaft Moses Mendelssohns. In Breslau war er Schuldirektor und Privatlehrer der Kinder der Bankiersfamilie Beer, unter anderem des späteren Komponisten Giacomo Meyerbeer. Als Herausgeber der Zeitschrift *Ha-Meassef* und eines Hebräischwörterbuchs war er an Bestrebungen beteiligt, die Hebräische Sprache zu erneuern.

1804: *Jehova* in Zitat aus Evangelien

In einer Schrift zur Verteidigung des Judentums[215] wehrte sich Wolfsohn gegen die Behauptung aus dem lutherischen Katechismus, die Juden wüssten nicht, wer der wahre Gott sei. Er zitierte Markus 12:29, um zu zeigen, dass Jesus zu dem gleichen Gott betete wie die Juden, und verwendete dabei den Namen *Jehova*.

> *"Unser Herr Jesus sagte doch selber, wie im Evangelio geschrieben steht, das fürnehmste Gebot unter allen Geboten ist: Höre Israel, Jehova unser Gott ist ein einziger Gott. (Mk 12:29)"*

Johann Joachim Bellermann

Bellermann (* 23. September 1754 in Erfurt; † 25. Oktober 1842 in Berlin) war ein evangelischer Theologe und Semitist. Er absolvierte das Evangelische Gymnasium in Erfurt und studierte dann in Erfurt und Göttingen, unter anderem bei Johann David Michaelis. Ab 1784 war er Professor und ab 1794 Direktor des Ratsgymnasiums in Erfurt, 1804 wurde er Direktor des Berliner Gymnasiums "Zum Grauen Kloster". Zudem war er Außerordentlicher Professor der Theologie an der Berliner Universität. Bellermann befasste sich auch mit Naturwissenschaften und Musik; er war mitverantwortlich für die Wiedereinführung des Musikunterrichts an den preußischen Gymnasien. 1833 wurde er in die Gelehrtengesellschaft *Leopoldina* aufgenommen.

---

[215] *Jeschurun oder unparteyische Beleuchtung der dem Judenthume neuerdings gemachten Vorwürfe*, Carl Friedrich Barth, Breslau 1804

1804: *Jehovah* in drei Zitaten aus Lukasevangelium

In einem Aufsatz über neutestamentliche Prophetie[216] zitierte Bellermann aus dem Lukasevangelium und verwendete dabei dreimal *Jehova*.[217]

Lk 1:32 *„Groß wird er seyn, Des Höchsten Sohn wird man ihn nennen. Denn geben wird ihm Gott Jehova seines Ahnherrn Davids Thron."*

1810: *Jehovah* in Zitat aus Lukasevangelium

Im siebenten Band des *Theologen*[218] zitierte Bellermann in einem Aufsatz aus Lukas 1:32 und verwendete neuerlich den Namen *Jehova*.

Lk 1:32 *"Er wird ein göttlicher Mann seyn, man wird ihn den Sohn des Höchsten nennen, und Gott Jehova wird ihn auf seines Vaters Davids Thron setzen"*

Friedrich Gottlieb Welcker

Welcker (* 4. November 1784 in Grünberg; † 17. Dezember 1868 in Bonn) war ein protestantischer Philologe und Archäologe. In Gießen war er ab 1804 Privatdozent, ab 1809 Professor für griechische Literatur und für Archäologie. Ab 1816 war er Profesor in Göttingen, ab 1819 in Bonn, wo er auch dem Akademischen Kunstmuseum vorstand.

1805: *Jehova* in Zitat aus Hebräerbrief

1805 setzte Welcker den 10 Jahre zuvor von Johann Ernst Christian Schmidt begonnenen *Philologisch-exegetischen Clavis*[219] fort mit dem Teil über die katholischen Briefe und den Brief an die Hebräer.[220] In die Anmerkungen eingestreut sind Übersetzungsvorschläge zu Wörtern und Wortgruppen, dabei wird in Hebräer 8:11 *Jehova* verwendet.

---

[216] *Erklärung der sämmtlichen Weissagungen des N.T* , im zweiten Teil von *Der Theologe oder encyclopädische Zusammenstellung des Wissenswürdigsten und Neuesten im Gebiete der theologischen Wissenschaft,* Henning, Erfurt, 1804

[217] Lk 1:28,32,38

[218] *Der Theologe, oder encyklopädische Zusammenstellung des Wissen-würdigsten und Neuesten im Gebiete der theologischen Wissenschaften, für Protestanten und Katholiken,* Siebenter Theil, Henning, Erfurt, 1810

[219] vgl. S. 55

[220] *Philologisch-exegetischer Clavis über das Neue Testament für Akademien.* 2. Theil, 2. Abteilung: *Die katholischen Briefe und der Brief an die Hebräer.* G.F.Heyer, Gießen

Gottfried Christian Cannabich

Cannabich (* 27. April 1745 in Sondershausen; † 23. September 1830) war ein evangelisch-lutherischer Theologe. Nach dem Schulbesuch in Sondershausen und einem Theologiestudium in Jena war er ab 1767 als Geistlicher, später auch als Superintendent tätig.[221]

1805: *Jehovah* in Zitat aus Matthäus-Evangelium

Im sechsten Band der *Predigten zur Beförderung eines reinen und tätigen Christenthums*[222] zitierte Cannabich aus Matthäus 21:9 und verwendete dabei *Jehovah*.

Mt 21:9 *"Heil dem Sohne Davids! Preis ihm, den Jehovah sendet! Glück vom Himmel herab!"*

Adam Joseph Onymus

Onymus (* 29. März 1754 in Würzburg; † 9. Sept. 1836) war ein katholischer Theologe. 1777 wurde er Priester, 1782 wurde er Subregens, 1789 Regens am fürstbischöflichen Seminar in Würzburg und Professor der Exegese und Dogmatik. Er war Anhänger der Aufklärung, schrieb in scharfen Worten gegen die Amtskirche, und war von 1809 bis 1816 beurlaubt. 1824 wurde er Domdechant und 1825 Generalvikar des Bistums Würzburg.

1805: *Jehova* viermal in Übersetzung der Evangelien (Ev.harmonie)

In einer Evangelienharmonie[223] verwendete Onymus viermal *Jehova*.[224]

---

[221] 1806 gab Cannabis eine *Übersetzung der Sämmtlichen Evangelien und Episteln ... auf die jährlichen Sonn- Fest- und Aposteltage, mit erläuternden Anmerkungen begleitet* (Sondershausen; eine zweite Auflage erschien 1816) heraus, die mir aber bisher nicht vorlag.

[222] bei Gerhard Fleischer d. J., Leipzig 1805

[223] *Geschichte des alten und neuen Testaments, 5. Theil, Enthaltend Denkwürdigkeiten Jesu nach Matthäus, Markus und Lukas*, Stahel, Würzburg, 1805

[224] Lk 1:32,68; 4:19; Mt 22:44

entspricht Lk 1:68 *"Dem Gotte Israels, Jehova, Preis! Ihm, der herniedersah, Erlösung sandte seinem Volk."*

Friedrich Adolf Krummacher

Krummacher (* 13. Juli 1767 in Tecklenburg; † 4. April 1845 in Bremen) war ein evangelischer Theologe. Ab 1790 war er Konrektor am Gymnasium Hamm, ab 1793 Rektor in Moers. Ab 1801 lehrte er in Duisburg Theologie, ab 1802 auch Eloquenz. 1807 wurde er Pfarrer in Kettwig an der Ruhr, ab 1812 Generalsuperintendent von Anhalt-Bernburg. 1824 bis 1843 war er Pfarrer in Bremen (St. Ansgari).

Krummacher war von Herder und Matthias Claudius beeinflusst; er gehörte der Erweckungsbewegung an, stand also dem Rationalismus feindlich gegenüber.

1805: *Jehova* in Zitat aus Evangelien

Im einem Buch über die Evangelien[225] verwendete Krummacher in einem Zitat aus dem Matthäus-Evangelium *Jehova*.

Mt 23:39 *"Von euch verstoßen, werde ich mich euch nicht eher wieder nahen, als bis ihr selbst sehnend sagen werdet: Gesegnet sey, wer in Jehovens Namen (als sein Gesandter) uns sich nahet!""*

Christian Friedrich Sintenis

Sintenis (* 12. März 1750 in Zerbst, Sachsen-Anhalt; † 31. Jänner 1820 ebendort) war ein evangelisch-lutherischer Theologe, Erbauungsschriftsteller und Erzähler. Nach dem Studium der Theologie und Philosophie in Wittenberg wurde er 1773 Pastor in Bornum; ab 1787 war er in der Verwaltung der Superintendentur Lindau tätig; ab 1791 war Pastor in Zerbst. Der beliebte Prediger wirkte außerdem als Professor der lutherischen Theologie und Metaphysik am Gymnasium in Zerbst. Er verfasste neben Erbauungsliteratur auch Romane, historische Abhandlungen und Utopien.

---

[225] *Über den Geist und die Form der evangelischen Geschichte in historischer und ästhetischer Hinsicht*, Johann Ambrosius Barth, Leipzig, 1805

1805: *Jehova* in Zitaten aus Evangelien

In einer Schrift Sintenis' über den Zustand der Toten[226] sind zahlreiche
Bibelverse enthalten, vermutlich zumindest zum Teil in eigener Übersetzung. In Markus 11:10 und Lukas 4:18 wurde der Name *Jehova* verwendet.

Lk 4:18 *"Jehovens Geist beseelt mich; denn er hat mir aufgetragen, den Armen
frohe Bothschaft zu bringen. Er hat mich gesandt, Gefangenen Loslassung und
des Tageslichts Beraubten Hervorführung an das Licht zu verkündigen..."*

Johann Baptist von Winklern

Von Winklern (* 13. Jänner 1768 in Murau in der Steiermark; † 22. August
1841) war ein katholischer Theologe. Nach Schulbesuch in Graz und Theologiestudium in Graz wurde er 1792 Priester. Er war in der Steiermark
tätig - als Kaplan in Anger, dann in St. Peter bei Graz, als Katechet am
Ursulinenkloster in Graz, dann als Pfarrer in St. Johann im Saggautal, ab
1810 in Unzmarkt und schließlich in Pöls bei Judenburg.

Er verfasste zahlreiche religiöse Bücher, einige bedeutende Werke über die
Geschichte der Steiermark, und ein paar Erzählungen.

1805: *Jehova* in Umschreibung der Evangelien

Von Winklerns Erklärung der Gleichnisse Jesu[227] enthielt den Text der
Gleichnisse aus den Evangelien, jeweils gefolgt von einer Umschreibung
und Erklärungen. In der Umschreibung von Lukas 10:27 verwendete von
Winklern *Jehova*.

Umschreibung von Lk 10:27 *"Folgendes Gesetz, antwortete der Schriftgelehrte,
finde ich eingeschärft: Du sollst den Gott Jehova lieben von ganzem ungetheiltem
Herzen, mit inniger Empfindung, mit aller Bestrebung und Anstrengung deines
Vermögens, mit den aufrichtigsten und zärtlichesten Gesinnungen."*

---

[226] *Was steht vom Zustand nach dem Tode in der Bibel*, 3. Teil, 2. Abteilung von *Elpizon
oder über meine Fortdauer im Tode*, Zerbst 1805

[227] *Parabolische Erzählungen unsers Herrn Jesu Christi erklärt und angewendet*, Joh.
Andreas Kienreich, Grätz 1805

Johann Babor

Babor (* 8. März 1762 in Radomischel, Böhmen; † 21. November 1846 in Olmütz) war ein katholischer Theologe und Historiker. Nach einem Studium der Humanistik in Böhmisch Krumau und der Philosophie in Passau trat er 1780 in den Benediktinerorden ein (Stift Seitenstetten). In Wien lernte er morgenländische Sprachen, trat aus dem Orden aus und war ab 1787 Weltpriester. Ab 1789 lehrte er in Olmütz Theologie und orientalische Sprachen, war dann Rektor des Lyzeums und schließlich Direktor der Olmützer theologischen Fakultät. 1805 verließ er aus gesundheitlichen Gründen die Universität und wirkte als Pfarrer in Sternberg (Mähren; ab 1805) und in Olschan (ab 1818). Er kritisierte, wie häufig die Kirche das Mittel der Exkommunikation einsetzte, wobei er das Papsttum deutlich kritisierte. Babors bekannteste Schrift ist *Die Alterthümer der Hebräer*.

1805: *Ihova* fünfmal in Übersetzung des Neuen Testaments

Babors dreibändige, in Sternberg erstellte Übersetzung des Neuen Testaments[228] erschien 1805 in Wien. Fünfmal gebrauchte er darin den Gottesnamen in der Form *Ihova*.[229]

Lk 4:18 *"Ich werde vom Geiste des Ihova angetrieben, der mich erkohren hat, um den unglücklichen frohe Nachricht zu verkündigen, die Betrübten zu trösten."*

Johann Balthasar Gerhauser

Gerhauser (* 24. September 1766 in Kaufbeuren, Bayern; † 4. Juni 1825 in Dillingen) war ein katholischer Theologe. Nach einem Studium der Theologie in Augsburg und Dillingen wurde er 1789 Präfekt des Konvikts in Dillingen, 1795 Professor der Dogmatik und Exegese, 1800 auch Regens des Klerikalseminars.

1808: *Jehova(h)* elfmal in Übersetzung des Römerbriefs

1808 veröffentlichte Gerhauser eine Übersetzung des Römerbriefs,[230] in der er laut seinem Vorwort *"den alten achtzehnhundertjährigen Paulus ... das*

---

[228] *Uebersetzung des neuen Testaments mit erklärenden Anmerkungen Zum Gebrauche der Religionslehrer und der Prediger*, Degen, Wien 1805

[229] Mk 12:29; Lk 4:18; 18:19; 20:37; Heb 7:21

sagen lassen, was e r sagen wollte" statt ihn *"zu modernisieren oder ihm die eigene Meinung unterzuschieben."* Gerhauser verwendete elfmal den Namen *Jehova(h)* im Römerbrief.[231]

> *Rö 10:13 "Ein Jeder (sagt der Prophet) der Jehoven durch wahres Vertrauen verehret, wird Rettung finden."*

1829: *Jehova* in Zitat aus Lukas 4 und in Teilübersetzung von Lukas 1

Gerhauser hatte, verglichen mit seiner profunden Lehrtätigkeit, recht wenig publiziert. Einige Jahre nach seinem Tod gab einer seiner ehemaligen Studenten, Alois Lerchenmüller,[232] Teile von Gerhausers Vorlesungen und Aufzeichnungen heraus. Dazu zählte auch *Biblische Hermeneutik*.[233] Im ersten Band wurde *Jehova* in einem Zitat aus Lukas 4:18 verwendet. Im Anhang des zweiten Bandes wurden der Preisgesang der Mariä und der Lobgesang des Zacharias aus Lukas Kapitel 1 übersetzt, auch dabei gebrauchte Gerhauser *Jehova* (Lk 1:68).

> *Lk 1:68 "Gepriesen sey Jehova, Israels Gott! Er thut seinem Volke wohl, und schafft ihm Rettung."*

Gottfried Menken

Menken (* 29. Mai 1768 in Bremen; † 1. Juni 1831 in Bremen) war ein evangelisch-reformierter Pfarrer. Ab 1788 studierte er Theologie, zunächst in Jena, dann in Duisburg. Danach war er als Prediger sowie als reformierter Pfarrer in Frankfurt am Main, Wetzlar und Bremen tätig. Er war ein bedeutender Vertreter der Erweckungstheologie, der Gegenbewegung zum Rationalismus.

---

[230] enthalten in: *Jesus Christus, der Erlöser der sündigen Menschheit, Eine theologische Abhandlung, Sammt dem Briefe des Apostels Paulus an die Römer übersetzt, und mit einer Einleitung und fortlaufenden Anmerkungen versehen*, Leopold Platzers Witwe und Sohn, Augsburg

[231] Rö 4:8; 9:4,25,28,29; 10:13,16; 11:3; 14:11(2x); 15:10

[232] Lerchenmüller, 1801 – 1864, war Herausgeber der wöchentlich erscheinenden *Konstitutionellen Kirchenzeitung aus Bayern für katholische Geistliche*, in der er zölibatkritische Artikel schrieb.

[233] *Biblische Hermeneutik*, Joseph Kösel, Kempten

1809: *Jehovah* dreimal in Zitat aus Lukasevangelium

In einem 1809 erschienen Buch über das Matthäusevangelium[234] gab Menken zu Beginn den Bibeltext *"nach Luthers unübertrefflicher Übersetzung"* wieder, in den anschließenden Erklärungen drückte er sich *"hier und da etwas nach dem Original anders aus."* Als er dabei Lukas 1:15-17 zitierte, verwendete er dreimal den Namen *Jehovah*.

zitiert Lk 1:15-17 "'daß dieser 'groß sein werde vor Jehovah, daß er der Kinder von Israel viele zu Gott ihrem Jehovah bekehre, und vor ihm hergehen werde ..., zu bekehren die Herzen der Väter zu den Kindern, und die Ungläubigen zu der Klugheit der Gerechten, zuzurichten dem Jehovah ein bereitetes Volk.'"

Johann Heinrich Bernhard Dräseke

Dräseke (* 18. Januar 1774 in Braunschweig; † 8. Dezember 1849 in Potsdam) war ein evangelischer Theologe. Nach einem Theologiestudium in Helmstedt war er Diakon in Mölln, ab 1804 Pfarrer in St. Georgen auf dem Berge bei Ratzeburg. 1814 wurde er Prediger in Bremen, schließlich Generalsuperintendent von Sachsen in Magdeburg.

1810: *Jehovah* in Übersetzung der Evangelienlesungen

In seinen *Predigten für denkende Verehrer Jesus*[235] lieferte Dräseke auch Übersetzungen der Evangelienlesungen, und verwendete dabei in Lukas 2:9 den Namen *Jehova*.

Lk 2:9 *"Diesen erschien, plötzlich, ein Engel Jehovens, und ein Lichtglanz des Herrn umleuchtete sie. Und sie geriethen in große Furcht."*

Gerhard Anton von Halem

Halem (* 2. März 1752 in Oldenburg; † 4. Januar 1819 in Eutin) war evangelischer Schriftsteller und Jurist. Als Verwaltungsbeamte im Herzogtum Oldenburg stieg er zum Leiter der Justizkanzlei auf. Er verfasste Reisebeschreibungen, Geschichtsbücher, Gedichte und ein Drama.

---

[234] *Betrachtungen über das Evangelium Matthäi*, Johann Christian Hermann, Frankfurt a.M.
[235] 4. Band, bei Herold u. Wahlstab, Lüneburg 1810

1810: *Jehovah* sechsmal in Nachdichtung der Evangelien

1810 erschien ein hexametrisches Lehrgedicht Halems,[236] eine freie Nachdichtung von Stellen aus den Evangelien. Halem verwendete häufig den
Namen *Jehovah*, sechsmal auch in Passagen, die sich eng an den Wortlaut
der Evangelien anlehnten.[237]

> entspricht Lk 4:18 *"Über mich kam der Geist des Herrn. Es hat mich Jehovah
> Eingeweiht, und gesandt, zu verkündigen Rettung den Frommen. Heilen, auf sein
> Gebot, soll ich die Wunden der Herzen, ..."*

Bernhard Klefeker

Klefeker (* 12. Januar 1760 in Hamburg; † 10. Juni 1825 in Leipzig) war ein
evangelisch-lutherischer Prediger und homiletischer Schriftsteller. Er studierte 1779 bis 1782 Theologie und Philosophie in Leipzig. Zunächst in
Hamburg tätig, war er ab 1791 Prediger in Osnabrück, kehrte 1795 nach
Hamburg zurück und war dort ab 1802 Hauptpastor. Der Rationalist verfasste zahlreiche Schriften auf dem Gebiet der praktischen Theologie und
Homiletik.

1812: *Jehovah* dreimal in Zitaten aus Evangelien

Von Klefekers Vorlesungen über das Neue Testament[238] liegt mir nur der
dritte Band vor. Darin verwendete Klefeker in Zitaten aus den Evangelien
dreimal den Namen *Jehovah*.[239] Gemäß einer Rezension[240] dieses Werks
"zeichnet sich die Darstellungsweise des Verfassers ... aufs vorteilhafteste aus."

> Mt 21:9 *"Dem Davidssohne Heil! Gesegnet sey, den uns Jehovah sendet, Vom
> Himmel komm' ihm Heil herab!"*

---

[236] *Jesus der Stifter des Gottesreiches, ein Gedicht in zwölf Gesängen*, Gebr. Hahn,
Hannover

[237] in Lk 1:46, Jo 1:23, Lk 4:18 (Bd.1); und in Mt 21:13,16; 23:39 (Bd.2).

[238] *Praktische Vorlesungen über das neue Testament für nichtgelehrte aber nachdenkende
Leser*, B. G. Hoffmann, Hamburg 1812

[239] Mt 21:9; 22:44; Mk 11:20

[240] in der *Allgemeinen Literatur-Zeitung*, Nr. 303, 7.12.1812

David Landsmann

Landsmann (* 21. Juni 1781 in Wien; † 1. Juli 1853 in Kremsmünster) war ein katholischer Geistlicher. Aufgewachsen in Linz, trat er 1802 in das Stift Kremsmünster ein und war dort ab 1804 Priester und Religionslehrer. 1807 gab er ein Kirchengesangsbuch für Studenten heraus, in das er auch einige Lieder protestantischer Herkunft aufnahm.

1813: *Jehova* in Zitat aus Matthäus-Evangelium

1813 erschien in Wien ein von Landsmann verfasstes Werk für den Religionsunterricht.[241] In dessen zweitem Band[242] erzählte Landsmann die Evangelien in enger Anlehnung an den biblischen Text nach. Dabei verwendete er in Matthäus 26:63 *Jehova*.

> entspricht Mt 26:63 *"Endlich sagte der hohe Priester: 'So beschwöre ich dich dann bey Jehova, dem lebendigen Gotte, daß du nach deinem Gewissen sagest, ob du der Messias, der Sohn Gottes bist?'"*

Wilhelm Martin Leberecht de Wette

De Wette (* 12. Jänner 1780 in Ulla bei Weimar; † 16. Juni 1849 in Basel) war ein evangelischer Theologe. 1807 wurde er Theologieprofessor in Heidelberg, 1810 in Berlin, 1822 in Basel, wo er 1829 Rektor der Theologischen Fakultät wurde. Er suchte einen Mittelweg zwischen Konservativen und Rationalisten und verfasste Kommentarwerke zu den Psalmen und zum Neuen Testament[243], aber auch einen Roman und poetische Werke.

1814: *Jehova* in Bibelübersetzung im Neuen Testament

Gemeinsam mit Christian Wilhelm Augusti gab de Wette 1809 bis 1814 eine Übersetzung der Bibel heraus.[244] 1831/32 ersetzte er die von Augusti

---

[241] *Handbuch der Religionsgeschichte des alten und neuen Bundes, zum Gebrauche … besonders beim Vorbereitungsunterricht angeehender Gymnasialschüler*, Carl Gerold, Wien.

[242] *Religionsgeschichte im neuen Bunde, 1. Abteilung, nämlich die Geschichte Jesu*

[243] *Kurzgefaßtes Exegetisches Handbuch zum Neuen Testament*

[244] *Die Schriften des Alten/Neuen Testaments neu übersetzt*, Mohr u. Zimmer, Heidelberg

übersetzten Teile durch eine eigene Übersetzung.[245] Das wurde in gebildeten protestantischen Kreisen für einige Jahrzehnte die gängigste Vollbibel nach der Lutherbibel. In Lukas 4:19 verwendete de Wette den Namen *Jehova*.

Lk 4:19 *"...den Gefangenen Freiheit zu verkünden, und den Blinden das Gesicht, die Gedrückten in Freiheit zu setzen, zu verkünden ein Gnadenjahr Jehova's."*

Johann Heinrich Jung-Stilling

Jung, genannt Stilling (* 12. Sept. 1740 in Grund im Siegerland; † 2. April 1817 in Karlsruhe) war Schulmeister, Mediziner, Wirtschaftswissenschafter und pietistischer Schriftsteller.

Er lernte Sprachen (u.a. Griechisch, Hebräisch), war nach einem Medizinstudium in Strassburg Augenarzt in Elberfeld und operierte erfolgreich grauen Star, und lehrte Wirtschaftswissenschaft in Lautern, Heidelberg und Marburg. Am bekanntesten wurde er als Schriftsteller: durch Romane und als Verfasser von Erbauungsliteratur der Erweckungsbewegung.

1814 bis 1815: *Jehovah* **dreimal in Übersetzung einiger Verse aus Evangelien**

Für *Die Lebensgeschichte Jesu Christi*[246] übersetzte Jung-Stilling Teile von Lukas 1 und verwendete dabei zweimal *Jehovah* (Lk 1:46,68).

Lk 1:68 *"Gelobet sey Jehovah, Israels Gott! Er hat besucht und erlöst sein Volk."*

Auch in der Fortsetzung[247] dieses Werkes wurde *Jehovah* verwendet.

entspricht Mt 22:43,44 *"Jesus fuhr fort: Aber David nennt ihn doch im Geist einen Herrn: denn er sagt, Ps 110 v 1, Jehovah hat zu meinem Herrn gesprochen: setze dich zu meiner Rechten, bis ich deine Feinde zum Schemel deiner Füße lege."*

---

[245] *Die Bücher des Alten/Neuen Testaments*, Mohr, Heidelberg. Weitere Auflagen erschienen 1838/39, 1858 und 1886.

[246] = Band XI von *Des christlichen Menschenfreunds biblische Erzählungen*, Raw, Nürnberg 1814

[247] *Fortsetzung der Lebensgeschichte unsers Herrn Jesu Christi, bis auf den Tag vor Seinem Leiden und Sterben*, Band XII von *Des Christlichen Menschenfreundes biblische Erzählungen* 1815. Diese Schriften sind auch in späteren Werkausgaben Stillings enthalten, z.B. in *Sämmtliche Werke*, 11. Band, Scheible, Stuttgart 1842

Michael Cajetan Hermann

Hermann (* 27. September 1756 in Michelsdorf/Velika Ves, Böhmen; † nach 1835) war ein katholischer Pfarrer und Schriftsteller. Nach dem Theologie- und Philosophiestudium in Prag erhielt er 1788 die Priesterweihe und wirkte als Seelsorger in Ockenau (ab 1788), Knöschitz (ab 1797) und Dehlau (ab 1802) sowie als Schulinspektor. Er verfasste Predigtsammlungen und pädagogische Literatur, gemäß dem *Biographischen Lexikon für das Kaisertum Österreich* zählen seine Andachts- und pädagogischen Schriften *„zu den besten ihrer Art."*

1814: *Jehovah* in Zitat aus Evangelien

In einer Predigtensammlung[248] Hermanns zitierte er aus dem Lukasevangelium und verwendete dabei den Namen *Jehova* (Lk 10:27).

Lk 10:27 ""*Den Gott, Jehova"* – sprach er – „*sollst du lieben von ganzem Herzen, von ganzer Seele, von allen Kräften, von ganzem Gemüthe, und deinen Nächsten, wie dich selbst.""*

Anonym

1815: *Jehovah* dreimal in freier Evangelienharmonie

Der anonyme katholische Verfasser einer 1815 in Regensburg erschienenen Evangelienharmonie[249] verwendete dreimal den Namen *Jehova*.[250]

entspricht Lk 1:68 "*Gelobet sey Jehova, rief er, der Gott Israels, der sich seines Volkes annimmt, und ihm nun einmal die erwünschte Rettung sendet.*"

Zu Beginn wurden Werke aufgelistet, die "*zur Herstellung dieses Buches benutzt*" wurden; ein Textvergleich zeigt, dass davon besonders eine katholische Ausgabe von Hess'[251] Geschichte Jesu[252] als Textvorlage diente.

---

[248] *Kurze Volkspredigten auf alle Sonntage des ganzen Jahrs über die epistolischen Perikopten, Zweyte Jahrshälfte*, Kaspar Widtmann, Prag 1814

[249] *Das Leben, Leiden und Sterben unsers Herrn Jesu Christi ausführlich und jenes aller heiligen Apostel kurz gefaßt*, Daisenberger, Regensburg.

[250] Lk 1:68; 2:14; 4:18

[251] Näheres zum Protestanten Johann Jakob Hess: s. S. 25

Karl Aloys Nack

Nack (* 14. November 1751 in Holzheim bei Dillingen; † 8. Juli 1828 in Augsburg) war ein katholischer Theologe und Pädagoge. Ab 1769 im Benediktinerorden, war er Bibliothekar und Archivar des Stifts Neresheim (Württemberg) und Professor an der für die damalige Zeit fortschrittlichen und praxisnahen Klosterschule. Nach Aufhebung des Klosters war er Prediger an der Hofkappelle in Stuttgart, Pfarrer in Druisheim und Domkapitular in Augsburg. Er verfasste einige Schulschriften, Katechismen und Erbauungsbücher.

1816: *Jehovah* in Teilübersetzung von Lukas 1

1816, als Pfarrer in Druisheim, schrieb Nack ein Andachtsbuch zur Karwoche.[253] Dafür übersetzte er die in der Kirche verwendeten lateinischen Texte in "*leichtfassliche*" deutsche Sprache und verwendete dabei in Lukas 1:68 *Jehova*.

Lk 1:68 *"Gepriesen sey Jehova, Israels Gott! Er kommt in Gnade und sendet Rettung seinem Volke."*

Hingegen enthalten spätere Auflagen[254] nur mehr *Herr*.

Johann Michael Leonhard

Leonhard (* 23.August 1782 in Grafenwörth, NÖ; † 19. Januar 1863 in Wien) war ein katholischer Theologe. Zunächst Priester in Hausleiten und in Achau, wurde er 1812 Hofkaplan, 1817 Referent für das Volksschulwesen bei der Studien-Hofkommission und 1828 Generalvikar und Weihbischof von Wien. 1835 wurde er Bischof von St Pölten, trat jedoch aus gesundheitlichen Gründen nach wenigen Monaten zurück. 1836 wurde er apostolischer Vikar der kaiserlichen Heere in Wien.

---

[252] *Geschichte der drey letzten Lebensjahre Jesu zum Gebrauch der Römischkatholischen*, Aschendorf, Münster

[253] *Die Charwoche zum andächtigen Gebrauche für katholische Christen*, Veith u. Rieger, Augsburg 1816

[254] neu bearbeitet anhand Alliolis Bibelübersetzung durch den Domkapitular Johannes Evangelist Stadler, Veith, Donauwörth 1846

1816: *Jehova* in Zitat aus Matthäusevangelium

Als Oberaufseher der Diözesanschulen und Regierungsrat war Leonhard auch Referent für Volksschulwesen bei der Studienhofkommission und verfasste Bücher für den Religionsunterricht. In einem seiner Religionsbücher[255] gebrauchte er *Jehova* in einem Zitat aus Matthäus 19:17.

> entspricht Mt 19:17 *"Jesus antwortete: Warum nennest du mich (vollkommen) gut? Nur Einer, Jehova, ist (vollkommen) gut. Willst du aber ewig selig werden, so halte die Gebothe."*

Carl Giftschütz

Giftschütz (* 13. Februar 1753 in Wien; † 2. Jänner 1831 in Wien) war ein katholischer Geistlicher. Nach einem Theologiestudium in Wien wurde er 1777 zum Priester geweiht. Er war als Pfarrer in Wien-St.Veit bis 1784 und danach bis 1788 in Tulln tätig. Dann war er 43 Jahre Direktor an der Zoller-Hauptschule in Wien-Neubau. Er verfasste erbauliche Schriften.

1818: *Jehova* in Auswahl der Evangelien

In seiner Erklärung der Evangelienlesungen[256] gab Giftschütz weite Teile der Evangelientexte wieder, wobei er laut der Einleitung *"vielerley deutsche Uebersetzungen zu Rathe zog"*, und fügte dazwischen in kleiner Schrift Anmerkungen ein. Bei der Wiedergabe von Matthäus 22:44 gebrauchte er den Namen *Jehova*.

> Mt 22:44 *"Jehova sprach zu meinem Herrn: Setze dich zu meiner Rechten, bis ich deine Feinde unter deine Füße werfe."*

Ludwig Pflaum

Pflaum (* 16. September 1774 in Walsdorf bei Bamberg, † 7. Mai 1824 in Bayreuth) war ein evangelischer Geistlicher. Nach dem Studium in Erlan-

---

[255] *Versuch eines Leitfadens bey dem katholischen Religions-Unterrichte für die untern Grammatical-Classen an den k.k. österreichischen Gymnasien*, Anton von Haykul, Wien 1818

[256] *Erklärung der sonntäglichen Evangelien und jener an höheren Festen des Herrn im ganzen Jahre*, Geistinger, Wien u. Triest 1818

gen wurde er 1798 Prediger und Lehrer in Ansbach. Ab 1805 war er Feldprediger eines preußischen Regiments, ab 1807 Pfarrer in Helmbrechts. 1820 wurde er Dekan in Bayreuth. Fünf Jahre lang veröffentlichte er ein *Sonntagsblatt*.

1819: *Jehovah* **in Zitat aus Lukasevangelium**

In einer freien Evangelienharmonie[257] verwendete Pflaum den Namen *Jehova* in Lukas 7:16.

> entspricht Lk 7:16 *Der ganze Leichenzug aber, und alles Volk, das ihn umgab, stand durchschüttert von dieser Begebenheit, und brach dann begeistert in Lobpreisungen Gottes aus; und alles rief: „Ein großer Prophet ist unter uns erstanden! Jehova ist seinem Volke gnädig!"*

Johann Adolph Jacobi

Jacobi (* 9. August 1769 in Großkochberg, † 12. August 1847) war evangelischer Theologe. Nach Theologie- und Philosophiestudium in Göttingen wurde er 1797 Rektor und Diakon in Jena, 1798 Professor der Philosophie. Ab 1801 war er Landschulinspektor und Stiftsprediger in Gotha, ab 1812 Superintendent in Waltershausen. 1819 wurde er Doktor der Theologie. Jacobi verfasste exegetische und populärwissenschaftliche Schriften. So übersetzte er die Psalmen mit Anmerkungen (1796), verfasste eine "*Geschichte Jesu*", gab mehrere Zeitschriften und eine Anzahl seiner Predigten heraus.

1822: *Jehovah* **in Zitat aus Lukasevangelium**

In einem Werk über Maria[258] verwendete Jacobi bei der Wiedergabe von Lukas 1:32 *Jehovah*.

> Lk 1:31b-32 *"Jesus wird sein Name seyn, er selbst groß - des Himmels Sohn. Erheben wird ihn Jehovah auf David's, deines, auch seines Ahnherrn Thron."*

---

[257] *Das Leben Jesu, für Geist und Herz evangelisch dargestellt*, Riegel und Wießner, Nürnberg 1819

[258] *Maria die heilige Jungfrau*, Henning, Erfurth u. Gotha 1822

Karl Justus Friedrich Weihe

Weihe (* 12. Juli 1752 in Gohfeld, † 7. Oktober 1829 in Mennighüffen) war evangelischer Pastor. Von 1774 bis zu seinem Tod wirkte er als Pfarrer in Mennighüffen. Er war auch als Schulinspektor tätig, erwarb sich Verdienste um die Verbesserung des Ackerbaus, und verfasste Gedichte.

1822(?): *Jehovah* in Nachdichtung der Evangelien

Lorenz Stempfle veröffentlichte 1837 in einem Sammelband[259] Auszüge eines Gedichts von Weihe, nämlich den Lobgesang des Sacharja aus Lukas Kapitel 1.[260] Dabei hatte Weihe den Namen *Jehova* zweimal[261] verwendet.

entspricht Lk 1:68 *""Jehova, Jakobs Gott, sei hochgepriesen!" Er der an Israel große Gnad' bewiesen; Erlösung seines Volkes zu beschließen."*

Georg Friedrich Griesinger

Griesinger (* 16. März 1734 in Marschalkenzimmern bei Sulz am Neckar; † 17. April 1828 in München, a.A. in Stuttgart) war ein protestantischer Theologe. Nach einem Studium in Tübingen war er ab 1766 Geistlicher in Stuttgart, 1783 Stadtpfarrer, 1786 Prälat und Oberkonsistorialrat. Bezog er anfangs noch klar für das Übernatürliche Stellung, wandelte er sich allmählich zu einem gemäßigten Rationalisten.

1824: *Jehova* häufig in (aus verschiedenen Übersetzungen zusammengestellter) Bibelübersetzung im Neuen Testament

Die von Griesinger 1824 herausgegebene Bibel[262] wurde zusammengesetzt aus unterschiedlichsten früher veröffentlichten Werken mehr als 20 verschiedener Übersetzer. Von Griesinger selbst stammte bloß die Übersetzung eines einzigen Kapitels: des apokryphen *Gebets Manasses*. Da unter

---

[259] *Jesus Christus in seiner Ankunft, Kindheit und Jugend auf Erden, dargestellt in einer Auswahl frommer Gesänge und Festlieder*, Kollmann, Augsburg

[260] Ich vermute, es handelt sich bei diesem Gedicht um einen kleinen Auszug aus Weihes Schrift *Der Sohn Gottes auf Erden. Versuch einer Erzählung des Lebens Jesu nach den Evangelisten in gereimten Versen* (Schönian, Elberfeld 1822), die mir nicht vorliegt.

[261] Lk 1:68,72

[262] *Bibel nach den neuesten Uebersetzungen*, Metzler, Stuttgart

den verwendeten Übersetzungen unter anderem jene von Bahrdt[263] und Stolz[264] waren, wird im Neuen Testament Dutzende Male der Name *Jehova* (bzw. *Jova*) verwendet.[265]

> Lk 4:18 *"Jehovens Geist beseelet mich; Denn er hat mich geweiht, Bedürftige zu trösten; Und mich gesandt, Verwundeten Genesung, Gefangenen Befreiung zu verkünden."*

Gottfried Benjamin Eisenschmid

Eisenschmid (* 17. Januar 1760 in Gera; † 28. Februar 1838 ebendort) war ein protestantischer Theologe. Zunächst Diakon und Prediger in Gera, dann ab 1799 Pfarrer in Schwaara und Trebnitz bei Gera, wurde er 1836 als Archidiaconus zum Wirklichen Konsistorialrat ernannt. Er schrieb einige theologische Bücher, unter anderem über die Geschichte von Kirchengebräuchen und -festtagen.

1824: Jehova in Übersetzung der Petrusbriefe

In seinem Kommentar zu den Petrusbriefen,[266] mit dem er den Sinn des Bibeltextes vor allem den einfachen Kirchgängern näherbringen wollte, verwendete Eisenschmid in 1. Petrus 3:12 den Namen *Jehova*.

> 1Pe 3:12 *"Denn Jehova sieht mit Wohlgefallen auf die Frommen, und erhöret ihr Gebet; die Lasterhaften hingegen betrachtet er mit Mißfallen."*

Johann Friedrich von Flatt

Flatt (* 20. Februar 1759 in Tübingen; † 24. November 1821 in Tübingen) war ein evangelischer Theologe. Er studierte biblische Sprachen, Philosophie, Theologie und Mathematik in Tübingen und Göttingen. Ab 1785 war er Philosophieprofessor in Tübingen, wo er sich mit der kantischen Philosophie auseinandersetzte. Ab 1792 wirkte er als Theologieprofessor, vor

---

[263] zu Bahrdt s. S. 30

[264] zu Stolz s. S. 38

[265] zum Beispiel in Lukas 4:18 und in Offenbarung 19:6. Mir liegt das Buch nicht vor; die Angaben über die Verwendung des Namens Gottes stammen vom *Bibelarchiv Vegelahn*.

[266] *Die Briefe des Apostels Petri, übersetzt, erläutert und mit erbaulichen Betrachtungen begleitet*, Schumann, Ronneberg 1824

allem für neutestamentliche Exegese, sowie als Stadtpfarrer. Er war Herausgeber des *Magazins für christliche Dogmatik und Moral*. 1820 wurde er zum Prälaten ernannt.

1825: *Jehovah* in Übersetzung des Römerbriefs

Nach Flatts Tod wurden von seinem Stiefsohn, dem Pfarrer Christian Daniel Friederich Hoffmann, Mitschriften seiner Vorlesungen über die Paulusbriefe veröffentlicht, die auch Übersetzungen der Briefe enthielten. In Römer 9:28 wurde der Name *Jehovah* verwendet.[267]

> Rö 9:28 *"Denn die Sache wird ausgeführt, und ist beschlossen nach der Regel der Gerechtigkeit, denn der Herr Jehovah wird das Beschlossene ausführen auf der Erde."*

Johann Michael Hahn

Hahn (* 2. Februar 1758 in Altdorf, Baden-Württemberg; † 20. Jänner 1819 in Sindlingen, Baden-Württemberg) war Pietist und Begründer der *Hahnschen Gemeinschaft*. Der Landwirt bzw. gelernte Fleischhauer hatte 1777/1778 mehrere Visionen und war danach als Laienprediger erfolgreich tätig. Er lernte Pfenninger,[268] Lavater[269] und Jung-Stilling[270] kennen und verfasste – ohne je Theologie studiert zu haben – eine Unzahl religiöser Schriften. Hahn versuchte die Bibel stets „geistlich" zu verstehen; er vertrat und lebte hohe moralische Maßstäbe und lehrte die Allversöhnung. Vor allem in Baden-Württemberg gibt es innerhalb der evangelischen Landeskirche auch heute noch mehrere Tausend Anhänger, die in der *Hahnschen Gemeinschaft* organisiert sind.

1825: *Jehovah* in Zitat aus Offenbarung

In einem posthum veröffentlichten Brief[271] zitierte Hahn aus Offenbarung 4:11 und verwendete dabei den Namen *Jehovah*.

---

[267] in den *Vorlesungen über den Brief Pauli an die Römer*, Fues, Tübingen 1825

[268] zu Pfenninger s. S. 42

[269] zu Lavater s. S. 35

[270] zu Jung-Stilling s. S. 80

[271] enthalten in *Briefe von der ersten Offenbarung Gottes durch die ganze Schöpfung bis an das Ziel aller Dinge*, Fues, Tübingen 1825

Johann Carl Leberecht Hantschke

Hantschke (* 6. August 1796 in Zinnitz bei Luckau; † 9. Juni 1856) war Pädagoge. Nach dem Studium in Leipzig unterrichtete er ab 1819 am Gymnasium in Luckau, ab 1824 am Gymnasium in Elberfeld, desen provisorischer Direktor er von 1831 bis 1839 war. Einer seiner Schüler dort war übrigens der spätere kommunistische Revolutionär Friedrich Engels. 1842 bis 1854 war Hantschke Gymnasiumdirektor in Wetzlar.

1825: *Jehovah* viermal in Übersetzung von Auszügen aus Evangelien

Hantschkes *Hebräisches Übungsbuch für Schulen*[272] enthielt deutschsprachige Auszüge aus dem Neuen Testament, die von den Schülern ins Hebräische übersetzt werden sollten. Laut Vorwort verwendete Hantschke die Übersetzung von Stolz[273], nahm daran aber Korrekturen und Änderungen vor. Bei der Auswahl der Abschnitte wurde versucht, die Schüler mit der *"hebräischartigen Diktion der neutestamentlichen Schriftsteller"* vertraut zu machen. Viermal gebrauchte Hantschke in diesen Abschnitten *Jehova.*[274]

Lk 1:46 *"Maria sprach: Es erhebt meine Seele Jehoven."*

Joseph Aigner

Aigner (* 1792, † 1867) war ein bayrischer katholischer Geistlicher. Neben seinem Amt als Priester war er als Gymnasialprofessor in Dillingen tätig, ab 1826 als Professor für Philologie und Geschichte am Lyzeum Dillingen. 1830 wurde er Rektor des Gymnasiums in Augsburg. 1835 übernahm er die Stadtpfarre Amberg, wo er auch Dekan wurde. Nachdem er rationalistische, deutschkatholische Ansichten vertreten hatte,[275] verlor er seine Ämter; 1849 wurde der Kirchenbann über ihn ausgesprochen.

---

[272] Carl Heinrich Reclam, Leipzig 1825

[273] offenbar die Fassung von 1798 oder noch früher; zu Stolz s. S. 38

[274] Lukas 1:46; 2:9,15; 10:27

[275] In der 1848 von ihm unter Pseudonym "Theodor Trautmann" verfassten Schriftenreihe *Rückkehr zum apostolischen Christenthum*

1826: *Jehovah* in Teilübersetzung einer poetischen Evangelienumschreibung

1825 begann Aigner mit der Herausgabe lateinischer Gedichte christlicher Gelehrter, teils mit zusätzlicher deutscher Übersetzung. Der erste Band dieser Reihe[276] enthielt u.a. einige Teile der lateinischen Nachdichtung der synoptischen Evangelien des Martin Balticus (ca. 1532 – 1601) sowie deren von Aigner verfasste deutsche Übersetzung. Dabei verwendete Aigner in Lukas 1:51 *Jehovah*.

entspricht Lk 1:51 *"Kund gethan ist allen Völkern die Stärke Jehovah's, Seines Armes Gewalt hob er, und Wunder geschah'n. Niederschlägt und beschämt Er die aufgeblasenen Stolzen, Die ihm ihre Gewalt haben entgegen gesetzt."*

Karl Borromäus Hanl Freiherr von Kirchentreu

Hanl (* 4. September 1782 in Körbitz bei Komotau; † 7. Oktober 1874 in Königgrätz), nach Studien in Prag 1805 zum Priester geweiht, war ab 1832 katholischer Bischof von Königgrätz.

1826: *Jehova* siebenmal in Evangelien

In einem Evangelienbuch[277] verwendete Hanl wenigstens siebenmal den Namen *Jehova*.[278]

Mk 12:29 *"Die allerwichtigste Vorschrift ist diese: Jehova, unser Gott ist der einige wahre Gott!"*

Eduard Mörike

Mörike (* 8. September 1804 in Ludwigsburg; † 4. Juni 1875 in Stuttgart) war ein deutscher Lyriker, Erzähler und Übersetzer; am bekanntesten ist seine Novelle *Mozart auf der Reise nach Prag*. Nach einer Ausbildung am Evangelischen Stift Tübingen war er ab 1826 Vikar (in rascher Folge an zehn verschiedenen Orten) und ab 1834 Pfarrer in Cleversulzbach. Er fand keine Freude an einer kirchlichen Laufbahn und ließ sich schon 1842, offiziell aus gesundheitlichen Gründen, in den Ruhestand versetzen.

---

[276] *Die christlich-lateinische Muse*, Jakob Giel, München

[277] *Jesus der Weltheiland oder die heiligen Evangelien für Sonn- und Festtage zum öffentlichen und Schulgebrauche*, 3 Bände, Rudl, Prag 1826 ff

[278] Mt 21:9; Mk 12:29,30; Lk 1:28,32,68,73

1827: *Jehova* in Umschreibung von Matthäus 5:33

Aus Mörikes Zeit als Vikar ist der Aufsatz *Ist dem Christen erlaubt zu schwören?* handschriftlich erhalten, den Mörike 1827 verfasste. Zentraler Text dieses Aufsatzes ist Matthäus 5:33,34, und Mörike verwendet in seiner sinngemäßen Wiedergabe dieser Verse dreimal den Namen *Jehova*. In gedruckter Form wurde dieser Aufsatz erst in der zweiten Hälfte des 20. Jahrhunderts publiziert.[279]

Mt 5:33,34 *"Im A. T. war nur der Meineid gegen JEHOVA verboten, ich aber verbiete sogar überhaupt den Eid bei JEHOVA und zu den Eiden bei Jeh. zähle ich auch den Schwur bei endlichen Dingen."*

Johann Heinrich Wilhelm Witschel

Witschel (* 9. Mai 1769 in Henfenfeld, Mittelfranken; † 24. April 1847 in Kattenhochstatt, Bayern) war ein evangelisch-lutherischer Geistlicher und Schriftsteller. Nach dem Theologiestudium in Altdorf war er Prediger in Nürnberg, Pfarrer in Igensdorf (ab 1801), Gräfenberg (ab 1815) und Kattenhochstatt (ab 1818). 1819 war er für kurze Zeit bayrischer Landtagsabgeordneter. Er verfasste zahlreiche Schriften: Erbauungsliteratur, Gedichte, und das weit verbreitete Andachtsbuch *Morgen- und Abendopfer in Gesängen*.

1828: *Jehovah* in Nachdichtung von Lukas 1

In Witschels Gedicht *Der Lobgesang Mariä*[280], einer Nachdichtung von Lukas 1:46-55, wird in Lukas 1:48 der Name *Jehovah* verwendet.

entspricht Lk 1:48 *"Jehovah sieht mit gnadenvollem Blicke Auf seine Magd in stiller Niedrigkeit. Die Nachwelt hängt entzückt an meinem Glücke Und fühlet preisend meine Seligkeit."*

---

[279] Veröffentlicht wurde der Aufsatz erstmals 1966, in *Zwei theologische Aufsätze Eduard Mörikes* im *Jahrbuch der Deutschen Schillergesellschaft*. Er ist auch in der Werkausgabe *Werke und Briefe, Historisch-kritische Gesamtausgabe* (Klett-Cotta, Stuttgart) enthalten.

[280] enthalten in *Moralische Blätter – Ein Andachtsbuch für Gebildete*, Friedrich Campe, Nürnberg 1828

Heinrich August Wilhelm Meyer

Meyer (* 10. Jänner 1800 in Gotha; † 21. Juni 1873 in Hannover) war lutherischer Theologe. Nach seiner Ausbildung (Gymnasium in Gotha; Theologiestudium in Jena) wurde er 1823 Pfarrer in Osthausen (Thüringen), 1830 Pastor in Harfte bei Göttingen, 1837 Superintendent in Hoya, 1841 Konsistorialrat und Superintendent in Hannover, wo er 1861 zum Oberkonsistorialrat ernannt wurde.

1829: *Jehovah* 61mal in Übersetzung des Neuen Testaments

In Meyers 1829 veröffentlichter Textausgabe des Neuen Testaments mit einer deutschen Übersetzung[281] verwendete er 61mal *Jehovah*.[282]

Lk 4:18 *"Der Geist Jehovens ruht auf mir; deswegen hat mich gesalbt, Bedrängten Freude kund zu thun, - und mich gesandt, Gefangenen Befreiung und das Sehen Blinden anzukündigen."*

Wo Meyer nicht den Namen *Jehovah*, sondern *Herr* verwendete, setzte er daneben häufig in Klammern in kleinen Buchstaben entweder *Gott* oder *Christus*.[283]

1832ff: *Jehovah* mehrmals in Übersetzungsvorschlägen im Kritisch-Exegetischen Kommentar zum Neuen Testament

Berühmt wurde Meyer durch den nach dem Prinzip streng grammatisch-historischer Auslegung verfassten mehrbändigen *Kritisch-Exegetischen Kommentar*, der – nach seinem Tod durch andere Autoren fortgesetzt und revidiert – bis heute erscheint.

In der ursprünglichen, von Meyer verfassten Ausgabe des Kommentars war der Name *Jehovah* mehrmals enthalten, und zwar auch an einigen Stellen, an denen die in den Kommentar eingestreuten übersetzten Wen-

---

[281] *Das Neue Testament – Griechisch nach den besten Hilfsmitteln kritisch revidirt mit einer neuen Deutschen Übersetzung*, Vandenhoek u. Ruprecht, Göttingen

[282] in Mt 3:3; 4:7,10; 5:33; 21:42; 22:37,44; 27:10; Mk 1:3; 12:11,29(2x),30,36; Lk 2:23; 3:4; 4:8,12,18,19; 10:27; 20:42; Jo 1:23; 12:38(2x); Ag 2:20,21,25,34; 3:22; 4:26; 7:37,49; 15:17(2x); Rö 4:8; 9:28,29; 10:13,16; 11:3; 12:19; 14:11; 15:11; 1Ko 1:31; 3:20; 14:21; 2Ko 6:17,18; Heb 7:21; 8:8,9,10,11; 10:16,30; 12:5,6; 13:6; 1Pe 3:12(2x)

[283] vgl. S. 148

dungen einen anderen Wortlaut als die separat erschienene vollständige
Übersetzung boten.[284]

Übersetzungsvorschlag im Kommentar zu Mt 22:21: *"...das, was ihr an den Jehova abzugeben schuldig seid."*

L. St.

1830: *Jehovah* in Nachdichtung von Lukas 1

In der von Joseph Anton Fischer herausgegebenen Zeitschrift *Palmblätter*[285] wurde das Gedicht *Der Advent* (*"ein poetischer Versuch"*) abgedruckt. Als Verfasser wird nur „L. St." angegeben; ich konnte nicht eruieren, wer sich hinter diesen Initialen verbarg. In dem weitschweifigen Gedicht wird auch das Gespräch des Engels Gabriel mit Maria aus Lukas 1 wiedergegeben, und dabei der Namen *Jehovah* verwendet (Lk 1:35).

entspricht Lk 1:35 *"Der Geist Jehovahs kommt auf dich herab, Die Kraft des Höchsten wird dich überschatten; Darum wird auch das Heilige, Das bald aus dir geboren wird, Sohn Gottes heißen!"*

Georg Victor Keller

Keller (* 14. Mai 1760 in Ewattingen im Schwarzwald; † 7. Dezember 1827 in Pfaffenweiler bei Freiburg i. Br.) war ein katholischer Geistlicher. Nach dem Besuch des Gymnasiums in Freiburg i. Br. begann er ein Studium in Wien, trat aber schon 1778 in die Benediktinerabtei St. Blasien ein, und unterrichtete dort. 1785 wurde er zum Priester geweiht, ab 1801 verwaltete er mehrere zur Abtei gehörige Pfarren. Ab 1806 wirkte er in Aarau als Pfarrer und Mitglied der obersten Schulbehörde des Kantons. 1816 kehrte er nach Baden zurück. Er lieferte Aufsätze für Zschokkes *Stunden der Andacht*.

---

[284] so in Matthäus 15:31; 22:21 (*Kritisch-Exegetisches Handbuch über die Evangelien des Matthäus, Markus und Lukas*, Vandenhoeck und Ruprecht, Göttingen 1832) und in Ag 13:16 (*... dritte Abtheilung, die Apostelgeschichte umfassend*, Vandenhoeck und Ruprecht, 4. Aufl. 1870). Diese Auflistung ist unvollständig, ich habe nicht alle Bände des Kommentars in Hinblick auf die Verwendung des Gottesnamens durchgesehen.

[285] *Palmblätter – Zeitschrift für Christliche Familien und alle Verehrer des Wahren, Guten und Schönen*, Jg. 1830, 1. Quartal, Joseph Wolff, Augsburg

1833: *Jehovah* in Erzählung aus Matthäus-Evangelium

Im Aufsatz *Unbestand des Glücks*[286] erzählte Keller den Einzug Jesu in Jerusalem, wie er im Matthäus-Evangelium beschrieben wird, und verwendete dabei *Jehovah*.

entspricht Mt 21:9 "Heil dem Sohne Davids! Preis ihm, den Jehovah sendet! Glück vom Himmel herab über den, welcher da kommt im Namen des Herrn"

Johann Emanuel Veith

Veith (* 10. Juli 1787 in Kuttenplan, Egerland; † 6. November 1876 in Wien), Sohn eines Rabbiners, studierte Medizin und Veterinärmedizin in Prag und lehrte dann am Tierarznei-Institut in Wien, dessen Vorstand er für fünf Jahre wurde. 1816 wurde er katholisch getauft, studierte ab 1817 Theologie, trat in den Redemptoristenorden ein (den er 1830 wieder verließ), und war 1831 bis 1845 Domprediger am Wiener Stephansdom. Daneben war er als Arzt bzw. Homöopath tätig, und war Mitglied der christlich-sozialen Bewegung.

1835: *Jehova* in Zitat aus Offenbarung

Im 2. Band von *Die heiligen Berge*[287] zitierte Veith im Aufsatz über den Carmel aus Offenbarung 4 und verwendete dabei *Jehova*.

Off 4:8 "heilig, heilig, heilig ist Jehova, der allmächtige Gott, der da war, und ist, und kommen wird."

1876: *Jehova* in Teilübersetzung von Lukas 1

In einer Übersetzung des Lobgesangs des Zacharias[288] aus Lukas 1 verwendete Veith *Jehova*.

Lk 1:68 "Gepriesen sei Jehova der Gott Israels, der heimgesucht sein Volk, und vollbracht das Werk der Erlösung."

---

[286] Im 2. Band von *Blätter der Erbauung und des Nachdenkens*, Friedrich Wagner, Freiburg i. Br. 1833, herausgegeben aus Kellers Nachlass von J. Barbisch.

[287] bei J. P. Sollinger, Wien 1835

[288] *Christus gestern, heute, ewig, Gebet- und Erbauungsbuch für Gebildete*, Wilhelm Braumüller, Wien

Friedrich Christoph Oetinger

Oetinger (* 2. Mai 1702 in Göppingen; † 10. Februar 1782 in Murrhardt) war ein lutherischer Theologe und führender Vertreter des Pietismus. Er verteidigte die Bibel gegen den Rationalismus, und gab mehr als hundert Schriften heraus.

1837: *Jehovah* **in Zitat aus dem Lukasevangelium**

In einem Sammelband von Predigten,[289] der 1837 – also mehrere Jahrzehnte nach Oetingers Tod - erschien, werden im Anschluss an die Evangelientexte nach der Lutherübersetzung Predigten Oetingers wiedergegeben. Oetingers Zitate aus den Evangelien weichen dabei teils erheblich vom Luthertext ab; in einem Zitat aus dem Lukasevangelium wird der Name *Jehovah* verwendet (Lk 1:32).[290]

Lk 1:32b,33 "GOtt, der Jehovah, wird ihm den Thron seines Vaters Davids geben, und er wird ein König seyn über das Haus Jakob ewiglich, und seines Königreichs wird kein Ende seyn."

August Johann Wilhelm Neander

Neander (* 16. Januar 1789 in Göttingen; † 14. Juli 1850 in Berlin) war ein evangelischer Theologe. Als Jude aufgewachsen, konvertierte er in seiner Jugend zum evangelischen Glauben, studierte Theologie, und wirkte ab 1813 als Professor für Kirchengeschichte in Berlin.

1837: *Jehovah* **zweimal in Zitat aus Evangelien**

In dem Werk *Das Leben Jesu Christi in seinem geschichtlichen Zusammenhange und seiner geschichtlichen Entwicklung dargestellt*[291] verwendete Neander in der Erzählung vom Einzug Jesu in Jerusalem zweimal *Jehovah*.

---

[289] *Zweiter Theil der sonntäglichen Evangelien-Predigten, worinnen auch die Predigten über alle gewöhnlichen Feiertäge enthalten sind*, Wolters, Stuttgart 1837

[290] Mir ist es nicht gelungen, einen älteren Nachweis für dieses Zitat aufzutreiben. Ich kann nur vermuten, dass diese Predigt auch schon in den – mir nicht vorliegenden – 1818 erschienen *Neuen Evangelien-Predigten* enthalten war, für die man den handschriftlichen Nachlass Oetingers ausgewertet hatte.

[291] bei Perthes, Gotha 1837

entspricht Mt 21:9 *...indem von allen Seiten der Ruf ertönte: "Heil ihm! Jehovah verleihe ihm in allem Gedeihen! Gepriesen sei der da kommt im Namen Jehovahs!"*

Anton Mätzler

Mätzler (* 25. Juli 1780 in Andelsbuch, Vorarlberg; † 30. Juni 1857 in Augsburg) war ein römisch-katholischer Theologe. Nach dem Theologiestudium u.a. in Innsbruck wurde er 1802 zum Priester geweiht, er wurde Pfarrer in Langenegg (Vorarlberg), 1810 in Opfenbach bei Lindau. 1807 wurde er Dist-riktschulinspektor. Mätzler wurde in die Abgeordnetenkammer der bayerischen Ständeversammlung gewählt. 1835 wurde er Domkapitular in Augsburg, 1841 Generalvikar.

1838: *Jehova* in Zitat aus Evangelien

In seiner *Legende der Heiligen*[292] erzählte Mätzler auch Begebenheiten aus den Evangelien nach; in seinen Ausführungen über Johannes den Täufer verwendete er in der Umschreibung von Lukas 1:68 *Jehova*.

entspricht Lk 1:68 *"Gelobet sey Jehova, rief er, der Gott Israels, der sich seines geliebten Volkes annimmt, und ihm nun einmal die erwünschte Rettung sendet."*

Karl Gerhard Haupt

Haupt (* 1778 in Ditfurt; † 22. August 1833 in Quedlinburg) war nach einem Theologiestudium in Halle (Saale) Gymnasiallehrer in Quedlinburg. Ab 1803 war er evangelisch-lutherischer Prediger in Quedlinburg, ab 1824 Oberpfarrer in der dortigen St. Nikolai-Kirche.

1839: mehrmals *Jehova* in Teilübersetzung der Evangelien

Im zweiten Band eines von Haupt verfassten Nachschlagewerks zur Bibel[293] ist die Übersetzung der Geburts- und Kindheitsgeschichte Jesu aus

---

[292] *Legende der Heiligen auf alle Tage des Jahres. Oder: Die Herrlichkeit der katholischen Kirche dargestellt in den Lebensbeschreibungen der Heiligen Gottes*, Johann Palm, Landshut 1838

[293] *Biblische Real- und Verbal-Encyklopädie in historischer, geographischer, physischer, archäologischer, exegetischer und praktischer Hinsicht, oder, Handwörterbuch über die Bibel*, G. Basse, Quedlingburg und Leipzig 1839. Eine frühere Ausgabe der Enzyklopädie könnte schon um 1825 erschienen sein, liegt mir aber nicht vor.

den Evangelien enthalten. Darin wird zumindest viermal der Name *Jehova* verwendet.[294]

> Lk 2:15 *"Wie sich nun die Engel von ihnen wieder in den Himmel erhoben hatten, sprachen die Hirten zu einander: laßt uns nach Bethlehem gehen, und diese Sache in Augenschein nehmen, wovon uns Jehova so bestimmte Kennzeichen gegeben hat."*

Christian Albrecht

Albrecht (* um 1788 in Zagkwitz, Thüringen; † 1844) war ein Revolutionär, Phantast und Wanderpediger. 1832 wegen revoltionärer Umtriebe verhaftet, verbrachte er mehr als fünf Jahre im Gefängnis und soll sich in eine Art religiösen Wahn gesteigert haben.

Nach seiner Freilassung war er Wanderprediger in der Schweiz und vermischte unbeirrbar kommunistische Ideen mit seltsamer Auslegung biblischer Prophetie. So deutete er Genesis 21 als Hinweis auf Wilhelm Tell bzw. die Schweiz (Ismael), den Vierwaldstädter See (Wasserbrunnen) und Baden (Wildnis Paran). Biblische Verheißungen übertrug er auf die europäischen Völker, die seiner Meinung nach die Nachkommen der 12 Stämme Israel seien.

1840: *Jehovah* dreimal in Übersetzung der Offenbarung

Albrechts Kommentar zur Offenbarung[295] ist wohl der inhaltlich kurioseste, der je gedruckt wurde, und das will etwas heißen. Sich selber erkannte Albrecht im *"Engel des Abgrunds"* wieder. In der Übersetzung verwendete er dreimal *Jehovah*.[296]

> Off 4:11 *"Würdig bist du, o Jehovah! anzunehmen Preis und Ehre und Lobgesang. Denn du hast Alles geschaffen, und durch deinen Willen besteht alles Geschaffene."*

---

[294] Mt 2:13,19; Lk 2:9,15

[295] *Die letzten Zeiten und Zukunft der Völker der Erde nach der Entsiegelung und Erklärung der Offenbarung Johannes,* Scheitlin u. Zollikofer, St. Gallen 1840

[296] Off 4:8,11; 22:16

J. B.

1844: *Jehovah* in Nacherzählung von Teilen der Evangelien

1844 erschien in Landshut ein Buch über Johannes den Täufer.[297] Der katholische Autor gab nur seine Initalen *J. B.* preis. Die Lebensgeschichte des Johannes lehnt sich sehr eng an den Wortlaut der Evangelien an, dabei wird einmal der Name *Jehova* verwendet (Lk 1:68).

> entspricht Lk 1:68 *„Gelobt sey Jehova," rief er, „der Gott Israels, Der sich Seines geliebten Volkes annimmt und ihm nun einmal die erwünschte Rettung sendet."*

Johann Georg Riegler

Riegler (* 21. April 1778 in Höchstadt an der Aisch; † 31. August 1847 in Bamberg) war ein katholischer Theologe. Er studierte ab 1799 in Würzburg Philosophie und Theologie, 1806 wurde er Priester und war ab 1807 Kaplan in Aub, ab 1816 in Würzburg (St. Stephan). Ab 1821 war er als Professor für Exegese und Orientalische Sprachen am Lyceum in Bamberg tätig, später auch als Domkapitular. 1812 übersetzte Riegler das Buch Ruth, 1814 die Klagelieder, 1823 den 18. Psalm, 1844 die Bergpredigt. Zu seinen theologischen Schriften zählt auch ein fünfbändiges *Leben Jesu*.

1846: *Jehovah* in Teilübersetzung von Lukas Kapitel 4

In seiner sechsbändigen *Christ-Katholischen Dogmratik*[298] gab Riegler des öfteren Bibelverse in eigener Übersetzung wieder; dabei verwendete er in der im 3. Teil (1846) enthaltenen Übersetzung der Versuchungsgeschichte aus Lukas *Jehova* (Lk 4:8).

> Lk 4:8 *"Weg von mir Satan! denn es heißt: Du sollst Jehova deinen Gott anbeten, und ihm allein dienen."*

---

[297] *Lebensgeschichte des heiligen Johannes des Täufers, nebst einem Anhange von Morgen-, Abend-, Meß-, Beicht- und Kommunion-Andachten, sowie den großen Tagzeiten der Vesper und Litanei zu diesem Heiligen. Schlüßlich: Eine achttägige Betrachtung. Alles nach authentischen Quellen und Urkunden neu bearbeitet*, Jos. Thomann, Landshut

[298] *Christ-Katholische Dogmatik: historisch, biblisch, patristisch, symbolisch, polemisch-apologetisch, praktisch*, J. G. Schmidt, Bamberg

Hans Christian Andersen

Andersen (* 2. April 1805 in Odense; † 4. August 1875 in Kopenhagen) war ein dänischer Dichter und Schriftsteller, der besonders durch seine Märchen berühmt wurde und heute als bekanntester dänischer Dichter gilt. Weltanschaulich soll er Pantheist gewesen sein.

1847: *Jehovah* in Zitat aus Evangelien

In der deutschen Übersetzung von Andersens Epos *Ahasverus*[299] wird beiläufig der Einzug des Messias in Jerusalem erwähnt, und dabei wird in einem Vers, der sich eng an den Evangelientext (Mt 21:9) anlehnt, *Jehova* verwendet, so wie Andersen das auch schon im 1833 erschienen dänischen Original getan hatte.

entspricht Mt 21:9 *"Hosianna, Davids Sohn! Sei gesegnet, welcher naht in Deinem Namen, o Jehova!"*

Theodore Combalot

Combalot (* 21. August 1797, a.A. 1798, in Chatenay; † 18. März 1873 in Paris) war ein französischer katholischer Priester. Bis Anfang der 1830er Jahre war er ein eifriger Anhänger von Félicité des Lamennais gewesen, der den Katholizismus mit liberalen politischen Ansichten der Aufklärung verband. Er war einer der bedeutendsten katholischen Prediger in Paris. Papst Gregor XVI, vor dem er in Rom predigte, machte ihn zum Apostolischen Vikar. Wegen einer Broschüre über die Lehrfreiheit wurde er 1844 zu einem Monat Gefängnis verurteilt.

1849: *Jehova* im Magnificat (Lukas 1)

In seinen *Kanzelvorträgen über die Herrlichkeiten Maria's*[300] verwendete Combalot im Magnificat *Jehova*.

Zitat aus Lk 1:46 *"Meine Seele macht Jehova groß. - Magnificat anima mea Dominum."*

---

[299] enthalten in: *H. C. Andersen's Gesammelte Werke, 26. Band, Gedichte,* Carl B. Lorck, Leipzig

[300] Manz, Regensburg 1849; von einem Ungenannten aus dem Französischen des Combalot ins Deutsche übersetzt.

Johann Baptist von Hirscher

Hirscher (* 20. Januar 1788 in Bodnegg, † 4. September 1865 in Freiburg i. Br.) war ein katholischer Theologe. Nach dem Besuch des Gymnasiums Konstanz studierte er Theologie in Freiburg, dann war er am Priesterseminar in Meersburg. Ab 1812 war er Dozent am Priesterseminar in Ellwangen, ab 1817 Professor der Moral- und Pastoraltheologie an der Universität Tübingen, ab 1837 in Freiburg. Er war ein Hauptvertreter der Tübinger Schule. Hirschers katechetische Schriften für Laien übten auf die katholische Frömmigkeit seiner Zeit großen Einfluss aus. Seine Forderungen nach der Einbeziehung von Laien bei Synoden und nach der Abhaltung von Messen in der Volkssprache wurden 100 Jahre später umgesetzt.

1854: *Jehova* im Magnificat (Lukas 1)

In einem Buch über Maria[301] umschrieb Hirscher das Magnificat mehrmals und verwendete dabei auch einmal *Jehova* (Lk 1:51).

Zitat aus Lk 1:51 *"Jehova ists, der Gewalt hat. Die stolzen Herzens sind, die erniedrigt, die Armen erhöht Er."*

Eduard Baltzer

Baltzer (* 24. Oktober 1814 in Hohenleina bei Krostitz; † 24. Juni 1887 in Durlach) war ein evangelischer Theologe. 1847 gründete er die Freie Protestantische Gemeinde Nordhausen; 1859 wurde er erster Präsident des *Bundes Freireligiöser Gemeinden in Deutschland*.

1855: *Jehova* in Nachdichtung eines Evangelientextes

In einem Gedichtband zu den Evangelien[302] lieferte Baltzer Gedichte, zum Teil dem Text der Evangelien eng folgend, zum Teil bloß angeregt durch Evangelienpassagen. Dabei verwendete er den Namen *Jehova* in einer Nachdichtung von Lukas 4:18.

entspricht Lk 4:18 *"Mit mir ist Jehova, der ewige Geist! Er hat mich gesalbet und gesendet! Der Allem was arm auf Erden hier heißt, die Botschaft, die himmli-*

---

[301] *Das Leben der seligsten Jungfrau und Gottesmutter Maria*, Herder, Freiburg i. Br. 1854
[302] *Aus dem Evangelium. Wahrheit und Dichtung*, Ferd. Förstemann, Nordhausen

Emanuel Swedenborg / Johann Friedrich Immanuel Tafel

Der schwedische Mystiker, Wissenschaftler und Theosoph Emanuel Swedenborg (1688 – 1772) gründete gestützt auf sein Bibelstudium und Gespräche mit Geistern die *Neue Kirche*. Seine lateinischen Schriften wurden
im Lauf des 19. Jahrhunderts ins Deutsche übersetzt, v.a. durch Johann
Friedrich Immanuel Tafel (* 17. Februar 1796 in Sulzbach am Kocher; † 29.
August 1863 in Ragaz, Schweiz), der als Begründer der *Swedenborg-
Bewegung* im deutsch- und englischsprachigen Raum gilt.

1857: *Jehovah* in Zitat aus Evangelien

In Swedenborgs Werken wird der Name *Jehova* in einem Zitat aus dem
Lukas-Evangelium verwendet.[303]

Lk 4:18 *„Der Geist Jehovah's ist auf Mir, darum hat Er Mich gesalbt, das Evangelium den Armen zu verkündigen, zu heilen die zerschlagenen Herzens sind,
Loslassung den Gebundnen zu verkünden, und den Blinden das Gesicht, zu pre-
digen das Gnadenjahr des Herrn."*

Peter Johann Schegg

Schegg (* 6. Juni 1815 in Kaufbeuren; † 9. Juli 1885 in München) war ein
katholischer Theologe. Nach dem Studium der Theologie und Philosophie
in München wurde er 1838 Priester, zunächst in Pfronten. Ab 1844 war
Dozent, ab 1847 Professor für Exegese in Freising. Ab 1868 lehrte er Exegese und Orientalische Sprachen in Würzburg, ab 1872 in München. 1881 bis
1882 war er Rektor der Theologischen Fakultät München. Er übersetzte für
seine Kommentarwerke beträchtliche Teile der Bibel.[304]

---

[303] *Die wahre christliche Religion, enthaltend die ganze Theologie der Neuen Kirche. Von
Immanuel Swedenborg. Aus der zu Amsterdam 1771 gedruckten lateinischen Urschrifte
übersetzt von J. F. Immanuel Tafel. 2. Band. Tübingen/London 1857*

[304] u.a. die Psalmen (1845–47), Jesaja (1850), die Kleinen Propheten (1854) und die
Evangelien (1856–80).

1861: *Jahve* in Umschreibung des Englischen Grußes (Lukas 1)

In seiner Bearbeitung des Lukasevangeliums[305] verwendete Schegg in der Übersetzung den Namen Gottes nicht; sehr wohl aber, als er darunter in der Erklärung den sogenannten Englischen Gruß aus Lukas 1:28 umschrieb.

Kommentar zu Lk 1:28 *"Jahve (der Herr) mit dir."*

Gustav Hermann Joseph Volkmar

Volkmar (* 12. Jänner 1809 in Hersfeld, Hessen; † 9. Jänner 1893 in Zürich) war ein protestantischer Theologe. Nach Absolvierung des Gymnasiums in Rinteln studierte er 1829 bis 1832 Theologie und Philologie in Marburg und unterrichtete dann in Hersfeld, Marburg und Fulda: zunächst Religion, dann vorwiegend alte Sprachen. Er publizierte zugunsten der liberalen Deutschkatholiken. Stellungnahmen zur Tagespolitik bzw. gegen den fürstlichen Absolutismus in seinen Schriften führten dazu, dass er 1853 des Landes verwiesen wurde. Daraufhin arbeitete er bis ins hohe Alter – bis 1892 – als Professor für neutestamentliche Exegese an der theologischen Fakultät in Zürich.

1862: *Jahve* in Übersetzung der Offenbarung

In seinem Kommentar zur Offenbarung[306] verwendete Volkmar in der begleitenden Übersetzung den Namen *Jahve* in Offenbarung 1:8.

Off 1:8 "Ich bin das A und O, spricht Jahve Elohim (oder Gott der Erhabene), der Seiende und der War und der Kommende, der Allmächtige."

Johann Georg Voigt

Voigt (* 26. Dezember 1805 in Göttingen; † 12. März 1885 in Rohrsen-Hilligsfeld) war evangelisch-lutherischer Pastor in Groß-Hilligsfeld bei Hameln.

---

[305] *Die heiligen Evangelien übersetzt und erklärt. Evangelium nach Lukas*, Lentner, München 1861

[306] *Commentar zur Offenbarung Johannis*, Orell, Füßli & Co, Zürich 1862

1863: *Jehova* in Umschreibung der Evangelien

In einem apologetischen Werk zu den Evangelien[307] verwendete Voigt in der Umschreibung einer Passage aus dem Johannesevangelium *Jehova*. Außerdem meinte Voigt: "*Jehova, Gott im Alten Testamente, offenbart sich im Messias, wird im Messias Jesus Mensch, so daß beide Begriffe im Herrn Messias-Jehova sich vereinigen.*" Daher gebrauchte er mehrmals[308] den Begriff *Christus-Jehova*.

entspricht Jo 4:20 "*Unsere Vorväter haben auf diesem Berge angebetet; und ihr saget, daß zu Jerusalem der Ort sei, wo man Jehoven anbeten müsse.*"

Albert Friedrich Benno Dulk

Dulk (* 17. Juni 1819 in Königsberg; † 29. Oktober 1884 in Stuttgart) war ein Freidenker, Revolutionär, Sozialdemokrat und Schriftsteller.

1865: *Jehovah* viermal in literarischer Bearbeitung von Evangelientexten

In ein Theaterstück[309], in dem Dulk das Leben Jesu auf rationalistische Weise darstellte, nahm er zahlreiche Wendungen aus den Evangelien auf. Mehrmals wurde dabei *Jehovah* verwendet.[310]

entspricht Jo 16:27 "*Er selbst, der Vater, hat euch lieb, darum, daß Ihr mich liebtet, und glaubet, daß ich von Jehovah ausgegangen bin.*"

Franz Julius Delitzsch

Delitzsch (* 23. Februar 1813 in Leipzig; † 4. März 1890 ebenda) war ein evangelischer Theologe und einer der bedeutendsten alttestamentlichen Exegeten und Hebraisten des 19. Jahrhunderts. Nach dem Theologiestudium in Leipzig lehrte er als Professor fürs Alte Testament in Leipzig, Rostock und Erlangen. Er engagierte sich in der Judenmission und erarbei-

---

[307] *Die Evangelien im Zusammenhang, zur Ehrenrettung der heiligen Geschichte Jesus Christi gegen neuere Angriffe*, Schmidt u. Suckert, Hameln 1863

[308] so in Lk 1:15,76; 2:38.

[309] *Jesus der Christ. Ein Stück für die Volksbühne in neun Handlungen*, Emil Ebner, Stuttgart 1865

[310] so in Wendungen, die Mt 22:31,32 und Jo 16:2,27 entnommen wurden.

tete 1873 bis 1890 im Auftrag der *British and Foreign Bible Society* eine bis heute verlegte Hebräische Übersetzung des Neuen Testaments, in der er rund 200mal das Tetragrammaton verwendete. Mit C. F. Keil veröffentlichte Delitzsch den führenden *Kommentar zum Alten Testament* des 19. Jahrhunderts, der ebenfalls bis heute verlegt wird.

1867: *Jehova* dreimal in Zitat aus Lukasevangelium

In *Jesus und Hillel*[311] zitierte Delitzsch aus Lukas 4:18,19, wo berichtet wird, dass Jesus in der Synagoge aus dem Propheten Jesaja vorlas, und verwendete dabei dreimal den Namen *Jehova*.

Lk 4:18 *"Der Geist des HErrn, Jehova's, ist über mir, darum daß gesalbt Jehova mich, frohe Botschaft zu bringen den Armen, mich gesandt zu verbinden die zerbrochenen Herzens..."*

Moritz Heidenheim

Heidenheim (* 23. September 1824 in Worms; † 12. Oktober 1898 in Zürich) war ein jüdisch-christlicher Gelehrter. Ursprünglich jüdisch-orthodox, trat er nach Abschluss seines Philosophiestudiums in Gießen zum Anglikanismus über, studierte ab 1852 Theologie in London, wurde 1859 Priester und war ab 1864 als anglikanischer Kaplan in Zürich tätig. Er erforschte hebräische und samaritanische Manuskripte und lehrte in Zürich Altes Testament, rabbinische Literatur und semitische Sprachen.

1871: *Jehovah* in Übersetzung von Matthäus Kap. 1 u 2 aus dem Hebräischen

In der von Heidenheim 1861 bis 1873 herausgegebenen *Vierteljahresschrift für deutsch- und englisch-theologische Forschung und Kritik* erschien 1871 eine deutsche Übersetzung der ersten beiden Kapitel des Matthäus-Evangeliums. Ausgangstext dafür war eine hebräische Evangelienhandschrift[312], in der zwar nicht das Tetragramm, aber *ha-schem* (hebräisch für "der Name") stand. Heidenheim gab das im Deutschen meist mit *der Name* wieder[313], doch in Matthäus 2:13 verwendete er *Jehovah*.

---

[311] bei Deichert, Erlangen 1867

[312] Cod Vat. ebr. 100

[313] vgl. S. 134

> Mt 2:13 *"Und nach ihrer Rückkunft erschien der Engel Jehovahs dem Joseph im Traume und sprach zu ihm: Auf, und nimm das Kind und seine Mutter und fliehe nach Egypten..."*

Johann Friedrich Leonhard Tafel

Tafel (* 6. Februar 1800 in Sulzbach am Kocher; † 1. April 1880 in Philadelphia, Pa., USA) war ein Philologe und Theologe der Neuen Kirche. Nach einem Studium protestantischer Theologie, Philosophie und Philologie als Lehrer tätig, kam er durch seinen Bruder Friedrich Immanuel zur im Geiste Swedenborgs gegründeten *Neuen Kirche*. 1853 wanderte er in die Vereinigten Staaten aus, ab 1871 war er Pfarrer der Neuen Kirche in New York. Tafel beherrschte rund 20 Sprachen und übersetzte z.B. antike Texte und J. F. Coopers Romane *Lederstrumpf* und *Der letzte Mohikaner* ins Deutsche; auch erstellte er englische Interlinearversionen großer Teile der Bibel.

1875: *Jehovah* in Bibelübersetzung im Neuen Testament

1875 erschien Tafels Übersetzung der Bibel aus den Ursprachen ins Deutsche.[314] Er verwendete im Alten Testament durchgehend den Namen *Jehovah*, im Neuen Testament einmal (Römer 14:11).

> Rö 14:11 *"Denn es steht geschrieben: So wahr Ich lebe, spricht Jehovah, alle Knie sollen sich Mir beugen, und alle Zungen Gott bekennen."*

Ernst Christian Gotthold Kretschmer

Kretschmer (* 7. Oktober 1857 in Onstmettingen, Albstadt; † 20. Februar 1910 in Oberbrüden) war ein evangelischer Geistlicher. Er studierte 1875 bis 1879 Theologie, und war dann Vikar, zunächst in Zuffenhausen, dann in Nürtingen, schließlich in Faurndau bei Göttingen. 1881 bis 1884 war er Lehrer am Missionshaus Basel, dann Pfarrer in Wüstenrot bzw., ab 1893, in Oberbrüden bei Backnang.

---

[314] *Die Bibel oder die ganze Heilige Schrift des Alten und Neuen Testaments*, Riehm, Basel. Weitere Auflagen erschienen 1880 in Frankfurt a.M., 1911 (revidiert durch Tafels Sohn Ludwig), und 1998 in St. Pölten. Der Text konnte im pdf-Format von der Homepage http://www.swedenborg.ch/PDF/Bibeln/Tafelbibel.pdf heruntergeladen werden (Stand Januar 2014).

1897: *Jehova* in Zitat aus Matthäus-Evangelium

In dem Buch *Das christliche Persönlichkeitsideal: oder der Kern der christlichen Ethik auf psychologischer Grundlage*[315] zitierte Kretschmer aus Matthäus 22:37 und verwendete dabei den Namen *Jehova*.

Zitat aus Mt 22:37 *"Du sollst lieben Jehova, deinen Gott von ganzem Herzen"*

Bernhard Weiss

Weiß (* 20. Juni 1827 in Königsberg; † 14. Jänner 1918 in Berlin) war ein evangelisch-lutherischer Theologe. Nach dem Theologiestudium in Königsberg, Halle und Berlin wurde er 1852 Professor in Königsberg, dann in Berlin, wo er auch zum Oberkonsistorialrat ernannt wurde. Er unternahm textkritische Arbeiten zum Neuen Testament (auf denen später E. Nestle aufbaute), verfasste exegetische Werke und veröffentlichte 1902 seine Übersetzung des Neuen Testaments.

1901: *Jehova* viermal und *Jahve* einmal in übersetzten Wendungen im Kritisch-Egetischen Kommentar zum NT

Für den von H. A. W. Meyer begründeten *Kritisch-exegetischen Kommentar zum Neuen Testament* bearbeitete Weiß unter anderem die 9. Auflage der Evangelien des Markus und Lukas.[316] In den umfangreichen Kommentar streute Weiß eine Übersetzung einzelner Wendungen und Sätze ein, dabei verwendete er im Markusevangelium viermal den Namen *Jehova*[317], im Lukasevangelium einmal den Namen *Jahve*.[318]

Lk 1:68 *"Gepriesen sei Jahve, der Gott Israels, weil er (gnädig) herabgeblickt hat."*

Edwardt Frandsen

Frandsen widmete sein Leben dem Kampf um die Abstinenz. Sein Motto war: *„Wein, Weib und Cigarren machen viele zu Narren."* Unter dem Pseudonym Etfra Kosmopolitus rief er zur Enthaltsamkeit auf und bezog Stellung

---

[315] bei Dörffling u. Franke, Leipzig 1897

[316] Vandenhoeck & Ruprecht, Göttingen 1901

[317] Mk 12:29,30,36; 13:20

[318] Lk 1:68

zu gesellschaftspolitischen Themen. Mitte der 1890er Jahre verlegte der Däne seinen Wirkungsort nach Wien, wo er Redakteur der Zeitschrift *Abstinentenfreund* war.

1901: *Jehova* in Zitat aus Evangelien

In der Abhandlung *Die Zukunft gehört der geistreichsten Rasse – welche ist diese?*[319] sprach Frandsen sich dafür aus, die seines Erachtens gefährliche mongolische Rasse durch Christianisierung zu befrieden. Dabei verwendete er in einem Zitat aus den Evangelien *Jehova* (Mt 21:9).

Mt 21:9 *"Gelobt seiest Du, der kommt in Jehovas Namen, Hosianna dem Höchsten."*

Charles Taze Russell

Russell (* 16. Februar 1852 in Allegheny, Pa., USA; † 31. Oktober 1916 in Pampa, Tx.) war Gründer der Bibelforscher-Vereinigung, den Vorläufern der Zeugen Jehovas. 1879 begann er mit der Herausgabe der Zeitschrift *Der Wachtturm*; 1881 war er Mitbegründer der *Wachtturm-Gesellschaft*. Sein Hauptwerk waren die sechs Bände der *Schriftstudien*, in denen er unter anderem gegen die Lehren von der unsterblichen Seele und der Trinität argumentierte sowie sein System biblischer Chronologie vorstellte, wonach 1799 die Endzeit begonnen habe, die Wiederkunft Christi 1874 unsichtbar stattgefunden habe, und 1914 das Reich Gottes auf die Erde ausgedehnt werden sollte.

1903: *Jehova* in Zitat aus Matthäusevangelium

Im fünften Band der *Schriftstudien* gebrauchte Russell den Namen Gottes, als er Matthäus 22:37 zitierte; vielleicht in Anlehnung an die von ihm sehr geschätzte englische Übersetzung des Neuen Testaments von Benjamin Wilson. In der von ungenanten Mitarbeitern der Bibelforscher-Vereinigung erstellten deutschen Übersetzung jenes Bandes[320] verwendete man ebenfalls *Jehova*.

---

[319] aufgenommen in sein Buch *Vorbeugung der sexuellen Genusssucht (sowie der Trunksucht)*, August Schulze, Leipzig

[320] *Die Versöhnung des Menschen mit Gott*, 1904, zahlreiche Auflagen bis in die 1920er Jahre.

> Mt 22:37 *"Du sollst Jehova, deinen Gott, lieben mit deinem ganzen Herzen und mit deiner ganzen Seele und mit deinem ganzen Verstande, dieses ist das große und erste Gebot."*

Theodor Zahn

Zahn (* 10. Oktober 1838 in Moers; † 5. März 1933 in Erlangen) war ein evangelisch-lutherischer Theologe und ein führender Vertreter konservativer theologischer Ansichten, der entschieden gegen die historisch-kritische Forschung argumentierte. Nachdem er die Privatschule seines Vaters besucht hatte, studierte er evangelische Theologie in Basel, Erlangen und Berlin.

Zahn unterrichtete an den Universitäten Göttingen (1865-1877), Kiel (1877-1878), Leipzig (1888-1892) und Erlangen (1878-1888, 1892-1909), wobei seine Spezialgebiete Einleitung und Exegese des Neuen Testaments, Entstehung des neutestamentlichen Kanons sowie Patristik waren.

1913: *Jahveh* in Übersetzung von Wendungen aus dem Lukasevangelium

Zu Zahns Hauptwerken zählt der von ihm herausgegebene konservativ-wissenschaftliche *Kommentar zum Neuen Testament*, an dem auch andere Theologen mitwirkten. Im dritten Band[321] verwendete Zahn in den in den Kommentar gelegentlich eingestreuten Übersetzungen biblischer Sätze und Wendungen *Jahveh* in Lukas 1:32. Er bezeichnete dort die Wiedergabe *„Jahveh, der Gott"* als *„genauer ausgedrückt"* als das häufiger verwendete *„Gott der Herr"*.

> zu Lk 1:32b,33a *"'und geben wird ihm Gott der Herr', oder genauer ausgedrückt, 'Jahveh, der Gott (Israels), den Thron Davids seines Vaters und er wird als König herrschen über das Haus Jakobs in die Ewigkeiten'"*

Petrus Dausch / Bonner Bibel

Peter („Petrus") Dausch (* 25. November 1864 in Eschbach, Pfalz; † 9. November 1944 in Dillingen an der Donau) war ein katholischer Theologe.

---

[321] *Das Evangelium des Lucas,* Deichert, Leipzig 1913; mehrere Auflagen; Nachdruck 1988 R.Brockhaus, Wuppertal

Nach einem Theologiestudium in München war er als Geistlicher in München und als Dozent bzw. Professor für neutestamentliche Exegese in München, Passau und Dillingen tätig.

1918: *Jahwe (Jahve)* in Bibelübersetzung im Neuen Testament

Dauschs bekannteste Publikation ist die gemeinsam mit Joseph Sickenberger um die Zeit des Ersten Weltkriegs herausgegebene *Heilige Schrift des Neuen Testaments*, die zusammen mit dem von Franz Feldmann und Heinrich Herkenne in den darauffolgenden Jahren herausgegebenen Alten Testament als „*Bonner Bibel*" bezeichnet wird.[322] In dem von Dausch verfassten ersten Band[323] dieses Neuen Testaments verwendete er in der Übersetzung des Lukasevangeliums einmal den Namen *Jahwe*.[324]

> Lk 20:27 *"Daß aber die Toten auferstehen, deutet auch Moses in der Geschichte vom Dornbusch an: er nennt Jahwe den Gott Abrahams, den Gott Isaaks und den Gott Jakobs."*

Joseph Franklin Rutherford

Rutherford (* 8. November 1869 in Morgan County, Mo, USA; † 8. Jänner 1942 in San Diego) war Zeuge Jehovas und ab 1917 Präsident der Wachtturm-Gesellschaft. Rutherford war ab 1892 als Anwalt bzw. Staatsanwalt tätig. 1906 schloss er, der ursprünglich Baptist gewesen war, sich den Bibelforschern an, wurde 1907 Rechtsberater der Wachtturm-Gesellschaft, gehörte ab 1910 zu ihrem Vorstand und wurde 1917 ihr Präsident. 1931 regte er die Umbenennung der Bibelforscher in *Jehovas Zeugen* an.

1930: *Jehova* in Zitat aus Offenbarung

Zu Rutherfords zahlreichen Schriften gehört *Light* (1930), ein Kommentar zur Offenbarung, der noch im selben Jahr unter dem Titel *Licht* von namentlich nicht genannten Mitarbeitern der Wachtturm-Gesellschaft ins Deutsche übersetzt wurde. Die in den Kommentar eingestreuten Bibelzita-

---

[322] Vom Neuen Testament erschienen vier Auflagen bei Peter Hanstein, Bonn: 1.: 1913–1919; 2.: 1920/1921; 3.: 1928; 4.: 1934

[323] *Die drei älteren Evangelien*

[324] Lk 20:37; in der letzten Auflage 1932 Schreibweise in *Jahve* geändert

te basierten auf damals gängigen Bibelübersetzungen (in der deutschen Ausgabe vorwiegend auf der *Elberfelder Bibel*), doch abweichend davon verwendeten sowohl Rutherford im englischen Original als auch die deutschen Übersetzer bei der Besprechung von Offenbarung 4:8 den Namen *Jehova*.

Zitat aus Off 4:8 *"Du bist würdig, o Jehova!"*

Harald Axel Sahlin

Sahlin (* 1911; † 1995) war ein schwedischer Theologe und Professor am Karolinska-Gymnasium in Örebro.

1945: *JHWH* mehrmals im Lukasevangelium

Salihi meinte, dem griechischen Lukasevangelium sei ein hebräisch-aramäisches Werk vorausgegangen. 1945 lieferte er eine deutsche Fassung des ersten Kapitels des Proto-Lukasevangeliums[325] und verwendete darin mehrmals *JHWH*.[326]

Lk 1:46 *"Meine Seele erhebt JHWH"*

Neue-Welt-Übersetzung

Die *Neue-Welt-Übersetzung der Heiligen Schrift* ist eine von Zeugen Jehovas erstellte Bibelübersetzung, wobei die deutsche Ausgabe (NT erstmals 1963, Vollbibel erstmals 1971) eine unter Berücksichtigung der Ursprachen erstellte Übersetzung der englischen *New World Translation* (NT erstmals 1950, Vollbibel erstmals 1960) ist. Die Übersetzer möchten anonym bleiben.

Diese Bibel ist nicht im regulären Buchhandel erhältlich, wird aber auf Wunsch in jedem Königreichssaal oder bei Hausbesuchen der Zeugen Jehovas kostenfrei überlassen und steht auf der offiziellen Homepage der Zeugen Jehovas (jw.org) zum Download als pdf, ebook und als Hörbuch zur Verfügung.

---

[325] In *Der Messias und das Gottesvolk: Studien zur protolukanischen Theologie*, Almkvist u. Wiksells, 1945

[326] z.B. in Lk 1:6,9,25,46,66; 2:9,26

1963, 2019: *Jehova* 237mal in Bibelübersetzung im Neuen Testament

Als *„herausragendstes Merkmal"* der *Neue-Welt-Übersetzung* wird von deren Herausgebern in der Einführung zur Ausgabe mit Studienverweisen angeführt, *„dass der göttliche Name wieder an seinen rechtmäßigen Platz im deutschen Text eingesetzt"* wurde, wozu auch 237 Stellen im Neuen Testament zählen würden. In den ersten englischen Ausgaben wurde die Entscheidung, den Namen ins Neue Testament aufzunehmen, damit begründet, dass das Fehlen des Namens in den erhaltenen griechischen Handschriften *„inkonsistent"* erscheine angesichts dessen, wie häufig der Name im Alten Testament vorkomme, und dass es auch noch zur Zeit der ersten Christen geheißen habe, Gott habe ein *„Volk für seinen Namen"* (Ag 15:14).

Man versuchte im Vorwort zur Erstausgabe die damals gängige Ansicht zu widerlegen, dass schon bei der griechischen Übersetzung des Alten Testaments ursprüngnlich nur mehr *kyrios* anstelle des Namens verwendet worden sei. Dazu präsentierte man einen interessanten Fund: Missionare der Zeugen Jehovas hatten in Kairo Zugang zu aus vorchristlicher Zeit stammenden griechischen Fragmenten alttestamentlicher Handschriften erhalten, in denen nicht *kyrios* verwendet wurde, sondern stattdessen der Gottesname in hebräischen Buchstaben im griechischen Text stand. Damals, 1950, war diese Entdeckung noch ein Einzelfall; mittlerweile stehen der Fachwelt mehrere ähnlich alte griechische Handschriftfragmente des Alten Testaments unterschiedlicher Herkunft zur Verfügung, die allesamt nicht *kyrios* für den Gottesnamen verwenden, sondern mitten im griechischen Text das Tetragramm (in hebräischer Quadratschrift oder in althebräischer Schrift) oder die hebräischen Buchstaben ⸲⸲ [327] oder die griechischen Buchstaben *IAO* für den Gottesnamen verwenden.

Bei der Entscheidung, wo im Neuen Testament der Gottesnamen verwendet wurde, berücksichtigten die Übersetzer nicht nur eindeutige Zitate ganzer Sätze aus dem Alten Testament, sondern achteten auch darauf, wo zumindest *„Textpassagen und Ausdrücke"* verwendet werden, in denen man in hebräischer Sprache das Tetragramm erwarten würde (z.B. die Wendung *„der Engel Jehovas"*).

---

[327] ᴊ ᴊ

Es wurde auch darauf geachtet, dass die Verwendung des Gottesnamens mit jener von hebräischen Übersetzungen des Neuen Testaments *„übereinstimmt und somit von ihnen bestätigt wird."*[328] Um zu zeigen, dass die *Neue-Welt-Übersetzung* nicht die erste englische Übersetzung war, die den Namen Gottes im Neuen Testament enthielt, verwies man im Vorwort der englischen Erstausgabe auch auf die englische Übersetzung des Neuen Testaments von Benjamin Wilson[329], die 18mal *Jehovah* enthielt.

2017 wurde online eine Studienausgabe der revidierten englischen *Neue-Welt-Übersetzung* veröffentlicht.[330] In deren Anhang wird umfangreicher als bisher, auch exegetisch, begründet, warum *Jehova* in verschiedenen neutestamentlichen Stellen als Wiedergabe gewählt wurde, und es wird jeweils auf andere Übersetzungen, Kommentare und Nachschlagewerke verwiesen, die ähnlich entschieden haben.

In der *Neue-Welt-Übersetzung* wird im Neuen Testament 237mal[331] *Jehova* verwendet. Das gilt für alle Sprachversionen der Neue-Welt-Übersetzung. Daher hat sich daran in der deutschen Ausgabe weder bei den kleineren Revisionen der 1970er und 1980er Jahre etwas geändert, noch bei den durchgreifenden Änderungen für die 2019 veröffentlichte revidierte Ausgabe.

---

[328] laut Anhang der *Neue-Welt-Übersetzung*

[329] *The Emphatic Diaglott*, New York 1864; wurde von den Bibelforschern um die Wende 19./20. Jahrhundert häufig verwendet.

[330] *New World Translation of the Holy Scriptures (Study Edition)*

[331] Mt 1:20,22,24; 2:13,15,19; 3:3; 4:4,7,10; 5:33; 21:9,42; 22:37,44; 23:39; 27:10; 28:2; Mk 1:3; 5:19; 11:9; 12:11,29(2x),30,36; 13:20; Lk 1:6,9,11,15,16,17,25,28,32,38,45,46,58,66, 68,76; 2:9(2x),15,22,23(2x),24,26,39; 3:4; 4:8,12,18,19; 5:17; 10:27; 13:35; 19:38; 20:37, 42; Jo 1:23; 6:45; 12:13,38(2x); Ag 1:24; 2:20,21,25,34,39,47; 3:19,22; 4:26,29; 5:9,19; 7:31,33,49,60; 8:22,24,25,26,39; 9:31; 10:33; 11:21; 12:7,11,17,23,24; 13:2,10,11,12, 44,47,48,49; 14:3,23; 15:17(2x),35,36,40; 16:14,15,32; 18:21,25; 19:20; 21:14; Rö 4:3,8; 9:28,29; 10:13,16; 11:3,34; 12:11,19; 14:4,6(3x), 8(3x),11; 15:11; 1Ko 1:31; 2:16; 3:20; 4:4,19; 7:17; 10:9,21(2x),22,26; 11:32; 14:21; 16:7,10; 2Ko 3:16,17(2x),18(2x); 6:17,18; 8:21; 10:17,18; Gal 3:6; Eph 2:21; 5:17,19; 6:4,7,8; Kol 1:10; 3:13,16,22,23,24; 1Th 1:8; 4:6,15; 5:2; 2Th 2:2,13; 3:1; 2Ti 1:18; 2:19(2x); 4:14; Heb 2:13; 7:21; 8:2,8,9,10,11; 10:16,30; 12:5,6; 13:6; Jak 1:7,12; 2:23(2x); 3:9; 4:10,15; 5:4,10,11(2x),14,15; 1Pe 1:25; 3:12(2x); 2Pe 2:9,11; 3:8,9, 10,12; Jd 5,9,14; Off 1:8; 4:8,11; 11:17; 15:3,4; 16:7; 18:8; 19:6; 21:22; 22:5,6

> Lk 4:18 *"Jehovas Geist ist auf mir, weil er mich gesalbt hat, um den Armen gute Botschaft zu verkünden, er hat mich ausgesandt, um den Gefangenen Freilassung zu predigen und den Blinden Wiederherstellung des Augenlichts..."*

Außerdem gibt es in der *Ausgabe mit Studienverweisen* (deutsch 1986) an 72 weiteren Stellen[332] in den Fußnoten Hinweise auf den Namen Gottes bzw. auf dessen Vorkommen in hebräischen Übersetzungen des Neuen Testaments. Einige dieser Fußnoten machen auf Textpassagen aufmerksam, die nur in einzelnen Handschriften vorhanden sind und aus textkritischen Gründen nicht in die Neue-Welt-Übersetzung aufgenommen wurden.

1950 bis 1963: *Jehova* in Zitaten aus dem Neuen Testament

Bibelzitate in anderen deutschsprachigen Publikationen der Wachtturm-Gesellschaft aus der Zeit zwischen der Herausgabe der englischen und der deutschen *Neue-Welt-Übersetzung*, also zwischen 1950 und 1963, enthalten – falls es sich dabei um deutsche Übersetzungen der englischen *New World Translation* handelt – den Gottesnamen ebenfalls an den oben erwähnten 237 Stellen, auch wenn sonst der Wortlaut der deutschen Texte noch etwas von der 1963 veröffentlichten deutschen *Neue-Welt-Übersetzung* abwich, für die womöglich ein anderes Übersetzungsteam verantwortlich war als für die laufenden Veröffentlichungen.

> Lk 4:18 *"Jehovas Geist ist auf mir, weil er mich gesalbt hat, um den Armen gute Botschaft kundzutun, er hat mich ausgesandt, um den Gefangenen die Freilassung zu predigen und den Blinden die Wiederherstellung des Augenlichts..."*[333]

Günther Fried

Fried (* 30. Mai 1905 in München; † 3. Juni 1978 in Heidelberg), Pfarrer der anthroposophisch beeinflussten Christengemeinschaft in Heidelberg,

---

[332] Mt 22:32; Mk 11:10; Lk 1:2; 2:11,29,38; 4:4,18; Jo 5:4; Ag 2:30; 7:30,37; 10:22; 13:43,50; 14:25; 19:23; 20:25; 22:17; 26:7; Rö 7:6; 10:17; 11:8; 1Ko 7:17; 10:28; 11:23; Gal 2:6; 3:20; 5:10,12; Php 4:1,4,5,10,18; Kol 3:15; 1Th 4:9,16,17(2x); 5:27; 1Ti 2:2,10; 3:16; 4:7,8; 5:4,8; 6:2,3,6,11; 2Ti 1:16,18; 2:14,22,24; Tt 2:12; Heb 4:3; 9:20; 10:30; 1Pe 2:13; 3:1,15; 5:3; 2Pe 1:3; 2Jo 11; Off 11:1,19; 16:5; 19:1,2

[333] In: *Vom verlorenen Paradies zum wiedererlangten Paradies,* Wachtturm-Gesellschaft, Wiesbaden 1959

übersetzte in den 1960er Jahren einige neutestamentliche Bücher. Zunächst nur als Typoskript vervielfältigt, wurde seine Übersetzung der Apostelgeschichte 2008 neu aufgelegt. [334]

ca. 1965: *Jahwe* **bzw.** *Jahve* **mehrmals in Übersetzung der Evangelien und der Apostelgeschichte**

Von Frieds Übersetzung der Evangelien[335] liegt mir nur das Evangelium nach Matthäus vor; darin verwendete Fried *Jahve* in Matthäus 22:44. In der Übersetzung der Apostelgeschichte kommt *Jahwe* zumindest viermal[336] vor.[337] Ob Fried den Namen Gottes öfters bzw. auch in den übrigen Evangelien sowie in seiner Übersetzung der Offenbarung verwendete, konnte ich bisher nicht überprüfen.

Mt 22:44 *"Jahve sprach zu dem, der mein Herr ist: Setze dich zu meiner Rechten, bis ich lege deine Widersacher als Schmel unter deine Füße."*

Adolf Pfleiderer

Pfleiderer (* 29. April 1867 in Waiblingen, Baden-Württemberg; † 29. Jänner 1963 in Stuttgart) war ein evangelischer Pfarrer. Zunächst als Dozent am Tübinger Stift tätig, wurde er 1894 Stadtpfarrer in Sulz am Neckar, 1904 Lehrer an der Predigerschule in Basel, 1909 Dekan in Nagold. 1927 wurde er Hausvater im Bibelheim Bethanien des Evangelischen Vereins für innere Mission A.B. in Langensteinbach bei Karlsbad (BW).

1980: *Jehova* **88mal in Übersetzung des Neuen Testaments**

Pfleiderer übersetzte große Teile der Bibel für einen engen Geschwisterkreis. Erst lange nach seinem Tod begann das Bibelheim Bethanien, die Übersetzung zu veröffentlichen:[338] 1980 das Neue Testament[339], dann die Psalmen, schließlich weitere Teile des Alten Testaments.

---

[334] *Taten der Apostel*, Edition Georgenberg, Heidelberg 2008

[335] *Die vier Evangelien übersetzt*, undatiert im Selbstverlag des Verfassers

[336] *Jahwe* in Ag 2:15,21,34; *Jahve* in Ag 15:18.

[337] Diese Angaben habe ich dankenswerterweise vom Bibelarchiv Birnbaum erhalten.

[338] Die in Umlauf befindlichen Exemplare sind Ringbücher ohne Verlags- und Ortsangabe, die direkt beim Bibelheim Bethanien bezogen werden können.

Im Neuen Testament verwendete Pfleiderer 88mal den Namen *Jehova*,[340] außerdem zweimal in Klammern im Text.[341]

> Lk 4:18 *"Der Geist Jehovas läßt Sich nieder auf Mich, darum daß Er Mich salbte, Frohbotschaft zu bringen sich duckenden Bettlern, Mich abgesandt hat, zu heilen die Zerriebenen am Herzen, auszurufen Kriegsgefangenen Loslassung ..."*

Emmerich Wanderer

1983: *Jachve* in Lukas 1

Der österreichische Lyriker und Sachbuchautor Emmerich Wanderer übersetzte in *Im Zeichen des Ringes. Richard Wagners Tetralogie*[342] Passagen aus Lukas 1. Darin verwendete Wanderer *Jachve*.

> Lk 1:28 *"Und als er bei eintrat, spach der Engel: "Guten Tag du Hochgebenedeite, Jachve ist mit dir.""*

Herbert Ziegler

Ziegler (* 1916 in Innsbruck; † 1998) war Chemiker und katholischer Autor. Nach einem Philosophie-Studium am Jesuiten-College in Jersey-City (USA) verließ er 1940 den Jesuitenorden und wurde Chemiker. Im Ruhestand beschäftigte er sich mehr als 10 Jahre lang – unter Anleitung von Herbert Haag – eingehend mit Evangelienforschung.

1999: *Jahwe* in Auswahlübersetzung der Evangelien

1999 erschien Zieglers Übersetzung von Auszügen aus den Evangelien[343], angeblich *„bereinigt von allem theologischen Ballast, den Andichtungen, Fäl-*

---

[339] *Das Neue Testament, übersetzt von Pf. Adolf Pfleiderer*

[340] Mt 1:20,22,24; 2:13,15,19; 3:3; 4:7,10; 21:9,42; 22:37,44; 23:39; 26:63; 27:10; 28:2; Mk 5:19; 11:9; 12:11,29(2x),30,36; 13:20; Lk 1:15,16,17,25,28,32,38,45,46,58,66,68; 2:9(2x), 11,15,22,23(2x),24,26,39; 3:4; 4:8,12,18,19; 5:17; 13:35; 19:38; 20:42; Ag 3:22; 4:26; 5:19; 10:22,35; 12:7,23; 13:11,16,26,50; 15:17(2x); 16:14; Rö 10:12; 1Ko 14:21; 2Ti 2:19; Heb 8:8,9,10,11; 10:16; Jk 5:4,10,11; 1Pe 1:25; 3:12(2x); Jd 5,9,14; Off 4:8

[341] Off 15:3,4

[342] Österr. Verlagsanstalt, Wien 1983

[343] *Das Ur-Evangelium. Was Jesus wirklich sagte. Die Entdeckung und Neuübersetzung der authentischen Worte Jesu.* Langen-Müller, München

schungen und Veränderungen". In seiner Übersetzung von Markus 12:36 verwendete Ziegler den Namen *Jahwe*.

entspricht Mk 12:36 *"David selbst hat doch, vom Himmel erleuchtet, gesagt: 'Jahwe sprach zu meinem Herrn: Nimm Platz zu meiner Rechten, bis ich deine Feinde dir zu Füßen lege!'"*

Heinz Schumacher

Schumacher (* 5. März 1928 in Vlotho an der Weser, Ostwestfalen) ist ein evangelischer Autor und Verleger. Von 1947 bis 1991 war er in Stuttgart im Buchhandel und Verlagswesen tätig. Heute lebt er in Tamm (Baden-Württemberg). Schumacher war Schriftleiter der Zeitschrift *Gnade und Herrlichkeit*, vertritt die Allversöhnungslehre und engagiert sich im Christlichen Allianzverband. Er ist Autor und Herausgeber zahlreicher theologischer Bücher, darunter das weitverbreitete Büchlein *Die Namen der Bibel und ihre Bedeutung im Deutschen*.[344] 1994 erschien seine Übersetzung der Psalmen, 2004/2005 die des Jesaja.

2002: *Jahwe* 15mal in Übersetzung des Neuen Testaments

In seiner Übersetzung des Neuen Testaments[345] verwendete Schumacher 15mal *Jahwe*[346] im Text des Neuen Testaments, und einmal *HERR* in Großbuchstaben.[347] Weiters weist er in 22 Fußnoten auf den Namen *Jahwe* hin.[348]

Mt 4:10 *"Denn es steht geschrieben: 'JAHWE, deinen Gott, sollst du anbeten und ihm allein dienen.'"*

Gabriele Wittek

Wittek (* 7. Oktober 1933 in Wertingen, Bayern) ist die Leiterin des *Heimholungswerkes Jesu Christi* bzw. der religiösen Sondergemeinschaft *Univer-*

---

[344] Paulus-Verlag Karl Geyer, Heilbronn 1958

[345] *Das Neue Testament mit Anmerkungen, übersetzt und erklärt*, Hänssler, Stuttgart 2002

[346] Mt 4:7,10; Mk 12:29(2x),30,36; Lk 4:8,12; 20:42; Ag 3:22; 7:49; 15:17; Rö 14:11; 2Ko 6:17,18

[347] Ag 4:26

[348] Mt 22:37,44; Mk 12:11; Lk 1:11,17,32,68; 2:9,26; 3:4; 4:19; 10:27; 20:37; Jo 1:23; Ag 2:20; 7:31; 8:26; Rö 9:29; Jk 5:4; Off 1:8; 18:8; 22:5

selles Leben. Wittek meint, mit der Bibel sei das von Gott gegebene Wort nicht abgeschlossen, die heute gängigen Bibelfassungen würden im kommenden Friedensreich bedeutungslos sein. Sie behauptet, seit 1975 Botschaften aus dem geistigen Bereich zu empfangen. Ihren Anhängern gilt sie als *„Prophetin und Botschafterin Gottes."*

2004: *Jehova* dreimal in Überarbeitung der Evangelien

Zu Witteks umfangreichem Schrifttum zählt *Das ist Mein Wort, A und O, Das Evangelium Jesu*[349], eine Art Evangelienharmonie, ergänzt um *„Erklärungen, Berichtigungen und Vertiefungen"*, die angeblich Jesus selber der Prophetin diktiert hatte. Ich gehe davon aus, dass der Evangelientext in diesem Buch keine eigentliche Übersetzung ist, denn über die Entstehung heißt es im Vorwort, Jesus hätte gesagt: *„Nehmt die Bibeltexte zur Hand, die Ich euch zuleiten werde, und laßt euer geistiges Bewußtsein über diese Texte gleiten. ... Das Auge der Wahrheit wird dann auf jene Textstellen fallen, welche die Wahrheit enthalten, die für die Gegenwart und für die kommende Zeit von Bedeutung ist."* In den mit dem gängigen Bibeltext wörtlich zusammenpassenden Passagen des in diesem Buch enthaltenen Evangelientextes verwendete Wittek dreimal den Namen *Jehova*.[350]

entspricht Lk 1:9 *"Nach den Gebräuchen des Priesteramts traf ihn das Los zu räuchern, wenn er den Tempel Jehovas betrat."*

Manfred Bleile

Bleile (* 23. November 1944) ist Pastor der Freien Christengemeinde Grevenbroich und Ausbildungsbeauftragter des *Bundes Freikirchlicher Pfingstgemeinden.*

2006: *JHWH* in Übersetzung des Neuen Testaments

2006 veröffentlichte Bleile im Eigenverlag seine Übersetzung des Neuen Testaments[351], er überarbeitete dafür die *Unrevidierte Elberfelder Bibel* und Theobald Dächsels Übersetzung der Paulusbriefe aus den 1920er Jahren.

---

[349] Verlag Das Wort / Universelles Leben, Marktheidenfeld; 3. Auflage 2004

[350] Lk 1:9, 66; Mt 21:9

[351] *Das neue Neue Testament* (seit 2009: *Das Grundtext Neue Testament*)

Einmal setzte Bleile *JHWH* in den Text (Rö 3:11), einmal *Jehova* in Klammer (Jk 5:4). In einer Fußnote zu Matthäus 1:20 *("Engel (des) Herrn")* führte er aus: "*Wenn der Name „Herr" im NT ohne Artikel benützt wird, wird er im Sinne des Eigennamens benutzt und bedeutet JAHWE.*"

Bei der Wiedergabe alttestamentlicher Zitate im Neuen Testament stützte sich Bleile auf Überetzungen des hebräischen Textes von Naftali Herz Tur-Sinai und von Martin Buber – Franz Rosenzweig, und verwendete dementsprechend für den Gottesnamen gelegentlich *der Ewige*[352] oder groß geschriebene persönliche Fürwörter.[353]

Rö 3:11 "*JHWH schaute von den Himmeln her auf die Söhne Adams zu sehen, ob einer klug sei, da ist keiner, der Gott suche.*"

Kerstin Schiffner

Schiffner (* 1972 in Unna) ist Evangelische Theologin. Nach dem Studium in Bethel/Bielefeld, Leipzig und Bochum war sie wissenschaftliche Mitarbeiterin im AT an der Evangelisch-Theologischen Fakultät der Ruhr-Universität Bochum. Seit 2008 ist sie Pfarrerin in Bochum. Für die *Bibel in Gerechter Sprache* übersetzte sie das Buch Josua.

2008: JHWH in Übersetzung von Teilen des Lukasevangeliums

In ihrer 2008 veröffentlichten Dissertation[354] übersetzte Schiffner kleine Auszüge aus dem Lukasevangelium. Dabei verwendete sie mehrmals *JHWH*.[355]

Lk 1:46 "*Ich mache JHWH groß.*"

Holger Grimme / ADNT

Grimme (* 1953 in Bremerhaven) übersetzt das Neue Testament aus dem Aramäischen ins Deutsche. Der gelernte Bankkaufmann hatte eine über-

---

[352] wie Naftali Herz Tur-Sinai, vgl. S. 127 und 130

[353] wie Martin Buber - Franz Rosenzweig, vgl. S. 125f

[354] *Lukas liest Exodus. Eine Untersuchung zur Aufnahme ersttestamentlicher Befreiungsgeschichte im lukanischen Werk als Schrift-Lektüre.* Kohlhammer, Stuttgart

[355] z.B. in Lk 1:28,32,46.

konfessionelle Bibelschule in der Schweiz besucht und Englisch in London studiert. Von 1984 bis 1996 lebte er in China und der Mongolei und übersetzte die Bibel ins vertikal geschriebene Mongolisch, dessen Schrift übrigens auf das Aramäische zurückgeht.

Ab 2009: *Yahweh* **(und** *YHWH***) häufig in Teilübersetzung des Neuen Testaments**

Grimmes Übersetzungsprojekt[356] wurde einige Jahre lang auf der Homepage www.adnt2009.de vorgestellt. Ihr war das von Andrew Gabriel Roth erstellte *Aramaic English New Testament*[357] vorausgegangen, in dem durchwegs *YHWH* gebraucht wird. Die Fertigstellung der *ADNT* war zunächst für 2009 geplant, verzögerte sich jedoch wiederholt. 2009 erschien das Johannesevangelium[358] sowie *Römerbrief – Galaterbrief – Offenbarung*. 2011 folgte *Matthäus, Lukas, Philemon und Juda*. Mittlerweile wurde das Projekt unvollendet abgebrochen.

Grimme ist davon überzeugt, dass die Nachfolger Christi – im Gegensatz zu den Rabbinern – den Namen Gottes aussprachen, und er weist darauf hin, dass *Herr* bloß dieselbe Bedeutung wie das von den Heiden gebrauchte *Baal* hätte. Textgrundlage für Grimmes Übersetzung ist der Codex Khabouris, eine aramäische Handschrift des Neuen Testaments, die nach einigen Wissenschaftlern knapp 1 000 Jahre alt sein dürfte. Nach Ansicht Grimmes – der sich dabei unter anderem auf Andrew Gabriel Roth stützt – soll der Text aber deutlich älter sein: er meint, es handle sich dabei nicht (wie bei der Peschitta, dem aramäischen Alten Testament) um eine aramäische Übersetzung aus dem Griechischen, sondern um eine Abschrift einer aus dem ersten Jahrzehnt des 3. Jahrhunderts stammenden Handschrift, die ihrerseits auf aramäische Originale neutestamentlicher Schriften zurückgehe. Im aramäischen Text des Neuen Testaments wird über 200mal *Marya* verwendet, dieses Wort steht in der Peschitta anstelle des Tetra-

---

[356] *Aramäisch-Deutsches Neues Testament*, kurz: *ADNT*

[357] oder: *AENT*, Netzari Press, 2008

[358] *Verkündigung von Yochanan*

gramms. Grimme verwendete an jenen Stellen häufig den Gottesnamen *Yahweh*[359], vereinzelt *YHWH*.[360]

> Jo 1:23 *"Er sagte: ich bin eine Stimme, die in der Wildnis ruft: 'Macht den Weg von Meister Yahweh gerade.' Wie Jesaja der Prophet gesagt hatte."*

Auf der Homepage des Projekts wurde darauf aufmerksam gemacht, dass gemäß dem Babylonischen Talmud-Traktat *Über den Sabbat* Rabbiner darüber diskutierten, ob man bei einem Brandfall an einem Sabbattag Evangelien aus dem Feuer retten dürfe bzw. müsse, weil sie den Gottesnamen enthalten[361]; die Frage wurde als Hinweis darauf gewertet, dass in den damals in Umlauf befindlichen Abschriften der Evangelien der Name Gottes stand.

sabbat.biz - Johannes Biermanski

Johannes Biermanski (* 1963) aus Wittdün auf der Nordseeinsel Amrum ist für die Homepage sabbat.biz verantwortlich. Diese Seite enthält viele Inhalte im Sinn der Siebenten-Tags-Adventisten, so wird E.G. White als *„durch den Geist Gottes inspiriert"* anerkannt. Andererseits werden die Dreieinigkeitslehre und deshalb auch die Kirche der Siebenten-Tags-Adventisten scharf verurteilt. Über den Namen Gottes heißt es: *„Jahweh/Yahweh, unser alleiniger Gott, der Vater, erwartet von uns, dass wir ihn mit seinem Namen ansprechen."*

2011: *JAHWEH* 1132mal im Neuen Testament

Die Homepage enthält (seit Ende 2011) den gesamten Bibeltext in deutscher Sprache, bezeichnet als *Lutherbibel mit Korrekturen auf das Ursprüngliche*. Es handelt sich dabei größtenteils um den Text der Lutherbibel in der Fassung von 1912 (bei einigen Versen auch um ältere Lutherversionen), die unrevidierte Elberfelderbibel, die unrevidierte Schlachterbibel, die

---

[359] zB Mt 1:20,22,24; Jo 1:23. Der Name wurde in der Teilübersetzung insgesamt wohl Dutzende Male verwendet, doch liegt mir nur das Johannesevangelium in gedruckter Form vor.

[360] Jo 12:13

[361] die Antwort war übrigens: Nein, man solle in so einem Fall diese Bücher verbrennen lassen

Übersetzung von Pfäfflin und andere. Biermanskis Überarbeitung der Bibel ist bisher nicht im Druck erschienen, wurde aber in elektronischer Form veröffentlicht.[362]

Die folgenden Angaben über die Verwendung des Gottesnamens beziehen sich auf die auf sabbat.biz abrufbare Version (Stand 2014). Dabei wurde im Neuen Testament durchgehend nach dem Muster der englischen *Bethel Edition*[363] der Name *Jahweh* eingesetzt, und zwar an 1132 Stellen.[364] *Jahweh* in Klammer wird an 33 Stellen gebraucht.[365]

---

[362] 2016 über epubli unter dem Titel *Die Heilige Schrift*; seit 2017 im Ebozon-Verlag unter dem Titel *Die Bibel*

[363] gemeint ist wohl *The Sacred Scriptures – Bethel Edition*

[364] Mt 1:20,22,24; 2:12,13,15,19,22; 3:3,16; 4:3,4,6,7,10; 5:8,33,34; 6:33; 8:29; 9:8,38; 11:25; 12:4,28(2x); 14:33; 19:6,24,26; 21:9,42(2x); 22:16,21(2x),29,30,32,37,44; 23:39; 27:10; 28:2.   Mk 1:1,3,14,15; 2:26; 3:11,35; 4:11,26,30; 9:1,47; 10:9,14,15,18,23,24,25; 11:9,10,22; 12:11,17(2x),24,29, 30,34,36; 13:20; 14:25; 15:43; 16:19. Lk 1:6,9.11,15,16,17, 25,28,32,35,38,45,46,47,58,66,68,76; 2:9(2x),13,14,15,20,22,23(2x),24,26,29,38,39; 3:2,4; 4:4,8,12,18,19,41,43; 5:1,17,21,25; 6:4,12,20; 7:28,29,30; 8:1,10,11,21,39; 9:2,11,27, 60,62; 10:9,11,27; 11:20,28,42,49; 12:20,31; 13:18,29,35; 16:13,16; 17:15,18,20(2x),21; 18:16,17, 24,25,27,29,43; 19:11,37,38; 20:25(2x),37,42; 21:31; 22:16,18,69; 23:47,51; 24:53.   Jo 1:1,2,6,12,13,18,23,29,36; 3:3,5,16,17,18,21,33,34(2x); 4:24; 5:18,25; 6:27,45, 46,69; 8:40,47(3x); 9:3,24,35; 10:35; 11:4(2x),22(2x),27,40; 12:13,38(2x),43; 13:3(2x),31, 32(2x); 14:1; 16:30; 20:31; 21:19.   Ag 1:3; 2:17,20,21(2x),25,30,32,34,36,39,47; 3:8,9,15, 18,19[="20"],21,22,25,26; 4:10,19(2x),21,24,26,29,31; 5:4,9,14,19,29,31,32; 6:2,7; 7:6,7,9, 30,31,33,35,37,49,55(3x),60[="59"]; 8:14,20,21,22,24,25,26,37,39; 9:31; 10:15,28,31,33, 34,38(2x),40,41,42,46; 11:1,9,17(2x),18(2x),21(2x),23; 12:5,7,11,23,24; 13:2,5,7,10,11,12, 23,26,30,33,36,37,43,44,46,47,48,49; 14:3,22,26,27;   15:4,7,8,10,12,14,17(2x),18,19,35, 36,40; 16:10,14,15, 25,32,34; 17:13,24,27; 18:7,9,11,21,25,26; 19:8,10,11,20; 20:21,24,27, 28,32; 21:14,19,20; 22:3; 23:3; 26:6,7,18,20,22; 27:23,35; 28:15,23,28,31. Rö 1:1,4,7(2x),9, 10,16,17,18,19(2x),21,25,26,32; 2:2,4,5,13,17,23,24,29; 3:2,3,4,5(2x),7,18,19,21,22,23,25, 29,30; 4:2,3, 8,17,20(2x),21; 5:1,2,5,8,10,11,15; 6:10,11,13(2x),22,23; 7:4,22,25(2x); 8:3,7(2x),8,9,14,17,27,28,31,33(2x),34,39; 9:4,6,8,11,14,16,28,29; 10:2,3(2x),9,13,16,17; 11:1,2(2x),3,4,8,21,22(2x),23,29,30,32,33,34; 12:1(2x),2,3,11,19; 13:1(2x),2,4(2x),6; 14:3,4, 6(4x),10,11(2x),12,17,18,20,22; 15:7,8,9,11,15,16(2x),30,32   1Ko 1:1,3,4,9,18,20,21, 25(2x),27(2x),28,30,31; 2:1,5,7(2x),9,10,11(2x),12(2x),14,16; 3:6,7,9(3x),10,16(2x),17(3x), 19,20,23; 4:1,5,17,19,20; 6:9,10,17,19,20; 7:7,10,12,15,17(2x),19,24,40; 8:3,4; 9:9,21; 10:5,13,20,26,28,31,32; 11:3,7,12,13,16,22; 12:3,18,24,28; 14:21,25,28,33,36,37; 15:9,10(2x),15(2x),24,28,34,38,50; 16:7,10   2Ko 1:1(2x),2,9,12,18,19,20(2x),21; 2:15,17(2x); 3:4,5,16,17(2x), 18(2x); 4:2(2x),6,7,15; 5:1,5,13,18,19,20(2x),21;

Kommentarlos wird an fünf Stellen[366] *Jahweh* nicht verwendet, obwohl der Name an diesen Stellen in der englischen *Bethel Edition* vorkommt.

> Lk 4:18 *"Der Geist Jahwe's ist bei mir, weil er mich gesalbt und gesandt hat zu verkündigen das Evangelium den Armen, zu heilen die zerstoßenen Herzen, zu predigen den Gefangene, dass sie los sein sollen..."[367]*

James Stahl / Die ICH-BIN-Bibel

2016: 215mal *Y'HOVAH* im Neuen Testament

James Stahl gab 2015 eine englische Bearbeitung des Neuen Testaments heraus.[368] Dafür wurde der traditionelle Text der *King James Version* anhand hebräischer und aramäischer Texte überarbeitet.

6:1,4,7,16(2x),17,18; 7:6,12; 8:1,5; 9:7,8, 11,12,13, 14,15; 10:4,5, 13,17,18; 11:7; 12:19; 13:4(2x),7 Gal 1:1,3,13,15; 2:19,20,21; 3:6,11,17,18,20; 4:4,6,7,8,9(2x); 5:21; 6:16 Eph 1:1,14; 2:8,10,12,16,19,22; 3:2,7,19; 4:13,24,30,32; 5:2,5,6,19,20,21; 6:3,6,11, 13,17,23 Php 1:2,11,14,28; 2:6,9,11,13,27; 3:3,9,14; 4:6,7,18 Kol 1:1,2,3,11,15,25(2x),27; 2:12; 3:1,3,6,12,15,16,17,22,23,24; 4:12 1Th 1:1(2x),2,4,8,9; 2:2,4,8,9,13(2x),14,15; 3:2; 4:3,5,6,7,9,15,16; 5:2,9,18 2Th 1:1,2,4, 5,6,9; 2:11,16; 3:1,5 1Ti 1:1,2,4; 2:3,5; 3:5; 4:3,4,5; 5:5,21; 6:1,11,13,17 2Ti 1:1,2,6,7, 8,18; 2:7,9,15,19(3x), 22,25; 3:4,16,17; 4:1,14 Tt 1:1(2x),2,3,4,7,16; 2:5,10,11; 3:4,8; Phm 1:3 Heb 1:1,5,6,9(2x),10; 2:4,9,13,17; 3:4; 4:4,9,10,12,14; 5:1,4,10,12; 6:1,3,5,6,7,10,13, 17,18; 7:3,19,21,25; 8:2,5,8(2x),9,10,11; 9:14,20,24; 10:9,12,16,29,30(2),36; 11:3,4(2x),7, 10,16,19,21,25,40; 12:2,5,6,7,15; 13:6,7,15,16 Jk 1:1,5,7,12,13(2x),20; 2:5,23(2x); 3:9; 4:4(2x),6,7,8,10,15; 5:4,10,11(2x),14,15 1Pe 1:2,5,21,23,25; 2:3,4,5,9,12,15,16,17,19,20; 3:4,5,12(3x),15,17,18,20,21,22; 4:2,6,10,11(3x),14, 16,17,19; 5:2(2x),5,6,12 2Pe 1:2,17,21; 2:4,9,11; 3:5,8,9,10,12 1Jo 1:5; 2:5,14,17; 3:8,9(2x),10,17; 4:1,2(2x),3,4,6(3x),7(3x),9(2x), 10,11,12(2x),15,16(4x),20(2x),21; 5:1,2,3,4,5,9(2x),10(3x),11,12(2x),13(2x),18(2x),19,20 2Jo 1:3,9 3Jo 1:6,11(2x) Jd 1:1,5,9,14,21 Off 1:1,4,8,9,10; 2:18; 4:8; 5:6,9; 6:9,10; 7:11,15,17; 8:2,4; 9:4,13; 11:11,15,16(2x),17,19; 13:6; 14:4,7,10,12; 15:2,3(2x), 4,7,8; 16:1,5,7,9,14,19; 17:17(2x); 18:5,8; 19:1,4,6,9,10,13,15; 20:4,6,9; 21:2,3(2x),4,11, 22,23; 22:1,3,5,6,9,18,19

[365] Jo 6:33; 17:3,26; Rö 9:5; 1Ko 6:20; 8:6; Eph 1:17; 1Ti 2:17; Tt 2:13; Heb 1:3; 3:12; 4:3,7,8,13; 5:7; 7:1; 9:14; 10:7,21; 11:5,6; 12:22,23,29; 13:5,20; Jk 4:4; 1Jo 1:2; 5:20; Jd 1:25; Off 7:10; 14:1.

[366] 1Ko 3:5; 9:1; 2Ko 5:6; Heb 12:14; Off 1:2. Es bleibt unklar, ob dieser Unterschied zur englischen Version gewollt war oder aus Versehen geschah.

[367] http://www.sabbat.biz/html/lukas_kap__1_-_6.html

2016 veröffentlichte Stahl ein ähnliches deutsches Neues Testament.[369] Es enthält ein aus dem Englischen ins Deutsche maschinenübersetztes (und daher kaum verständliches) Vorwort, sowie den Text der Lutherübersetzung in der Fassung von 1912 mit einigen Änderungen: an mehreren Stellen wurde die Wendung *Ich bin* durch Fettdruck und Verwendung von Kapitälchen hervorgehoben, und an 215 Stellen[370] wurde das Wort *Herr* durch *Y'HOVAH* ersetzt. Stahl sagt von seiner Bibelausgabe, sie lege ein starkes Zeugnis ab für Jesus als Herr, Gott, Messias und Y'hovah. Die Verwendung von *Y'hovah* ist dementsprechend an manchen Stellen einzigartig im deutschen Sprachraum.[371]

> *Mt 22:44,45 "Y'HOVAH hat gesagt zu meinem Herrn: Setze dich zu meiner Rechten, bis daß ich lege deine Feinde zum Schemel deiner Füße. So nun David ihn Y'HOVAH nennt, wie ist er denn sein Sohn?"*

---

[368] *The I Am Bible (KJV), Greek & Hebraic Based English New Testament.*

[369] *Die ICH BIN Bibel Aramäisch & Griechisch Basierendes Neues Testament.*

[370] Mt 1:20,22,24; 2:15,19; 3:3; 4:4,7,10; 5:33; 12:4; 21:9,42; 22:37,43,44,45; 23:39; 27:10; 28:10; Mk 1:3; 5:19; 11:9; 12:11,29(2x),30,36; 13:20; Lk 1:6,9,10,15,16,17,25,32,38,45, 46,66,68,76; 2:9,11,15,22,23(2),24,26,38,39; 3:4; 4:8,12,18,19; 5:17; 6:4; 10:27; 13:35; 17:29; 19:38; 20:37,42; Jo 1:23; 8:11; 12:13,38; Ag 1:24; 2:20,21,34,36,38; 3:20,22; 4:24,26,29; 5:9,14,19; 6:3; 7:30,31,33,37,49; 8:26,39; 9:10,15,27; 10:36; 11:21(2x); 12:7,11,17,23; 13:10,11,12,49; 14:3,25,26; 15:17(2x); 16:32; 18:9,25,26; 19:10; Rö 9:28,29; 10:12,13; 11:34; 14:9,11,14; 15:11; 1Ko 1:31; 2:16; 3:5,20; 4:4,5,17,19; 7:17; 8:6; 10:26; 11:27(2x),29; 12:3,5; 14:21; 15:47,58(2x); 16:10; 2Ko 2:12; 3:16,17(2x),18(2x); 6:17,18; 10:17,18; Eph 2:21; 4:5,17; 5:19; Php 2:11,29; Kol 3:22,24; 4:7; 2Th 3:3; 2Ti 2:19(2x); Heb 6:3; 7:21; 8:8,9,10,11; 10:16,30; 12:5,6; 13:5; Jk 1:7; 3:9; 4:10,15; 5:4,7,10,11(2x); 1Pe 2:3; 3:12(2x),15; 2Pe 2:9,11; 3:2,8,9,10,15; Jd 9,14; Off 1:8; 4:8; 6:10; 11:17; 14:10; 15:3,4; 16:7; 18:8; 19:6; 21:22; 22:5.6,20.

[371] z.B. 1. Ko 8:6 *("So haben wir doch nur einen Gott, den Vater, von welchem alle Dinge sind und wir zu ihm; und einen Y'hovah: Jesus Christus, durch welchen alle Dinge sind und wir durch ihn."),* 1Ko 12:3 *("Niemand kann Jesus den Y'hovah heißen außer durch den heiligen Geist.").* Hingegen scheint die exegetisch kaum zu rechtfertigende Verwendung von *Y'hovah* für den Christus in Mat 22:43,45 bloß ein Versehen zu sein, denn in den Parallelberichten (Mk 12, Lk 20) verwendet Stahl an den entsprechenden Stellen *Herr*, ohne Hervorhebung.

EXKURS: SACRED NAME MOVEMENT

Mit *Sacred Name Movement* bezeichnet man im englischen Sprachraum eine Strömung, die das Christentum zu seinen hebräischen Wurzeln rückführen möchte. Zu der Bewegung, die ihren Ausgang in den 1930er Jahren nahm, gehören kleine den Adventisten nahestehende Gruppierungen, vorwiegend in den USA, wie die *Assemblies of Yahweh*; seit den 1970ern gibt es auch einige Pfingstgemeinden mit ähnlichen Merkmalen.

In den im *Sacred Name Movement* benutzten Bibeln wird der Name Gottes in der Form *Yahweh* oder *Jahweh* m Neuen Testament durchgehend verwendet; für den Sohn Gottes wird die Namensform *Yahshua* oder *Jahschua* bevorzugt. Die Bibeln sind zum einen althergebrachte Übersetzungen, die mittlerweile aufgrund Ablauf des Copyrights gemeinfrei verfügbar sind (z.B. die *King James Version*) und in denen die Schreibweise von Eigennamen geändert bzw. der Name Gottes hinzugefügt wurde; zum anderen sind es Neuübersetzungen, teilweise aus dem Hebräischen und/oder Aramäischen als vermeintlichen Ursprachen des Neuen Testaments.

Die erste dieser Bibeln schuf 1950 das Angelo Traina[372], der die *King James Version* in Schreibung und Verwendung der heiligen Namen überarbeitete. Andere Versionen folgten; alleine von 1998 bis 2012 sind zumindest 15 verschiedene englischsprachige *Sacred-Name*-Bibeln erschienen, viele im Selbstverlag in niedriger Auflage, manche nur online. Einige dieser Neuen Testamente enthalten den Namen Gottes mehr als 1000mal, also nicht nur dort, wo im Urtext *kyrios* (*Herr*) für den Vater verwendet wird, sondern auch an vielen Stellen, an denen im Griechischen *theos* (*Gott*) steht.

Eine deutsche Bezeichnung für das *Sacred Name Movement* ist mir nicht bekannt, obwohl einige kleine und kleinste Gruppierungen[373] aus dem deutschsprachigen Raum wohl in diese Bewegung einzureihen sind und auf ihren Websites teils sogar die Verwendung von *Sacred-Name*-Bibeln empfehlen.

---

[372] *Holy Name New Testament / The New Testament of our Messiah and Saviour Yahshua*

[373] z.B. *Missionswerk Allein die heilige Schrift* in Gmund am Tegernsee mit den Websites alleindieheiligeschriftbibel.com und www.biblischewahrheit.com (verwendet *Jahweh*); Elisabeth Bartls Homepage https://www.bibel-offenbarung.org (verwendet *JaHuWaH*).

TEIL ZWEI

Andere Methoden, kenntlich zu machen, wo kyrios auf Gott verweist

Auch ohne den Namen Gottes in den Bibeltext aufzunehmen, haben Übersetzer des Neuen Testaments Möglichkeiten gefunden, den Namen im Neuen Testament hervorzuheben oder bei der Übersetzung von *kyrios* hervorzuheben, wo damit Gott (der Vater) und nicht Jesus gemeint ist.

Auf den folgenden Seiten werden einige dieser Varianten, *kyrios* wiederzugeben, kurz anhand von Beispielen vorgestellt:

- Groß geschriebene persönliche Fürwörter (*ER, IHM, DU*)

- *Ewiger*

- *Adonai*

- *der Name*

- *KS* (Abkürzung für *kyrios*), und Vorschläge, was man stattdessen lesen könnte

- *Herr*, mit einem Hinweis in einer Fußnote, dass dieser Begriff häufig für den Gottesnamen steht

- *HErr* oder *HERR*

- *Herr (Gott)*

- *Herr (Jahwe)* oder *Herr (Jehova)*

- *Gott* oder *Gott der Herr*

Personalpronomen in Großbuchstaben

Die jüdischen Theologen Franz Rosenzweig und Martin Buber gingen ab den 1920er-Jahren bei ihrer Übertragung des Alten Testaments ins Deutsche einen neuen Weg bei der Wiedergabe des Gottesnamens. Ausschlaggebend dafür war ihr Verständnis der zentralen Textstelle über den Namen Gottes, 2. Mose 3:13-15, wo Gott ihrer Übersetzung nach auf die Frage um seinen Namen antwortet: *„ICH BIN DA schickt mich zu euch."*

Von vielen Übersetzern wird der Gottesname dort mit *Ich bin* oder mit *Ich bin, der ich bin* umschrieben. Buber und Rosenzweig machten darauf aufmerksam, dass Gott sich hier jedoch *„nicht den Seienden, sondern den Daseienden, den dir Daseienden, dir zur Stelle Seienden, dir Gegenwärtigen, bei dir Anwesenden oder vielmehr zu dir Kommenden, dir Helfenden"* nennt.[374] Gott mache hier *„keine theologische Aussage über sein Ansichsein, sein Sichgleichbleiben oder seine Ewigkeit, sondern er spricht seiner Kreatur das zu, was ihr zu wissen nottut, - daß er bei ihr da, ihr gegenwärtig ist, aber in stets neuen, nie vorwegzunehmenden Gestalten"*[375]

Buber und Rosenzweig lehnten daher Begriffe wie *der Herr* oder *der Ewige* als Umschreibung für den Gottesnamen ab, weil sie ihnen zu statisch, zu starr waren. Sie lehnten es auch ab, das Tetragramm in vokalisierter Form (z.B. als *Jahweh*) in deutschsprachige Texte zu übernehmen, *„wo es doch ohne alle Beziehung als ein nackter, sinnloser Name dasteht."*[376]

Daher entschieden sich Buber und Rosenzweig dafür, dort, wo im Hebräischen das Tetragramm steht, im Deutschen durch Großbuchstaben hervorgehobene Personalpronomen (wie *ICH, DU, ER*) zu verwenden, denn das persönliche Fürwort bezeichne *„in seinen drei Personen nichts andres als die drei Dimensionen des Mir-Gegenwärtigseins: die Anredbarkeit, die Vernehmbarkeit, die Beredbarkeit."*[377]

---

[374] Franz Rosenzweig, Briefe, Berlin 1935, S.601

[375] Martin Buber: *Die Schrift und ihre Verdeutschung*, in: *Werke II*, Heidelberg 1964, S.1128

[376] Franz Rosenzweig: *"Der Ewige". Mendelssohn und der Gottesname*, 1929

[377] Rosenzweig: *Briefe*, S.601–603

Manfred Bleile 2006: Personalpronomen in Großbuchstaben im Neuen Testament

Mir ist nur e i n deutsches Neues Testament bekannt, das Buber und Rosenzweig in der Verwendung großgeschriebener Personalpronomen zumindest vereinzelt folgt: Manfred Bleile[378], der im Vorwort seiner Übersetzung des Neuen Testaments (2006) erwähnt, dass er sich bei Zitaten aus dem Alten Testament auch an der Übersetzung von Buber-Rosenzweig (neben dem hebräischen Text und der Übersetzung von Tur-Sinai) orientiert hätte. Zweimal[379] verwendet er im Neuen Testament großgeschriebene Personalpronomen an Stellen, in denen im Griechischen *kyrios* steht, und weist so auf Gott hin.

Mk 12:11 *"Geworden ist es von IHM her, ein Wunder ist es vor unseren Augen."*

Bei einigen weiteren Zitaten[380] aus dem Alten Testament verwendet Bleile zwar – wie Buber-Rosenzweig – Personalpronomen anstelle des Gottesnamens, hebt diese aber nicht durch Großschreibung hervor.[381]

---

[378] zu Bleile: s. S. 116

[379] Mt 21:42; Mk 12:11

[380] Mt 23:39; 27:10; Mk 1:3; Lk 3:4; 19:38; Jo 1:23

[381] Bleile teilte mir im Herbst 2011 auf Nachfrage mit, er ziehe in Erwägung, bei künftigen Ausgaben auch an diesen Stellen Großschreibung zu verwenden.

Ewiger

Der Philosoph Moses Mendelssohn war im ausgehenden 18. Jahrhundert der erste Jude, der große Teile der Hebräischen Schriften (u.a. Pentateuch und Psalmen) ins Hochdeutsche übersetzte. Für die Wiedergabe des Gottesnamens wählte er – als erster deutscher Bibelübersetzer – vorwiegend[382] die Begriffe *der Ewige* und *das ewige Wesen*. Es folgten ihm im Lauf der Zeit eine Reihe von Gelehrten, vorwiegend Juden (wie Leopold Zunz, Joseph Johlson, Ludwig Philippson, Julius Fürst, Tur-Sinai), aber auch einige Nichtjuden (wie C.G.J. Bunsen, F.K. Jonat).

Es ist umstritten, ob Mendelssohn sich dabei am französischen Reformator Jean Calvin orientierte, der in Anlehnung an den französischen Bibelübersetzer Pierre-Robert Olivétan schon im 16. Jahrhundert *l'Eternel* (französisch „*der Ewige*") für den Gottesnamen verwendet hatte, oder ob er auf jüdische Vorbilder zurückgriff: so war Mendelssohn beispielsweise mit den Schriften des spanischen Kabbalisten Josef Gitakilla aus dem 13. Jahrhundert vertraut, der die Ewigkeit als eine der wichtigsten Eigenschaften Gottes bezeichnet hatte.

Der Begriff *Ewiger* weist jedenfalls auf das ewige Dasein Gottes hin; an den in der Erklärung des Gottesnamens in 2. Mose 3 mitschwingenden Aspekt des „Für-einen-da-Sein" oder „Bei-einem-Sein" erinnert der Begriff jedoch kaum.

Deutsche Wiedergaben des Neuen Testaments, die *der Ewige* für den Gottesnamen beinhalten, sind einerseits einige Werke jüdischer Autoren, wie die Evangelienauswahl des liberalen Rabbiners Leo Baeck (1938) und einzelne Zitate bei Gotthold Salomon (1835) und Joseph Klausner (1934), andererseits wurde auch auf christlicher Seite – beginnend mit einzelnen Zitaten bei Johann Jakob Hess (1792) – gelegentlich der Begriff *Ewiger* verwendet; eine jüngere Übersetzung, in der *Ewiger* sogar vorwiegend gebraucht wird, ist die von Manfred Bleile (2006).

---

[382] Häufig wird übersehen, dass Mendelssohn in seiner Übersetzung vereinzelt auch *Jehova* verwendete, so im siebenten Psalm.

Johann Jakob Hess 1792: *Ewiger* in Zitat aus Matthäus-Evangelium

In der 1792 erschienen *Bibliothek der heiligen Geschichte* (Orell, Zürich) zitierte Hess[383] frei aus Matthäus 21:9 und verwendete dabei für den Gottesnamen auch *Ewiger*. Es dürfte das erste Mal gewesen sein, dass ein deutschsprachiger christlicher Autor diesen Begriff in einem Zitat aus dem Neuen Testament verwendete.

Mt 21:9 *"Jehova laß es wohl gelingen dem Davidssohne! Heil! Willkommen Er, der kommt im Namen des Ewigen! Willkommen sey unsers Vaters Davids Königreich!"*

Gotthold Salomon 1835: *Ewiger* in Zitat aus Markus-Evangelium

Salomon (* 1. November 1784 in Sanderssleben, Anhalt; † 17. November 1862 in Hamburg) war ein Rabbiner, Prediger und Bibelübersetzer, der für die Judenemanzipation kämpfte und 1837 eine der ersten[384] jüdischen deutschen Übersetzungen des Alten Testaments herausgab, die *Deutsche Volks- und Schulbibel für Israeliten*.

1835 verfasste Salomon eine Verteidigung[385] gegen die Angriffe des evangelischen Theologen und Orientalisten Anton Theodor Hartmann[386], der entschieden gegen die Gleichstellung der Juden Stellung bezogen hatte. Auf Hartmanns Behauptung, die jüdische Lehre von der Einheit Gottes wirke sich negativ auf Christen aus, antwortete Salomon mit einem Hin-

---

[383] zu Hess vgl. S. 25

[384] Salomons Übersetzung wird von mehreren Autoren fälschlich als *"erste durch einen Juden erstellte deutsche Übersetzung des vollständigen Alten Testaments in deutschen Buchstaben"* bezeichnet; dabei wird von ihnen eine solche von Samuel Cohen schon 1824 bis 1827 in Hamburg veröffentlichte Übersetzung übersehen.

[385] *Anton Theodor Hartmann's neueste Schrift: "Grundsätze des orthodoxen Judentums" mit Beziehung auf die Frage "Darf eine völlige Gleichstellung in staatsbürgerlichen Rechten sämmtlichen Juden schon jetzt bewilligt werden?" in ihrem wahren Lichte dargestellt*, Hammerich, Altona 1835

[386] zu Hartmann (1774–1838) vgl. S. 63

weis auf Markus 12:29, wonach Jesus selber auf die Frage nach dem vorzüglichsten Gebot mit dem Hinweis auf die Einheit Gottes geantwortet hatte. Dabei verwendete Salomon *Ewiger*.

Zitat aus Mk 12:29 *"Höre Israel, der Ewige unser Gott ist Ein Gott"*

Joseph Klausner 1934: *Ewiger* in Zitat aus Evangelien

Klausner (* 20. August 1874 in Olkeniki, Litauen; † 27. Oktober 1958 in Jerusalem) war ein jüdischer Literatur-, Geschichts- und Religionswissenschaftler. Der überzeugte Zionist lehrte hebräische Literatur zunächst in Odessa und – nach seiner 1919 erfolgten Auswanderung nach Palästina – an der Hebräischen Universität Jerusalem.

In seiner bekanntesten Schrift, *Jesus von Nazareth: seine Zeit, sein Leben, seine Lehre* (Jüdischer Verlag Berlin, 1934), vertrat er die Ansicht, Jesus wäre ein jüdischer Reformer gewesen und sei als überzeugter Jude gestorben. In darin enthaltenen Bibelzitaten verwendete er für den Gottesnamen den Begriff *Ewiger*, auch in Zitaten aus den Evangelien (Mt 22:37).

Mt 22:37 *"Du sollst lieben den Ewigen deinen Gott mit deinem ganzen Herzen und mit deiner ganzen Seele"*

Leo Baeck 1938: *Ewiger* mehrmals in Auswahlübersetzung der Evangelien

Der Rabbiner Baeck (* 23. Mai 1873 in Lissa, Posen; † 2. November 1956 in London) war ein bedeutender Vertreter des liberalen Judentums. Ab 1912 war er Rabbiner für die damals ca. 150.000 Mitglieder zählende jüdische Gemeinde Berlin. Er lehrte 1913 bis 1942 an der Hochschule für die Wissenschaft des Judentums und war ab 1922 Vorsitzender des Allgemeinen Rabbinerverbandes in Deutschland. 1943 wurde er ins KZ Theresienstadt verschleppt, nach der Befreiung 1945 übersiedelte er nach London.

1938 erschien Baecks *Das Evangelium als Urkunde der jüdischen Glaubensgeschichte*,[387] ein klassisches Werk für die Auffassung moderner Juden zu

---

[387] bei Schocken, Berlin. Dieses Werk ist auch in dem 1961 erschienenen Sammelband *Paulus, die Pharisäer und das Neue Testament* (Ner-Tamid, Frankfurt a. M.) sowie in Band 4 von *Leo Baecks Werken* (Gütersloher Verlagshaus, 2000) enthalten

Jesus. Baeck sah in Jesus einen „*Mann aus dem jüdischen Volke, ... der in seinem Volke seine Jünger gewonnen hatte, die den Messias suchten und in ihm dann fanden, ... die an ihn glaubten bis dass er an sich zu glauben begann.*" Das Buch enthält auch eine synoptische Auswahlübersetzung der Evangelien, in der der Gottesname mehrmals mit *Ewiger* wiedergegeben wurde.[388]

Mt 5:48 *"Du sollst vollkommen sein, wie der Ewige, dein Gott, vollkommen ist."*

Manfred Bleile 2006: *Ewiger* 32mal im Neuen Testament

Bleile, Pastor einer Pfingstgemeinde, veröffentlicht seit 2006 im Eigenverlag *Das neue Neue Testament.*[389] Er wählt für die Wiedergabe des Gottesnamens mehrere völlig unterschiedliche Lösungen.[390]

Bei der Wiedergabe alttestamentlicher Zitate im Neuen Testament stützt sich Bleile – neben dem hebräischen Text und der Übersetzung von Buber-Rosenzweig – auf die von Naftali Herz Tur-Sinai verantwortete Übersetzung des Alten Testaments aus den 1930er-Jahren. Dementsprechend verwendet Bleile für den Gottesnamen 32mal *der Ewige.*[391]

Lk 4:18 *"Gottes Geist ruht auf mir, weil mich der Ewige gesalbt, Frohbotschaft den Gebeugten zu verkündigen; mich gesandt, um zu verbinden die gebrochenen Herzens, um Freiheit auszurufen den Gefangenen..."*

---

[388] z.B. Mt 5:33,43,48; Mk 12:29(2x),30

[389] Titel seit 2009: *Das Grundtext Neue Testament.*

[390] vgl. zu Bleile und *JHWH* S.107; zu Bleile und Personalpronomen in Großbuchstaben vgl. S.126

[391] Mt 4:4,7; 22:37; Mk 12:29(2x), 30; Lk 4:4,8,12,18,19; 13:35; Jo 6:45; 12:13(2x), 38; Ag 2:20,21,25; 4:26; 7:6,37; 15:17; Rö 10:13; 1Ko 1:31; 3:20; 2Ko 6:17; Heb 8:10,11; 10:16; 1Pe 3:12(2x)

Adonai

adonai ist eine besondere Form des hebräischen Wortes für *Herr*, die etwa 300mal im Grundtext des Alten Testaments vorkommt, nur in Verbindung mit der Anrede Gottes verwendet wird und dessen Souveränität hervorhebt. Seit sich unter den Juden die Ansicht durchsetzte, der Name *JHWH* sei zu heilig um ausgesprochen zu werden, sprechen sie gewöhnlich beim Vorlesen des Bibeltextes dort, wo das Tetragramm vorkommt, *adonai*.

Manche Übersetzer entschieden sich in den letzten Jahrzehnten dafür, auch im deutschen Bibeltext statt des Namens *JHWH* das Wort *adonai* zu verwenden. Als Begründung dafür führen sie vor allem Respekt vor der jüdischen Tradition an, sowie den Umstand, dass *adonai* neutraler sei als *Herr*, weil es im Deutschen nicht sofort mit einer „männlichen Herrscherrolle" verknüpft wird.

Deutsche Übersetzungen des Neuen Testaments, die durchwegs *adonai* verwenden, sind die von David Stern[392] und die *Kirchentagsübersetzung*[393]; häufig wird *adonai* auch in der *Bibel in Gerechter Sprache* verwendet; vereinzelt von Michael Mustun in der *ecclesia freebible*.

Kirchentagsübersetzung, jährlich seit 1987: *Adonaj* in Auszügen aus NT

Beginnend mit 1987 werden für die jährlichen Deutschen Evangelischen Kirchentage jeweils eigene Übersetzungen von Bibelabschnitten erstellt und im Programmheft des Kirchentags abgedruckt. Die Kirchentagsübersetzungen haben zur Entstehung zweier größerer Übersetzungsprojekte geführt: zum einen zur vierbändigen Ausgabe der *Liturgischen Texte in gerechter Sprache* (von 1997 bis 2001), zum anderen zur ab 2001 übersetzten

---

[392] das *Jüdische Neue Testament*

[393] anlässlich der jährlichen evangelischen Kirchentage erstellte Übersetzungen einzelner Passagen aus dem Neuen Testament

und 2006 veröffentlichten *Bibel in gerechter Sprache*.[394] Trotzdem werden für die Kirchentage weiter neue Übersetzungen erstellt, um zu zeigen, dass sowohl an der Verdeutschung der Bibel als auch an einer gerechten Sprache ständig weitergearbeitet werden muss. Der Gottesname wird dabei *„einer jüdischen Tradition folgend"* durch *Adonaj* wiedergegeben, und das durchwegs auch im Neuen Testament.[395]

> Lk 10:27 *"Er antwortete ihm und zitierte: 'Du sollst Adonaj, deinen Gott, lieben aus deinem ganzen Herzen und mit deinem ganzen Leben und mit deiner ganzen Kraft und mit deinem ganzen Denken, und deine Nächste, deinen Nächsten wie dich selbst."*

Hauptverantwortlich für diese Übersetzungen ist der evangelische Theologe Jürgen Ebach (* 28. Februar 1945 in Kirchen an der Sieg, Rheinland-Pfalz). Nach einem Studium Evangelischer Theologie und Keilschriftwissenschaften in Hamburg war er ab 1983 Professor für Biblische Exegese und Theologie in Paderborn, und von 1996 bis 2010 Professor für Exegese und Theologie des Alten Testaments und biblische Hermeneutik in Bochum.

David H. Stern / Das Jüdische Neue Testament 1994: *Adonai* 145mal

David Harold Stern (* 1935 in Los Angeles) ist messianischer Jude. Nach einem Studium der Wirtschaftswissenschaften in Princeton wurde er 1972 Christ, studierte am evangelikalen Fuller Theological Seminary und unterrichtete dann dort Theologie, bis er 1979 nach Israel auswanderte.

1989 veröffentlichte er seine englische Übersetzung des Neuen Testament (*Jewish New Testament*), die 1994 von Sieglinde Denzel und Susanne Naumann ins Deutsche übersetzt wurde.[396] Im Vorwort dieses Neuen Testaments wies Stern darauf hin, dass ein Übersetzer so eindeutig wie

---

[394] vgl. S. 135ff

[395] z.B. in Mt 2:13,15 [2005]; Mt 4:7,11 [2007]; Lk 10:27 und 1Pe 3:12(2x),15 [2009]

[396] *Das Jüdische Neue Testament*, SCM Verlag, Witten; weitere Auflagen bei SCM Hänssler und SCM R. Brockhaus

möglich die Bedeutung eines Wortes wiedergeben sollte, statt einen mehrdeutigen Ausdruck aus einer Sprache in eine zu übernehmen. Demgemäß schrieb Stern für *kyrios* nicht durchgängig *Herr*, sondern verwendete an 145 Stellen *Adonai*, jeweils mit der Fußnote "*Adonai – der HERR, Jahwe*".[397]

> Lk 4:18 *"Der Geist Adonais ist auf mir; deshalb hat er mich gesalbt, die Gute Nachricht den Armen zu verkünden; er hat mich gesandt, den Gefangenen Freiheit zu verkündigen und ein neues Sehvermögen den Blinden..."*

Michael Mustun 2004: *Adonai* sechsmal im Neuen Testament

Michael Mustun ist ein freier Christ aus der Schweiz (Wetzikon bei Zürich), der sich seit Jahren mit der Bibel und Bibelübersetzung beschäftigt und mit der *Ecclesia FreeBible* eine Überarbeitung der *Unrevidierten Elberfelder Bibel* geschaffen hat. Die *Ecclesia Freebible* war ursprünglich (2004) nur als Online-Text konzipiert, wurde von Mustun aber weiter überarbeitet und ist seit 2008 auch in Buchform erhältlich.

Sechsmal verwendet Mustun *Adonai* im Text des Neuen Testaments, beim ersten dieser Vorkommen (Mt 1:20) stand (bis 2011?) daneben auch *Jahwe* in Klammer, das ist in jüngeren Fassungen allerdings durch *Herr* ersetzt worden. Alle sechs Vorkommen von *Adonai*[398] befinden sich in den ersten Kapiteln des Matthäus-Evangeliums, bei dem sich Mustun – da es ursprünglich vor allem an eine jüdische Leserschaft gerichtet war – zum Teil an David Sterns *Jüdischem Neuen Testament* orientiert hatte.

> Mt 1:20 *"Indem er aber solches bei sich überlegte, sieh, da erschien ihm ein Engel Adonais (des Herrn) im Traum und sprach:"*

---

[397] Mt 1:20,22,24; 2:13,15; 3:3; 4:4,7,10; 5:33; 21:9,42; 22:37,44; 23:39; 28:2; Mk 1:3; 5:19; 11:9; 12:11,29(2x),30,36; Lk 1:6,11,15,16,17(2x),25,28,32,38,45,46,58,66,68; 2:9(2x),15,22,23(2x), 24,26,29,39; 3:4; 4:8,12,18,19; 5:17; 10:27; 13:35; 19:38; 20:37,42; Jo 1:23; 6:45; 12:13,38(2x); Ag 2:17,20,21,25,34,39; 3:22; 4:26; 5:19; 7:9,31,33,49; 8:26; 12:7,23; 13:47; 15:17; Rö 4:8; 9:5,28,29; 10:12,13,16; 11:3; 12:19; 14:11; 15:11; 1Ko 1:31; 2:16; 3:20; 14:21; 2Ko 3:16, 17(2x),18; 6:17,18; 10:17; Eph 1:3; Php 2:11; 2Ti 1:18; Heb 7:21; 8:2,8,9,10,11; 10:16,30; 12:5,6; 13:6; Jk 3:9; 4:15; 5:4,10,11(2x); 1Pe 1:25; 2:3; 3:12(2x); Jd 5,9,14; Off 1:8; 4:8,11; 11:17; 15:3,4; 16:7; 18:8; 19:6,15; 21:22; 22:5,6

[398] Mt 1:20,22,24; 2:13,15; 3:3

Der Name

Im Bemühen, den Namen Gottes nicht zu missbrauchen, vermeiden viele Juden nicht nur die Aussprache des Namens *JHWH*, sondern schränken selbst die Benutzung von *adonai* ein. So verwenden manche *adonai* nur in Gebeten, wohingegen sie im sonstigen Sprachgebrauch *haschem* (hebräisch: *"der Name"*) verwenden. In gedruckten deutschen Übersetzungen biblischer Texte verwendete meines Wissens nach erstmals Samson Raphael Hirsch in den 1830er Jahren des öfteren *haschem* in deutschen Zitaten aus dem Alten Testament. In deutschen Übersetzungen neutestamentlicher Texte gebrauchte meines Wissens nur Moritz Heidenheim den Ausdruck *der Name*.

Moritz Heidenheim 1871: *der Name* in Übersetzung von Matthäus Kap. 1 - 2

Es gibt mehrere spätmittelalterliche handschriftliche hebräische Übersetzungen von Teilen des Neuen Testaments, in denen *haschem* verwendet wird.[399] Einen Teil einer solchen Handschrift, nämlich die ersten beiden Kapitel des Matthäusevangeliums aus dem Cod. Vat.ebr.100, übersetzte der jüdisch-christliche Gelehrte Moritz Heidenheim (vgl. S. 95) 1871 ins Deutsche.[400] Er gab *haschem* dabei abwechselnd mit *Gott*[401], *Jehovah*[402] und mit *der Name*[403] wieder.

> Mt 1:20 *"Und als er noch darüber nachdachte, erschien der Engel des Namens dem Joseph im Traume (und) sprach"*

---

[399] z.B. in Schemtow ibn Schaspruts Übersetzung der ersten neun Kapitel des Matthäusevangeliums

[400] *Die hebräischen Evangelien des Vaticans nebst Facsimile*, in der *Vierteljahresschrift für deutsch- und englisch-theologische Forschung und Kritik*

[401] Mt 1:22,24

[402] Mt 2:13

[403] Mt 1:20,23; 2:19

KΣ mit Lesevorschlägen

Einige griechische Bibelhandschriften enthalten die griechischen Buchstaben KΣ (KS) als Abkürzung für *kyrios* (griechisch *Herr*). Eine deutsche Bibelübersetzung, die *Bibel in gerechter Sprache*, ist diesem Beispiel gefolgt und ergänzt im Bemühen um eine gerechte Sprache diese griechischen Buchstaben noch um „Lesevorschläge", also um Wörter, die man beim Lesen anstelle des Wortes *Herr* verwenden könnte.

Bibel in gerechter Sprache 2006: 226mal KΣ mit Lesevorschlägen (GOTT / die Lebendige / Adonaj / die Ewige / der Ewige)

Die 2006 erschienene *Bibel in gerechter Sprache* wurde von mehr als 50 verschiedenen Übersetzern erstellt; in manchen evangelischen Kirchen wird sie im Gottesdienst verwendet. Im Alten Testament wird in dieser Bibel an den Stellen, an denen im Hebräischen das Tetragramm steht, in der deutschen Übersetzung ein grau hinterlegter und von den hebräischen Buchstaben ״ (für *JJ)* eingerahmter Lesevorschlag anstelle des Gottesnamens verwendet.

Über das Vorgehen im Neuen Testament heißt es im Vorwort dieser Bibel: *Gott ist in allen Teilen der Bibel derselbe bzw. dieselbe. Deshalb werden die entsprechenden Stellen, bei denen es sich um Übersetzungen des Eigennamens Gottes in das Griechische handelt, ebenfalls markiert. Dies geschieht durch graue Hinterlegung, aber zusätzlich durch eine Rahmung mit den griechischen Buchstaben kappa-sigma, also den Buchstaben, mit denen das Wort kyrios anfängt und aufhört. Kappa-Sigma ist in der Antike als Abkürzung des heiligen Namens Gottes belegt. Die Hervorhebung mit diesen beiden Buchstaben verweist nicht darauf, dass an den entsprechenden Stellen das Tetragramm im übersetzten Text steht, sondern sie gibt eine Entscheidung durch die Übersetzer wieder, kyrios an diesen Stellen als Übertragung des Gottesnamens zu verstehen und nicht z.B. als alltägliche Anrede. Deshalb wird kyrios an allen Stellen, an denen im NT aus dem AT* zitiert wird und wo gleichzeitig im Hebräischen an der betreffenden Stelle Gottes Eigenname steht, in der oben beschriebenen Weise wiederugeben. Hinzu kommen Stellen im Neuen Testament und den Apokryphen, wo nach Auffassung der Übersetzer mit kyrios der Name Gottes gemeint ist. Wenn die Schreibweise deutlich macht, dass an einer bestimmten neutestamentlichen Stelle mit kyrios Gott bzw. Gottes Eigenname gemeint ist und nicht Jesus Christus, können gewohnte Denkmuster irritiert werden.

An 226 Stellen im Neuen Testament[404] werden solche von KΣ eingerahmten und grau hinterlegten Lesevorschlägen für den Gottesnamen verwendet, nämlich GOTT[405], die Lebendige[406], Adonaj[407], die Ewige[408], der Ewige[409].

Lk 4:18 „Die Geisteskraft der Lebendigen ist auf mir, denn sie hat mich gesalbt, den Armen frohe Botschaft zu bringen. Sie hat mich gesandt, auszurufen: Freilassung den Gefangenen und den Blinden Augenlicht!"

Außerdem wird in Römer 14:8 für kyrios dreimal Lebendige (der in diesem Bibelbuch übliche Lesevorschlag für KΣ) verwendet, dort sind diese Wörter aber nicht farblich hervorgehoben; es bleibt unklar, was die Übersetzer dabei dachten.

---

[404] Mt 1:20,22,24; 2.13,15,19; 3:3; 4:7,10; 5:33; 21:9,42; 22:37,44; 23:39; 24:42; 27:10; 28:2; Mk 1:3; 5:19; 11:9; 12:11,29(2x),30,36; 13:20; Lk 1:6,9,11,15,16,17(2x),25,28, 32,45,46,58,66,68,76; 2:9(2x),11,15,22,23(2x),24,26,39; 3:4; 4:8,12,18,19; 5:17; 10:27; 13:39; 19:38; 20:37,42; Jo 1:23; 12:13,38; Ag 1:24; 2:20,21,25,34,39; 3:19,22; 4:26,29; 5:9,19; 7:31,33,49; 8:26,39; 9:31; 11:21; 12:7,11,23; 13:10,11,48,49; 15:17(2x),40; Rö 4:8; 9:28,29; 10:12,13,16; 11:3,34; 12:11,19; 14:6(3x),11; 15:11; 1Ko 1:31; 2:16; 3:5,20; 4:4,5,19; 5:5; 7:17,22(2x),25,32(2x),34,35,39; 9:14; 10:9,21(2x), 22,26; 11:32; 12:5; 14:21; 15:58(2x); 16:7,10,22; 2Ko 2:12; 3:16,17(2x),18(2x); 5:11; 6:17,18; 8:5,19,21; 10:8,17,18; 11:17; 12:1,8; 13:10; Gal 5:10; Eph 2:21; 4:17; 5:10, 17,19; Kol 1:10; 3:13,22,24; 1Th 4:6; 5:2; 2Th 1:9; 2:2,13; 3:3,4,5,16(2x); 2Ti 1:16; 2:7,19(2x),22,24; 3:11; 4:18; Heb 1:10; 7:21; 8:2,8,9,10,11; 10:16,30; 12:5,6,14; 13:6; Jk 1:7; 3:9; 4:10,15; 5:4,10,11(2x),14,15; 1Pe 1:25; 2:3; 3:12(3x); 2Pe 2:9,11; 3:8,9,10; Jd 9,14; Off 4:8; 15:3.

[405] 64mal GOTT; in: Mk, Jo, Gal, Eph, Kol, 1Th, 2Ti, Jk, 1Pe, 2Pe, Jd, Off

[406] 52mal die Lebendige; in Lk, Rö

[407] 47mal Adonaj; in Mt, Apg

[408] 44mal die Ewige; in 1Ko, Hb

[409] 19mal der Ewige; in 2Ko

Im letzten Bibelbuch, der Offenbarung, wurde das Konzept der Hervorhebung von Lesevorschlägen nicht mehr konsequent eingehalten. Hier wird *kyrios* an 16 Stellen mit *Macht* umschrieben, aber ohne farbliche Hervorhebung.[410] Die Umschreibung durch *Macht* erinnert an Matthäus 26:64, wo *Macht* von Jesus als Synonym für den Vater verwendet wird. Hingegen findet sich an den beiden Stellen, wo in der *Bibel in Gerechter Sprache* in der Offenbarung ein grau hinterlegter Lesevorschlag *GOTT* steht[411], im Griechischen nicht *kyrios* sondern *theos* (= *Gott*), und es wäre somit die Hervorhebung von *GOTT* dort gar nicht nötig.

Ein Jahr nach Erscheinen der *Bibel in gerechter Sprache* begründeten Marlene Crüsenmann und Angela Standhartinger nochmals,[412] warum man auch im Neuen Testament zu Lesevorschlägen für *kyrios* gegriffen hatte. Sie beriefen sich dabei unter Hinweis auf die ältesten vorhandenen Septuaginta-Handschriften auf eine „*Praxis der Antike*" und wiesen darauf hin, dass die in der *Bibel in gerechter Sprache* getroffene „*Identifizierung von ca. 220 Kyrios-Stellen mit Gott … weitgehend mit der übrigen neutestamentlichen Auslegung*" übereinstimme.[413]

---

[410] Off 1:8; 4:8,11; 11:4,17; 15:3,4; 16:5,7,14; 18:8; 19:4,6; 21:22; 22:5,6

[411] *GOTT*, in Off 4:8; 15:3

[412] mit Aufsätzen in der Zeitschrift *Junge Kirche* 4/07

[413] Als Beleg dafür verweisen sie auf J. A. Fitzmeyers Liste von mehr als 200 Stellen, an denen *Kyrios* Gott meint, unter dem Artikel *Kyrios* im *Exegetischen Wörterbuch zum Neuen Testament II* (1991; S. 815f.), sowie auf Dieter Zellers Angabe von 181 entsprechenden Stellen unter dem Artikel *Kyrios* im *Dictionary of Daimons und Dieties* (1995; S. 922).

HERR, HErr

Dass Bibelübersetzer das Wort *Herr* für den Gottesnamen verwenden, hat lange Tradition: Als die Juden aus Furcht, den heiligen Namen Gottes zu entweihen, aufhörten, beim Lesen der Hebräischen Schriften den Namen auszusprechen, sagten sie stattdessen *adonai* (hebräisch: *Herr*). Die ersten griechischen Übersetzungen des Alten Testamentes enthielten zwar den Gottesnamen (vorwiegend in hebräischen Buchstaben mitten im griechischen Text), aber später wurde in der griechischen Übersetzung des Alten Testaments, der Septuaginta, an diesen Stellen das Wort *kyrios* (griechisch: *Herr*) verwendet. Auch Hieronymus, der im 4. Jahrhundert die Bibel aus den Ursprachen ins Lateinische übersetzte, verwendete fast durchwegs das Wort *dominus* (lateinisch für *Herr*).

Bei dieser Wiedergabe hat der Leser aber keine Möglichkeit, zu erkennen, wo im Grundtext der Gottesname staeht. Ein im Urtext gegebenenfalls beabsichtigter Unterschied zwischen *Herr* und dem Eigennamen Gottes verschwimmt dabei ebenso wie der Unterschied zwischen Gott, dem Vater, und dem Sohn, dem Herrn Jesus. Einige deutsche Bibelübersetzer verwenden daher zwar das Wort *Herr* im Bibeltext, weisen aber durch die Verwendung mehrerer Großbuchstaben (also: *HErr* oder *HERR*) auf den im Grundtext stehenden Namen Gottes hin. Zwar kann der Leser – sofern er auf die Bedeutung der unterschiedlichen Schreibweise hingewiesen wird und entsprechend aufmerksam ist – diese Unterscheidung optisch bemerken, aber akkustisch (beim Vorlesen bzw. Zuhören) ist jeder orthographische oder typographische Hinweis auf den Namen Gottes wirkungslos.

Diese Vorgehensweise geht auf Martin Luther zurück. Zahlreiche protestantische Bibelübersetzer folgten ihm, aber nur wenige von ihnen verwendeten so wie Luther *HErr* oder *HERR* nicht nur im Alten Testament, sondern auch im Neuen. Und mit Ausnahme von Johann Albrecht Bengel und Philipp Matthäus Hahn unterschied dabei niemand ähnlich konsequent wie Luther zwischen Gott (*HERR*) und Jesus (*Herr*).

Martin Luther 1545: *HErr* 142mal im Neuen Testament

Der Reformator Martin Luther (1483 - 1546) wies schon in der Vorrede zu seiner Pentateuchübersetzung von 1523 darauf hin, dass er das Wort *Herr* bewusst auch in anderer Schreibweise verwendete, nämlich in der Form *HERR* für das Tetragramm (*JHWH*), und in der Form *HErr* für *adonaj* (hebräisches Wort für *Herr*, für Gott verwendet):

„Es sol auch wissen wer diese Bibel liesset das ich mich gefliessen habe den namen Gottis den die Juden tetragrammaton heyssen mit grossen buchstaben aus zu schreyben nemlich also HERRE vnd den andern den sie heyssen Adonai halb mit grossen buchstaben nemlich also HErr denn vnter allen namen Gottis werden dise zween alleyn dem rechten waren ynn der schrifft zu geeygent."

Christoph Walther, der als Korrektor der Druckerei Lufft tätig war, die Luthers Übersetzung in Wittenberg druckte, tadelte 1563 die Nachlässigkeit anderer Druckereien, die Luthers unterschiedliche Schreibweisen von *Herr* nicht korrekt wiedergaben. Walther schrieb: *„Alle Biblien zu Wittenberg gedruckt haben HERR [mit vier Großbuchstaben] mit eitel grossen buchstaben wo allein der eigene grosse name Gottes Jehouah im Ebreischen stehet mit welchem allein die Göttliche Maiestet genennet wird"*, und er wies auch darauf hin, dass die Schreibweise *HErr* [mit zwei Großbuchstaben] für *adonaj* verwendet wurde, wenn damit Gott gemeint war. Über jene Drucker, die in ihren Lutherbibeln solche Unterschiede nicht beachteten, meinte Walther, sie machten die Bibel *„dunkel und unverständlich."*

Die meisten später erschienenen sogenannten Lutherbibeln geben diese von Luther getroffene Unterscheidung schon im Alten Testament nicht mehr korrekt wieder, wobei zwei Extreme zu beobachten sind:

Einerseits gingen viele Drucker dazu über, das Wort *Herr* überall, wo es in Luthers Übersetzung vorkam, durch die Verwendung zusätzlicher Großbuchstaben besonders hervorzuheben, was völlig sinnlos ist, wenn dabei nicht berücksichtigt wird, welches Wort im Grundtext verwendet wurde (also ob dort im Hebräischen *JHWH, adonaj,* oder ein anderes Wort steht).

Andererseits wurde in vielen jüngeren Lutherbibeln auf jegliche Hervorhebung von *Herr* verzichtet.

Neben diesen beiden Extremen findet sich noch eine dritte Variante von Lutherbibeln – die seltenste, aber die einzige, die wirklich auf Luther persönlich zurückgeht: Er führte, zumindest in den letzten von ihm verantworteten Ausgaben, konsequent die Unterscheidung zwischen *Herr*, *HErr* und *HERR* sogar im Neuen Testament aus. So stand in Luthers Neuem Testament von 1545 142mal *HERR*[414] in ganz bewusstem Gegensatz zu zahlreichen Vorkommen von *HErr* und *Herr*.

Ag 2:34-36 "...Er spricht aber Der HERR hat gesagt zu meinem Herrn Setze dich zu meiner Rechten. Bis das ich deine Feinde lege zum schemel deiner Füsse. So wisse nu das gantze haus Jsrael gewis Das Gott diesen Jhesum den Jr gecreutziget habt zu einem HErrn und Christ gemacht hat."[415]

Johann Albrecht Bengel 1752: *HERR* 154mal im Neuen Testament

Bengel (* 24. Juni 1687 in Winnenden, Baden-Württemberg; † 2. November 1752 in Stuttgart) war ein evangelisch-lutherischer Theologe. Nach einem Theologiestudium in Tübingen wurde er 1713 Lehrer im evangelischen Kloster Denkendorf und prägte zahlreiche württembergische Geistliche im Sinn des Pietismus. 1741 wurde er Prälat von Herbrechtingen, 1749 Abt von Alpirsbach. Ab 1747 war er im württembergischen Landtag, 1751 wurde Bengel Dr. theol. h.c.

Große Verbreitung fand sein 1742 veröffentlichter Kommentar zum Neuen Testament (*Gnomon Novi Testamenti*). Bengel war einer der Begründer der

---

[414] Mt 1:20,22,24; 2:13,15,19; 3:3; 4:7,10; 9:38; 11:25; 21:9,42; 22:37,44; 23:39; 27:10; 28:2; Mk 1:3; 2:28; 11:9,10; 12:11,29,30,36; 13:20; Lk 1:6,9,11,15,16,17,25,28,32,38,45, 46,58,66,68; 2:9(2x),15,22,23(2x),24,26,39; 3:4; 4:8,12,18,19; 10:21,27; 13:35; 19:38; 20:37,42; Jo 1:23; 12:13,38(2x); Ag 1:24; 2:20,21,25,34,39; 3:19,22; 4:26,29; 5:19; 7:30,31, 33,37,49; 8:26; 13:47; 15:17(2x); 16:31; 17:24; Rö 10:12,13,16; 11:3,34; 12:19; 14:11; 15:11; 1Ko 1:31; 2:16; 3:20; 10:26,28; 14:21; 2Ko 6:17,18; 10:17,18; Heb 1:10; 7:21; 8:8,9,10,11; 10:16,30(2x); 12:5,6; 13:6; Jk 4:15; 1Pe 1:25; 2:3; 3:12(2x),15; 2Pe 2:9; 3:9; Jd 5,9,14; Off 4:8,11; 6:10; 11:17; 15:3,4; 16:5,7; 18:8; 19:1,16; 21:22; 22:5

[415] Beachte die bewusst eingesetzten drei unterschiedlichen Schreibweisen *HERR/Herr/HErr*

140

neutestamentlichen Textkritik; er stellte den Grundsatz auf, dass *„die schwierigere Leseart der leichteren vorzuziehen"* sei und schuf eine griechische Textausgabe des Neuen Testaments. 1752 erschien seine auf dieser Textausgabe basierende deutsche Übersetzung des Neuen Testaments.[416]

Bengel ging bei der Unterscheidung zwischen *HERR* und *Herr* ähnlich durchdacht und konsequent wie Luther vor und verwendete *HERR* 154mal.[417]

Mt 22:44 *"Es spricht der HERR zu meinem Herrn: Setze dich zu meiner Rechten, bis ich lege deine Feinde als einen Schmel deiner Füße."*

In einer *"neu durchgesehenen Auflage"*, die 1974 bei Hänssler, Stuttgart, erschien, wurde leider überall nur mehr *Herr* gesetzt.

Philipp Matthäus Hahn 1777: *HErr* 129mal im Neuen Testament

Hahn (* 25. November 1739 in Scharnhausen, Baden-Württemberg; † 2. Mai 1790 in Echterdingen) war ein evangelischer Pfarrer und Feinmechaniker. Nach dem Besuch der Lateinschule in Esslingen und Nürtingen studierte er 1756 bis 1760 Theologie in Tübingen. 1761 wurde er Vikar, 1764 Pfarrer, zunächst in Albstadt, ab 1770 in Kornwestheim, ab 1781 in Echterdingen, der höchstdotierten Pfarre des Landes, diese Stellung erhielt er als Belohnung für den Bau astronomischer Uhren für den Herzog. Hahn war ein begabter Techniker, er baute neben astronomischen Maschinen auch Taschenuhren, Waagen und Rechenmaschinen und wurde Mitglied der Akademie der Wissenschaften in Erfurt.

---

[416] *Das Neue Testament zum Wachsthum in der Gnade und der Erkänntniß des Herrn Jesu Christi nach dem revidirten Grundtext übersetzet*, Metzler, Stuttgart; 2. Auflage 1769

[417] Mt 1:20,22,24; 2:13,15,19; 3:3; 4:7,10; 5:33; 21:9,42; 22:37,44; 23:39; 27:10; 28:2; Mk 1:3; 11:9; 12:11,29(2x),30,36; 13:20; Lk 1:6,9,11,15,16,17,25,28,32,38,45,46,58,66,68,76; 2:9(2x),15, 22,23(2x),24,26,38,39; 3:4; 4:8,12,18,19; 5:17; 10:27; 13:35; 19:38; 20:37,42; Jo 12:13,38(2x); Ag 2:20,21,25,34,39; 3:19,22; 4:26,29; 5:9,19; 7:30,31,33,37,49; 8:24,25, 26,39; 9:31; 11:21; 12:7,11,23; 13:47; 15:17(2x); Rö 4:8; 9:28,29; 10:12,13,16; 11:3,34; 12:19; 14:11; 15:11; 1Ko 1:31; 2:16; 3:20; 10:26; 14:21; 2Ko 6:17,18; 8:21; Heb 7:21; 8:2,8,9,10,11; 10:16,30; 12:5,6; 13:6; Jk 4:10,15; 5:4,11(2x); 1Pe 1:25; 2:3; 3:12(2x),15; 2Pe 2:9,11; 3:8,9,10; Jd 5,9,14; Off 1:8; 4:8,11; 11:15,17; 15:3,4; 16:7; 18:8; 19:6; 21:22; 22:5,6

Er verfasste auch einige theologische Schriften, darunter eine Übersetzung des Neuen Testaments[418], bei der er sich nach eigenen Angaben an Luther, Bengel und Reitz orientierte.

Ähnlich wie Luther und Bengel unterschied Hahn sinnvoll zwischen *Herr*, *HErr* und *HERR*, das er 129mal[419] im Neuen Testament verwendete.

Mt 22:43-44 *"Wie nennet ihn denn David im Geist einen HErrn, da er spricht: 'Der HERR sagte zu meinem HErrn, setze dich zu meiner Rechten...'"*

Andreas Eichberger 2010: 65mal *HERR*

Andreas Eichberger (* 1958) studierte Kirchenmusik, Musikwissenschaft und Judaistik und ist Pastor des Bundes Freikirchlicher Pfingstgemeinden. 2010 erschien seine Übersetzung des Neuen Testaments,[420] nachdem in den Jahren davor schon einzelne Bücher veröffentlicht worden waren. Eichberger verwendet 65mal *HERR*.[421]

Mt 22:44 *„Der HERR sagte meinem Herrn: Throne zu meiner Rechten, bis ich deine Feinde unterhalb deiner Füße anordne."*

---

[418] *Die Heilige Schriften der guten Botschaft vom verheissenenen Königreich – Neue Testament*, 1777

[419] Mt 21:9,42; 22:37,44; 23:39; 27:10; 28:2; Mk 1:3; 11:9; 12:11,29(2x),30,36; 13:20; Lk 1:6,9,11,15,16,17,25,28,32,38,46,58,66,68,76; 2:9(2x),15,22,23(2x),24,26,38,39; 3:4; 4:8, 19; 5:17; 10:27; 13:35; 19:38; 20:37,42; Jo 12:13,38(2x); Ag 2:20,21,34,39; 3:19,22; 4:26, 29; 5:9,19; 7:30,31,33,37,49,59; 8:24,25,26,39; 9:31; 11:21; 12:7,11,17,23; 13:47; 15:17; Rö 4:8; 9:28,29; 10:12,13,16; 11:3,34; 12:19; 14:11; 15:11; 1Ko 1:10; 3:20; 7:12; 14:21; 2Ko 4:5; 6:17,18; 2Th 3:5; Heb 7:21; 8:2,8,9,10,11; 10:16,30; 12:5,6; 13:6; Jk 4:10; Jd 5,9,14; Off 1:8; 4:8,11; 11:4,15,17; 15:3,4; 16:7; 17:14; 19:6,16; 21:22; 22:5,6

[420] *NT 2010. Gottes Agenda. Das Neue Testament urtextnah ins heutige Deutsch übersetzt*, edition lebenswege, Lichtenau

[421] Mt 3:3; 4:7,10; 5:33; 21:9,42; 22:37,44; 23:39; 7:10; Mk 1:3; 11:9; 12:11,29(2x),30,36; Lk 3:4; 4:8,12,18(2x),19; 10:27; 13:35; 19:38; 20:37,42; Jo 12:38; Ag 2:20,21,25,34; 3:22; 4:26; 15:17; Rö 4:8; 11:34; 14:11; 15:11; 1Ko 2:16; 3:20; 10:26; 2Ko 6:18; Heb 2:13; 7:21; 8:8,9,10,11; 10:16,30; 12:5,6; 13:6; Jk 5:4; 1Pe 2:3; 3:12(2x); Jd 9; Off 1:8; 4:18; 11:17; 15:3,4.

Uli Wößner 2015: *HERR* 145mal im Neuen Testament

Wößner (* 14. Juli 1955 in Altdorf, Kr. Böblingen) studierte Evangelische Theologie in Tübingen und war 10 Jahre evangelischer Pfarrer sowie 11 Jahre Pastor in einer Gemeinde der zur Pfingstbewegung gehörenden Volksmission entschiedener Christen in Blaubeuren. 2005 gab er erstmals im Eigenverlag ein von ihm übersetztes Neues Testament[422] heraus, das seither mehrmals verbessert wurde.[423] Mir liegt elektronisch die Fassung vom 31.3.2015 vor, in der Wößner 145mal *HERR* verwendet.[424]

> Mt 22:44 *„Gesagt hat der HERR zu meinem Herrn: Sitz an meiner rechten Seite, bis ich dir deine Feinde hinstelle als Schemel für deine Füße."*

Benjamin Fotteler 2017: 123mal *HERR*

Benjamin Fotteler veröffentlichte 2017 seine Übersetzung des Neuen Testaments aus dem Griechischen,[425] in der er 123mal *HERR* verwendet.[426] Im

---

[422] *Neues Testament. Aus dem ursprünglichen griechischen Text neu übersetzt und nach dem wahrscheinlichen zeitlichen Ablauf zusammengestellt*

[423] Es folgten verbesserte Ausgaben 2007 und 2011, aber Wößner arbeitet weiter an seiner Übersetzung.

[424] Mt 1:20,22,24; 2:13,15,19; 3:3; 4:7,10; 5:33; 21:9,42; 22:37,44; 23:39; 27:10; 28:2; Mk 1:3; 5:19; 11:9; 12:11,29(2x),30,36; 13:20; Lk 1:6,9,11,15,16,17,25,28,32,38,45,46,58,66, 68,76; 2:9(2x),15,22,23(2x),24,26,29,39; 3:4; 4:8,12,18,19; 5:17; 10:27; 13:35; 19:38; 20:37,42; Jo 1:23; 12:13,38(2x); Ag 1:24; 2:20,21,25, 34,39; 3:22; 4:24,29; 5:9,19; 7:31,49; 8:26,39; 11:21; 12:7,23; 13:47; 15:17(2x); Rö 4:8; 9:28,29; 10:13,16; 11:3; 12:19; 14:11; 15:11; 1Ko 1:31; 2:16; 3:20; 10:26; 14:21; 2Ko 3:16; 6:17,18; 10:17; Php 2:11; 1Th 4:6; 5:2; 2Ti 2:19a; Heb 1:10; 7:21; 8:8,9,10; 10:16,30; 12:5,6; 13:6; Jk 4:10; 5:4,10,11; 1Pe 1:25; 2:3; 3:12(2x); 2Pe 2:9; 3:8,9,10; Jd 5,9,14; Off 1:8; 4:8; 11:17; 15:3,4; 16:7; 18:8; 19:6; 21:22; 22:5.

[425] *Die Heilige Schrift – Das Neue Testament*, BoD, Norderstedt

[426] Mt 1:20,24; 2:19; 3:3; 4:7,10; 21:42; 22:37,44; 23:39; 28:2; Mk 1:3; 11:9,10; 12:11,29(2x),30,36; 13:20; Lk 1:11,17,32,38,58,66,68,76; 2:9(2x),23,24,26,39; 4:8,12,18,19; 10:27; 19:38; 20:37,42; Jo 1:23; 12:38(2x); Ag 2:20,21,34,39; 3:22; 4:26; 5:9,19; 7:30,32, 37,49; 8:39; 11:16,21; 12:7,11,23; 13:10,11; 15:17; Rö 4:8; 10:9,13,16; 11:3,34; 12:19; 14:6(2x),11; 15:11; 1Ko 1:31; 2:16; 3:20; 7:22,25; 10:21(2x),28; 12:3; 14:21; 16:10; 2Ko 2:17,18; 6:17,18; 10:17; 12:1; Eph 6:4; Php 2:11; Kol 3:17; 1Th 5:2; 2Ti 2:19(2x),22; Heb 1:10; 8:8,9,10; 10:30; 12:5,6; 13:6; Jk 5:4,10; 1Pe 1:25; 3:15; 2Pe 2:9; Jd 14; Off 1:8; 4:8; 11:17; 15:3; 16:7; 18:8; 19:6; 22:5.

Vorwort begründet er das wie folgt: *Im Neuen Testament steht kyrios manchmal als Eigenname und entspricht dem Gottesnamen, welcher auf Hebräisch Jahwe und auf Griechisch Kyrios lautet. Daher wurde er, wo er eindeutig identifiziert werden konnte, sinngemäß mit HERR übertragen.*

In den Worterklärungen im Anhang heißt es: *HERR – ein Eigenname Gottes, der auf Hebräisch Jahwe und auf Griechisch Kyrios lautet.*

Mt 22:44 „Der HERR sprach zu einem Herrn: Setze dich zu meiner Rechten, bis ich deine Feinde als Schemel deiner Füße hinlege."

Beispiele für nicht-durchgehende Verwendung von *HERR*

In einigen Bibelübersetzungen scheint *HERR* im Unterschied zu *HErr* (bzw. *HErr* im Unterschied zu *Herr*) recht willkürlich verwendet worden zu sein; oft bleibt unklar, ob das dem Übersetzer oder dem Setzer anzulasten ist. Beispiele dafür sind die Übersetzungen von Johann David Michaelis und von Ernst Simon:

Johann David Michaelis 1790: *HERR* und *HErr* im Neuen Testament

Michaelis (* 27. Februar 1717 in Halle; † 22. August 1791 in Göttingen) war ein evangelischer Theologe und Orientalist. Ab 1733 studierte er Theologie und orientalische Sprachen in Halle, ab 1745 lehrte er in Göttingen. Er verfasste Bücher über Hebräische Grammatik und eine kommentierte Übersetzung des Alten Testaments, in der er durchwegs den Namen *Jehova* verwendete.

1790 erschien seine *Uebersetzung des Neuen Testaments* (bei Vandenhoek und Ruprecht, Göttingen), in der neben *Herr* zwar sehr häufig die Schreibweise *HErr* und ein paar mal sogar *HERR* verwendet wird, ein dahinterstehendes Konzept ist aber nicht immer erkennbar: Im ersten Band deckt sich die Verwendung von *HErr* noch weitgehend mit Luther und Bengel (112mal *HErr* im ersten Band; Matthäus bis Apostelgeschichte). Im zweiten Band wird *HErr* aber oft auch für Jesus verwendet (161mal *HErr* im zweiten Band; Römer bis Offenbarung), eine klare Linie ist dabei aber nicht erkennbar. So wird mitunter innerhalb weniger Zeilen abwechselnd *HErr* und *Herr* verwendet, zum Beispiel in 2. Thessalonicher 1:1,2.

2Th 1:1,2 *"...Freude in Gott dem Vater, und dem HErrn, Jesu Christo. Gnade wünschen wir euch ... von Gott unserm Vater, und dem Herrn, Jesu Christo."*

In Hebräer und Offenbarung tritt außerdem an insgesamt neun Stellen *HERR* auf; durchaus möglich, dass beabsichtigt war, dort den Vater (*HERR*) gegenüber dem Sohn (*HErr*) deutlicher hervorzuheben. Laut dem Vorwort überließ Michaelis orthographische Details gewöhnlich dem Setzer, daher verzichte ich auf eine eingehendere Darstellung, weil ohnehin nicht mehr geklärt werden kann, ob die unterschiedliche Großschreibung vom Übersetzer geplant war oder mehr oder weniger zufällig durch den Setzer veranlasst wurde.

Ernst Simon 1976: *HERR* siebenmal im Neuen Testament

Simon (* 15. Juli 1903 in Chemnitz, † 21. Oktober 1998 in Friedensau, Sachsen-Anhalt) war ein adventistischer Missionar.

Nach Studium (1922-1926) am adventistischen Missionsseminar in Friedensau war er Missionar in Palästina. 1933 kehrte er nach Deutschland zurück, wo er 1976 im Eigenverlag seine Bibelübersetzung veröffentlichte.[427] Im Alten Testament verwendete er durchwegs *HERR* für den Gottesnamen, im Neuen Testament an sieben Stellen.[428] Irgendwie hat man als Leser den Eindruck, der Übersetzer hätte nach den ersten Kapiteln des Matthäus-Evangeliums weitgehend vergessen, die bis dahin geübte Praxis fortzusetzen. So verwendet er in Matthäus 4:7 *HERR*, im Parallelbericht in Lukas 4:12 aber *Herr*.

Mt 22:44 *"Spruch des HERRN für meinen HErrn: Setze dich zu meiner Rechten..."*

Bemerkenswert an Simons Übersetzung ist auch die durch Anmerkungen umfangreich begründete Wiedergabe von Lukas 23:43 mit *"Wahrlich, ich sage dir heute: Mit mir wirst du im Paradiese sein."*

---

[427] *Die Bibel oder die Heilige Schrift des Alten und Neuen Bundes, nach den Grundtexten übersetzt*, 2. Auflage 1990.

[428] Mt 3:3; 4:7,10; 5:33; 22:44; Mk 12:36; Lk 20:42

Herr, und in Fußnote zu Matthäus 1 Hinweis auf Gottesnamen

Einige Bibelübersetzer entschieden sich dafür, in einer Fußnote zu Matthäus 1:20 (dem ersten Vorkommen von *kyrios* im NT) anzumerken, dass *Herr* oft für den Gottesnamen stehe. Dazu zählen die Unrevidierte *Elberfelder Bibel* sowie die Übersetzung von Schlögl.

Unrevidierte Elberfelder Bibel

In der auf die Brüderbewegung bzw. John Nelson Darby, Julius Anton von Poseck und Carl Brockhaus zurückgehenden unrevidierten *Elberfelder Bibel* wird im Alten Testament durchgehend *Jehova* verwendet; im Neuen Testament steht *Herr* ohne Hervorhebung.

Eine Fußnote merkt zu Matthäus 1:20 an:

> *„Herr", ohne Artikel, bezeichnet hier und an vielen anderen Stellen den Namen „Jehova".*

Da die deutsche Grammatik eine andere Verwendung der Artikel als die griechische verlangt, geht aus den meisten Übersetzungen des Neuen Testaments nicht hervor, ob im Urtext *Herr* mit oder ohne Artikel verwendet wurde. Doch die *Elberfelder Bibel* kennzeichnete durch die Verwendung von kleineren Buchstaben für solche Artikel, die erst der Übersetzer eingefügt hatte, an welchen Stellen im Griechischen *Herr* - ähnlich wie ein Eigenname - ohne Artikel stand.

Nivard Schlögl

Schlögl (* 4. Juni 1864 in Gaaden bei Mödling; † 25. Juni 1939 in Wien) war ein katholischer Bibelwissenschaftler. 1884 trat er ins Zisterzienserstift Heiligenkreuz ein und 1889 wurde er Priester. Nach seinem Theologiestudium in Wien lehrte er zunächst in Heiligenkreuz, ab 1907 als Professor für das Alte Testament an der Universität Wien.

Er übersetzte nach und nach die gesamte Bibel aus den Ursprachen, da seine Übersetzung jedoch 1922 auf dem Index der verbotenen Bücher landete, blieb ein Teil des Alten Testaments unveröffentlicht. Der Kirche der damaligen Zeit war seine Übersetzung zu sehr von Textkritik geprägt.

Schlögls Übersetzung des Neuen Testaments[429] enthält folgende Fußnote zu Matthäus 1:20:

„Herr" steht nach Gewohnheit der damaligen Juden für „Jahwe".

---

[429] *Übersetzung des Neuen Testaments, Die heiligen Schriften des Neuen Bundes*, Burgverlag Wien, 1920

Herr, daneben in Klammer: *Gott*

In den umfangreicheren Bibelwerken und -kommentaren wird in den Anmerkungen – seien sie in den Text eingerückt, oder in umfangreichen Fußnoten enthalten – häufig darauf hingewiesen, wer mit *Herr* an der entsprechenden Bibelstelle gemeint ist. Zumindest e i n Bibelübersetzer, nämlich H.A.W. Meyer, ergänzte in manchen Kapiteln des Neuen Testaments gleich direkt im Bibeltext das Wort *Herr* durch ein in Klammer gesetztes *Gott* (oder aber, im Gegensatz dazu, durch *Christus*).

Heinrich August Wilhelm Meyer 1829: *Herr (Gott)* 42mal im NT

Der lutherische Theologe (1800 – 1873)[430] verwendete in seiner Übersetzung des Neuen Testaments[431] 61mal den Namen *Jehovah*[432] und viermal *Jehovah* in Klammer neben *Herr*.[433] Außerdem setzte Meyer häufig neben das Wort *Herr* in Klammer entweder *Christus* oder aber - 42mal[434] - *Gott*.

> *Jk 5:14b,15 "...und ihn in Vollmacht des Herrn (Christi) mit Oel salben (als Genesungsmittel, Mark 6,13). Denn das glaubensvolle Gebet wird den Kranken retten, der Herr (Gott) wird ihn wieder aufkommen lassen."*

---

[430] vgl. zu Meyer: S. 91

[431] *Das Neue Testament – Griechisch nach den besten Hilfsmitteln kritisch revidirt mit einer neuen Deutschen Übersetzung*, Vandenhoek u. Ruprecht, Göttingen, 1829

[432] Details: s. S. 91

[433] Mt 21:9; Mk 11:9; Lk 19:38; Jo 12:13

[434] Lk 1:15,66; 5:17; Ag 3:19; 11:21; 13:47,48; 14:3; 15:35; 16:14; Rö 14:4,6; 1Ko 3:5; 4:4,19; 7:17; 11:32; 16:7; 2Ko 8:21; 2Th 1:3,4,5,16(2x); 3:5; 2Ti 2:19(2x),22; Jk 1:7,12; 4:10,15; 5:10,11,15; 2Pe 2:9,11; 3:8,9; Jd 5,9,14

Herr, daneben in Klammern: *Jehovah/Jahve*

Einige Bibelübersetzer verwenden im Text des Neuen Testaments durchwegs das Wort *Herr*, setzen aber an manchen Stellen daneben in Klammern den Gottesnamen – zur Verdeutlichung, oder als alternative Wiedergabemöglichkeit. Das älteste mir bekannte Beispiel stammt von 1748 von **Christoph August Heumann**.[435] Beispielhaft dafür seien im folgenden die Übersetzungen von Irmler (wegen ihrer Seltenheit) und von Reinhardt (wegen ihrer Bedeutung für die Bibelforscher bzw. Zeugen Jehovas) genannt.

Johann Gottfried Friedrich Irmler 1847: *Jehova* in Klammern im NT

Die einzige biographische Information, die ich über Irmler in Erfahrung bringen konnte, stammt aus einem von ihm geschalteten Inserat[436] für ein Gichtmittel, in dem er sich als „ehemaliger Pastor" und „pensionierte Militärarzt" bezeichnet, sein Wohnort war damals Aken an der Elbe (Sachsen-Anhalt).

Irmler übersetzte die Psalmen aus dem Hebräischen, davon dürfte aber (1838) nur der erste Band (Ps 1 – 25) erschienen sein. Außerdem übersetzte er das Neue Testament aus dem Griechischen,[437] eine der seltensten deutschen Bibelübersetzungen. An mindestens drei Stellen[438] setzte Irmler den Namen *Jehova* in Klammer in den Text.

> Mk 12:36 „*Der Herr [Jehovah] spricht zu meinem Herrn [David]: Setze dich zu meiner Rechten [auf die Burg Zion], bis ich deine Feinde zu deiner Füße Schemel mache.*"

---

[435] *Das Neue Testament*, Förster, Hamburg 1748; *Jehova* in Klammer zu Mt 22:37

[436] *Allgemeiner Anzeiger und Nationalzeitung der Deutschen*, 1845, Sp. 873

[437] *Die Gesinnungs-Verfassung einer Regierung der göttlichen Vernunft oder das neue Testament dem Grundtexte nach neu verteutschet*, 1846 bei Thomas, 1847 im Selbstverlag

[438] Mk 12:36, Ag 2:25,34

Ludwig Reinhardt 1878: *Jahveh* in Klammern im Neuen Testament

Reinhardt (* 12. September 1836 in Mannheim; † 30. Mai 1916 in Basel) war ein evangelischer Missionar und Geistlicher. Ab 1859 war er Missionar für die Basler Mission in Indien, 1871 kehrte er in die Schweiz zurück und war ab 1872 Pfarrer in Cernier (Neuenburg, Schweiz). 1878 ging er nach Basel und war dort als Verleger tätig.

1878 veröffentlichte Reinhardt seine Übersetzung des Neuen Testaments.[439] Er setzte den Namen *Jahveh* zweimal in Klammern in den Bibeltext – in Markus 12:29 – und wies auch in einigen Fußnoten auf diesen Namen hin.

Mk 12:29 *„Jesus aber antwortete: Das erste Gebot von allen ist: Höre Israel, der Herr (Jahveh), unser Gott, ist ein einziger Herr (Jahveh)."*

Bereits während seiner Jahre in Indien hatte Reinhardt erkannt, dass die *„biblische Lehre von dem auf Erden kommenden Reiche Gottes"* in der Kirche stärker hervorgehoben werden müsste. In den 1870er Jahren kam dazu die auf sein Bibelstudium gegründete Überzeugung, dass die christliche Hoffnung auf der Auferstehungslehre beruhe, nicht auf der Lehre von der unsterblichen Seele. Reinhardt stand später in Kontakt mit Angehörigen der Tempelgesellschaft, der Bibelforscher, der Adventisten und der Christadelphianer. So schrieb er 1908 einem deutschsprachigen Bibelforscher: *„Ich kenne die Millenial-Dawn-Bewegung sehr gut und freue mich über die rege und selbstverleugnungsvolle Tätigkeit Br. C. T. Russells und aller seiner Mitbrüder von Herzen; aber allen ihren Voraussetzungen und Auslegungen kann ich mich nicht ganz anschließen. ... Durch meinen Sohn in München hörte ich mit Freuden, dass Sie in Ihrer Gemeinschaft meine Übersetzung des Neuen Testamentes in größerer Anzahl gekauft haben und benützen wollen. ... Da mir sehr daran liegt, so viel wie möglich alle Unrichtigkeiten auszumerzen und eine möglichst getreue und gute Übersetzung zu liefern, wäre ich Ihnen und Br. Russell*

---

[439] *Das Neue Testament vom Standpunkt der Urgemeinde ganz neu aufgefaßt, wortgetreu übersetzt und mit Anmerkungen versehen*, Lahr, Baden; 2. verbesserte Aufl. 1910 bei Ernst Reinhardt, München; 3. Aufl. 1923

sehr dankbar, wenn Sie mir alle Stellen bezeichnen würden, welche Sie in meiner Übersetzung beanstanden. Ich will soviel wie möglich Rücksicht auf Ihre Wünsche nehmen..."[440] Tatsächlich verwendeten die Bibelforscher in ihren frühen Schriften häufig Reinhardts Übersetzung.

---

[440] abgedruckt in: *Im Bannkreis der Reichsgotteshoffnung*, E. Reinhardt, 1925

Gott / Gott der Herr

Das Wort *theos* (*Gott*) ist das am häufigsten verwendete Nomen überhaupt im Neuen Testament, es kommt im griechischen Grundtext mehr als 1300mal vor. Einige Übersetzer geben aber nicht nur *theos* mit *Gott* wieder, sondern verwenden an mehreren Stellen auch für *kyrios* (*Herr*) die Wiedergabe *Gott* bzw. *Gott der Herr*.

Vereinzelt gibt es schon in den griechischen Handschriften keine einheitliche Überlieferung, ob in einem Vers *kyrios* oder *theos* stehen müsste. Bei den folgenden Angaben sind nur jene Verse berücksichtigt, in denen im Griechischen weitgehend einheitlich *kyrios* verwendet wird, und einige deutsche Übersetzungen trotzdem *Gott* verwenden.

Carl Friedrich Bahrdt 1773/74: 81mal *Gott* als Wiedergabe von *kyrios*

Der evangelische Theologe und radikale Aufklärer Bahrdt[441] veröffentlichte 1773/74 eine freie Übersetzung des Neuen Testaments.[442]

Bahrdt verwendete darin den Namen *Jehovah* insgesamt 52mal[443], außerdem 81mal *Gott* für *kyrios*.[444]

Mk 12:29 *„Jesus antwortete: Das Hauptgesetz ist in den Worten enthalten: „Höre Israel, Jehovah unser Gott ist ein einiger Gott."*

---

[441] Näheres zu Bahrdt s. S. 30ff

[442] *Die neusten Offenbarungen Gottes in Briefen und Erzählungen verdeutscht*, Hartknoch, Riga

[443] Details s. S. 31

[444] Mt 1:20,24; 2:13,15,19; 5:33; 21:42; Mk 5:19; 12:29; 13:20; Lk 1:6,11,15,25, 38,45,46,58,66; 2:9,15,26; 3:4; 5:17; 20:37; Ag 2:20,21,47; 5:9,19; 8:24,26; 9:31; 10:33; 11:21; 12:7,11,23; 13:2; 15:17; 16:14; Rö 4:8; 10:12; 11:34; 14:4,6(2x); 1Ko 3:20; 4:19; 10:9; 2Ko 8:21; 10:18; 12:8; Eph 2:21; 5:10; 6:8; Kol 1:10; 3:22,23,24; 1Th 4:6; 2Th 3:5,16; 2Ti 2:24; 4:14; Heb 8:2,11; 10:16; 12:5,6,14; Jak 1:7; 4:15; 5:10,11; 1Pe 3:12; 2Pe 2:9; 3:8,9; Jd 9; Off 11:15

Johann Adrian Bolten 1791 - 1806: *Gott* häufig als Wiedergabe von *kyrios*

Der lutherische Theologe und Historiker Bolten[445] übersetzte 1792 bis 1805 das Neue Testament. Fünf[446] der acht Bände standen mir zur Verfügung, darin verwendete Bolten nicht nur 46mal *Jehova*[447], sondern auch an 47 Stellen *Gott* für *kyrios*.[448]

Mk 13:20 *„Und wenn Gott diese Zeit nicht abkürzen würde, so würde niemand mit dem Leben davon kommen, aber der Gläubigen wegen, welche er sich erkohren hat, verkürzet er diese Zeit."*

Johann Jakob Stolz 1798: 28mal *Gott* als Wiedergabe von *kyrios*

Der evangelisch-reformierte Theologe Stolz[449] verwendete in seiner Übersetzung des Neuen Testaments in der Auflage von 1798[450] 106mal *Jehovah*.[451] Außerdem verwendete er in dieser Ausgabe an 28 Stellen für *kyrios* das Wort *Gott*.[452]

Mk 13:20 *„Und kürzte Gott diese Tage nicht ab, so würde niemand davon kommen; aber um der Besserdenkenden willen kürzt er sie ab."*

---

[445] Näheres zu Bolten s. S. 52

[446] *Der Bericht des Matthäus von Jesu dem Messia* (1793), *Der Bericht des Markus von Jesu dem Messia* (1795), *Der Bericht des Lukas von Jesu dem Messia* (1796), *Der Bericht des Johannes von Jesu dem Messia* (1797) und *Die Geschichte der Apostel von Lukas* (1799).

[447] vgl. S. 52

[448] Mt 1:20,22,24; 2:13,15,19; 5:33; 21:9; 23:39; 27:10; 28:2; Mk 11:9; 12:11; 13:20; Lk 1:6,11,38,45,58,66; 2:9,15,23(2x),24,26; 5:17; 13:35; 19:38; Jo 12:13; Ag 2:47; 5:9,19; 7:30; 8:22,24,26,39; 12:7,11,23; 13:2,10,11,12; 16:14; 21:14

[449] Näheres zu Stolz s. S. 38ff

[450] *Sämmtliche Schriften des neuen Testaments*, 1798

[451] vgl. S. 40

[452] Mk 5:19; 12:29; 13:20; Lk 1:15,58,66; 2:9,23,24,39; 4:19; 5:17; Ag 13:2,10; 15:35,40; Rö 14:4; 1Ko 3:5; 2Ko 8:21; Eph 2:21; Kol 3:22; Heb 8:2; Jk 5:4,10,11; 2Pe 2:11; Jd 9; Off 11:15.

Jörg Zink 1965: 75mal *Gott* als Wiedergabe von *kyrios*

Der evangelische Theologe Jörg Zink (* 22. November 1922 in Schlüchtern-
Elm; † 9. September 2016) verwendet in seiner Übersetzung des Neuen
Testaments[453] 75mal *Gott* für *kyrios*.[454] Vereinzelt versah Zink das Wort
Herr sogar dort mit dem Attribut *göttlich*, wo es sich auf den Christus be-
zieht:

Mt 22:44 *„Gott, der Herr, spricht zu dem Christus, meinem göttlichen Herrn:
Setze dich zu meiner Rechten, und ich will deine Feinde unter deine Füße legen."*

Gute Nachricht für Sie 1968: 55mal *Gott* als Wiedergabe von *kyrios*

Dieser Vorläufer der heutigen *Gute-Nachricht*-Bibel wurde von der Württembergischen Bibelanstalt Stuttgart herausgegeben. Drei Journalisten -
Barbara Beuys (* 1943), Norbert Brieger (später ZDF-Korrespondent), und
Johannes Lehmann (1929 - 2011) - übersetzten dazu die englische, 1966
veröffentlichte *Good News for Modern Man - Today's English Version* der
American Bible Society ins Deutsche. An 55 Stellen wurde *kyrios* mit *Gott*
wiedergegeben.[455]

Mt 22:44 *„Gott sagte zu meinem Herrn: Setze dich an meine rechte Seite, bis ich
deine Feinde als Schemel unter deine Füße lege."*

Spätere, ökumenische Versionen der *Guten Nachricht* (NT 1970, Vollbibel
1982, Revision 1997) basieren im Gegensatz zu dieser ersten Ausgabe auf
den Grundsprachen und verwenden *Gott* für *kyrios* nicht mehr in dieser
Häufigkeit.

---

[453] *Das Neue Testament. Neu übertragen.* Kreuz, Stuttgart, 1965 und zahlreiche weitere
Auflagen

[454] Mt 1:20,22,24; 2:13,15,19; 5:33; 21:9,42; 22:44; 27:10; Mk 1:3; 5:19; 11:10; 12:11,36;
13:20; Lk 1:6,11,15,16,25,45,58,66; 2:9,15,23,26,39; 4:18,19; 5:17; 13:35; 19:38; 20:37; Jo
1:23; 12:13; Ag 1:21; 2:34,39; 5:9,19; 7:31; 8:22; 11:21; 13:11; 15:17(2x),40; Rö 4:8; 9:28;
12:19; 14:11; 1Ko 7:17; 10:9; 11:32; 14:21; 15:58; 2Ko 3:18; 8:5; Eph 2:21; 5:17; 1Th 4:6;
2Ti 1:18; Heb 8:2,8,11; 12:5,6; Jk 1:7; 4:10; 5:10; 2Pe 3:8; Off 18:8.

[455] Mt 1:20,22; 2:13,15,19; 3:3; 5:33; 22:44; 28:2; Mk 5:19; 12:36; Lk 1:6,9,11,15,25,
38,45,58,66; 2:9(2x),15,22,23(2x),26; 4:19; 5:17; 20:42; Jo 12:38; Ag 2:25,34; 3:19; 7:30,31;
33,49; 8:25; 9:31; 11:21; 13:11; 15:17; Rö 10:12; 1Ko 2:16; 3:5; 14:21; 2Ko 6:17; Eph 5:19;
Heb 8:2; Jk 4:10; 5:4; 1Pe 1:25; 2Pe 3:8; Off 11:15.

Hoffnung für alle 1983: 93mal *Gott* als Wiedergabe von *kyrios*

Hoffnung für alle ist eine Bibelübersetzung,[456] die von der International Bible Society bzw. ungenannten Mitarbeitern des evangelikalen Brunnen Verlags, Gießen, erstellt wurde. Laut dem Vorwort versuchte man sich an den Sinn des Ausgangstextes zu halten, auch wenn man sich in Grammatik, Satzbau und Redenwendungen der heute üblichen Ausdrucksweisen bediente. An 93 Stellen[457] wird in der *Hoffnung für alle* (Version 1983) das Wort *Gott* verwendet, obwohl in den griechischen Handschriften ganz überwiegend *kyrios* steht.

Mt 22:44 *„Gott sprach zu meinem Herrn: Setze dich auf den Ehrenplatz an meiner rechten Seite, bis ich dir alle deine Feinde unterworfen habe."*

Roland Werner 2009: 59mal *Gott* und 52mal *Gott der Herr*

Roland Werner (* 1. Juli 1957 in Duisburg) ist Sprachwissenschaftler und evangelikaler Theologe. Er studierte in Marburg und Münster evangelische Theologie und war 16 Jahre lang Vorsitzender des Jugendkongresses Christival. Seit 2011 ist er Generalsekretär des CVJM Deutschland.

Seit 2009 erscheint seine Übersetzung des Neuen Testaments.[458] Werner verwendet darin 59mal *Gott*[459] und 52mal *Gott der Herr*[460] als Wiedergabe von *kyrios*.[461]

---

[456] 1983 erschien erstmals das Neue Testament (2002 revidiert); 1996 die Vollbibel (Brunnen Verlag, Basel und Gießen)

[457] Mt 1:20,22; 2:13,15,19; 5:33; 21:42; 22:44; 23:39; 27:10; 28:2; Mk 5:19; 11:9; 12:11,36; 13:20; Lk 1:6,9,11,15,25,28,38,45,58,66; 2:9(2x),15,22; 4:19; 5:17; 13:35; 19:38; 20:37; Jo 12:13,38; Ag 2:21,34,47; 3:19; 4:26; 5:9; 7:30,31; 8:25; 9:31; 13:10,11,48,49; 19:20; 21:14; Rö 4:8; 10:12; 11:34; 12:11,19; 14:6(3x); 1Ko 1:31; 3:5; 4:4; 10:9; 2Ko 3:18(2x); 6:17; 8:21; 10:17,18; Eph 2:21; Kol 1:10; 3:23,24; 1Th 4:6; 2Ti 1:18; 2:22; Heb 8:2; Jk 1:7; 5:4,10,11,15; 1Pe 1:25; 3:12(2x); 2Pe 2:9,11; 3:8,9; Jd 5; Off 11:15.

[458] *Das Buch,* SCM R. Brockhaus, Witten

[459] Mt 1:20,22,24; 2:13,15,19; 3:3; 5:33; 21:9,42; 28:2; Mk 12:11; 13:20; Lk 1:15, 45,58,66; 2:9(2x),15,22,23(2x),24,26,39; 4:18,19; 5:17; Jo 12:38; Ag 2:20; 3:19; 7:31; 8:22,26; 9:31; 11:21; 12:7,23; 13:10,11,48; 15:35,36; Rö 11:34; 2Ko 10:18; 1Th 1:8; 5:2; 2Th 2:2; 2Ti 1:18; Heb 8:2,8,10,11; 12:6; Jk 5:10; 1Pe 3:12(2x); 2Pe 3:10

[460] Mt 22:44; 23:39; 27:10; Mk 1:3; 5:19; 12:36; Lk 1:6,9,11,25,38,46; 3:4; 13:35; 19:38; 20:42; Jo 1:23; 12:38; Ag 2:21,25,34; 5:19; 7:33,49; 8:29; 13:2,12,47; 15:17; Rö 4:8; 12:19;

EXKURS: Kenntlich machen, wo *kyrios* auf Jesus verweist

Einige Übersetzer des Neuen Testaments wählten für *kyrios* auch Wiedergaben, die sich ausschließlich auf Jesus Christus beziehen. Das geschieht mitunter auch an Stellen, an denen nicht eindeutig ist, ob mit *kyrios* im Urtext tatsächlich Jesus gemeint war. Ich habe Bibelübersetzungen nicht systematisch auf so ein Vorgehen hin untersucht; die folgenden Angaben umfassen lediglich beispielhaft einzelne Stellen aus einigen Übersetzungen der letzten Jahrzehnte.

So gebrauchte der evangelische Theologe **Jörg Zink**[462] im Neuen Testament[463] für *kyrios* einige Male *Christus*.[464]

Rö 14:8 *„Wenn wir leben, haben wir nun einen Maßstab: Ob Christus zu unserem Leben ja sagen kann. Wenn wir sterben, ist nur eins wichtig: ob Christus uns annimmt. Leben und sterben ist für uns kein Unterschied. Auf alle Fälle hat Christus uns in der Hand."*

Der Anthroposoph **Emil Bock** gab in seiner Übersetzung des Neuen Testaments[465] *kyrios* häufig mit *Christus* wieder, alleine in der Apostelgeschichte mehr als 15mal.[466]

14:11; 15:11; 1Ko 2:16; 3:20; 7:17; 10:26; 14:21; 2Ko 6:17,18; 10:17; 2Ti 2:19; Heb 10:16,30; 12:5; 13:6; Jk 4:15; 1Pe 1:25; 2Pe 2:11; 3:8,9; Jd 14

[461] zu Roland Werner und *Jesus der Herr* für *kyrios* vgl. S. 157

[462] vgl S. 145

[463] *Das Neue Testament übertragen*, Kreuz Verlag 1963

[464] Ag 8:25; 13:12,49; Rö 14:8 (3x)

[465] *Das Neue Testament, Übersetzung in der Originalfassung*, Urachhaus 1999

[466] Ag 2:20,21; 8:25; 9:31; 11:21; 12:24; 13:10,12,48,49; 14:3,23; 15:40; 16:14,15; 19:20

Ag 2:21 *„Jeder, der dann den Christus-Namen anruft, wird Anteil am Heile finden."*

Fred Ritzhaupt, Pastor einer Freikirche, verwendet in seiner Übersetzung des Neuen Testaments[467] für *kyrios* gelegentlich *Jesus* (Ag 13:12; 19:20) oder *Christus* (Eph 6:4); an einer Stelle sogar *Propheten* (Ag 15:17).

Eph 6:4 *„Euch Väter aber ermahne ich, eure Kinder durch euer Verhalten nicht verbittert zu machen, sondern erzieht sie. Vor allem vergesst nicht, dass sei euch nur für eine bestimmte Zeit anvertraut sind und eigentlich Christus gehören."*

Roland Werner,[468] evangelikaler Theologe, verwendet in seiner Übersetzung des Neuen Testaments[469] als Wiedergabe von *kyrios* häufig *Jesus der Herr*[470], vereinzelt *Messias* (1Pe 3:15).

2Ti 2:19 *„Jeder, der Namen von Jesus, dem Herrn, nennt, soll der Ungerechtigkeit keinen Raum geben".*

Kritik an einem solchen Vorgehen wird kaum geäußert; jedenfalls scheint es für Übersetzer unverfänglicher zu sein, wenn sie sich bei der Wiedergabe von *kyrios* im Zweifelsfall auf Jesus festlegen und nicht auf den Vater. So bewertet die Deutsche Bibelgesellschaft die *Neue-Welt-Übersetzung* als eine *„tendenziöse Übersetzung mit zahlreichen Manipulationen"*, die *„das Kunstwort Jehova auch im NT an Stellen"* verwendet, *„wo das Wort Herr sich eigentlich auf Jesus Christus bezieht"* (ohne diesen pauschalen Vorwurf näher zu konkretisieren). Hingegen gilt derselben Bibelgesellschaft die Übersetzung von Emil Bock als *„eine auf ihre Art beachtliche und in sich konsequente Übersetzung."*[471] Ignoriert wird von der Kritik, dass Bock *Jesus* für *kyrios* z.B. in Ag 2:20,21 sogar bei der Wiedergabe von alttestamentlichen Zitaten verwendete, bei denen im Hebräischen Original das Tetragramm steht.

---

[467] *Willkommen daheim. Eine Übertragung des Neuen Testaments, die den Verstand überrascht und das Herz berührt*, Gerth Medien, 2009

[468] zu Werner s. S. 155

[469] *das buch. Neues Testament übersetzt.* SCM R. Brockhaus 2009

[470] Ag 12:17; 14:3,23; 1Ko 3:5; 4:4; 10:21 (2x); 11:32; 16:7,10; 2Ko 3:16; 8:21; Eph 2:21; 5:17,19; 6:4,7,8; Kol 1:10; 3:22; 1Th 4:6,15; 2Th 2:13; 3:1; 2Ti 2:19,22; 4:14; Jk 5:14,15

[471] *Deutsche Bibelübersetzungen. Das gegenwärtige Angebot – Information und Bewertung*, Deutsche Bibelgesellschaft, Stuttgart 1993

TEIL DREI
Übersetzungen im Vergleich

Nachfolgend wird, ab Seite 164, nach Bibelstellen sortiert[472] aufgelistet, wo deutsche Übersetzungen des Neuen Testaments den Namen Gottes verwenden oder auf andere Weise hervorheben. Zu Vergleichszwecken wurden nicht nur die in den ersten beiden Teilen erwähnten Bearbeitungen des Neuen Testaments, sondern auch folgende deutschsprachige Nachschlagewerke in diese Übersicht aufgenommen:

Wörterbuch zum Neuen Testament von **Walter Bauer:** In der Erstausgabe von 1928[473] werden 80 neutestamentliche Stellen erwähnt, an denen sich *kyrios* auf Gott bezieht. Diese Erwähnungen sind nicht als lückenlose Aufzählung gedacht; so werden beispielsweise Parallelberichte in den Evangelien ignoriert.[474]

Theologisches Wörterbuch zum Neuen Testament (ThWNT): In dem von **Gerhard Kittel** begonnen Wörterbuch[475] wird festgestellt, dass *kyrios* im Neuen Testament 144mal (davon 2mal unsicher) für Gott verwendet wird.[476]

---

[472] Evangelienharmonien habe ich jeweils nur an einer einzigen der paralell lautenden Stellen aufgelistet.

[473] bei Töpelmann, Berlin

[474] Mt 1:20,24; 2:13,19; 4:7,10; 5:33; 11:25; 21:9,42; 22:37; 27:10; 28:2; Mk 5:19; 12:11,29,30; 13:20; Lk 1:6,9,11,15,16,17,28,32,38,46,58,66,68; 2:9(2x),15,22,23,24, 26,39; 4:18; 10:21; Ag 2:20,21; 4:26; 5:19; 7:31,33,49; 8:24,26,39; 12:7,23; 17:24; Rö 9:29; Eph 6:7; 2Th 3:3; 1Ti 1:14; 6:15; 2Ti 1:16,18; Heb 7:21; 8:2; 12:6; Jk 1:7; 4:15; 5:4; 1Pe 1:25; 2Pe 2:9; 3:8,15; Jd 5,9; Off 1:8; 4:8; 11:15; 15:3; 16:7; 19:6; 21:22.

[475] Kohlhammer, Stuttgart

[476] Mt 1:20,22,24; 2:13,19; 4:7,10; 2:13,15,19; 9:38; 11:25; 21:9; 22:37,44; 27:10; 28:2; Mk 1:3; 5:19; 11:9; 12:11,29(2x),30,36; 13:20; Lk 1:6,9,11,15,17,25,28,38,45,46,58,66; 2:9,15, 22,23,24,26,39; 3:4; 4:8,12,18,19; 5:17; 10:27; 19:38; 20:37; Jo 1:23; 12:13,38(2x); Ag 1:24;

Exegetisches Wörterbuch zum Neuen Testament (EWNT): Gemäß diesem von Horst Balz und Gerhard Schneider herausgegebenen Werk[477] bezieht sich *kyrios* im Neuen Testament jedenfalls 201mal auf Gott; an 17 weiteren Stellen sei nicht ganz sicher, ob damit Gott gemeint sei.[478]

Theologisches Begriffslexikon zum Neuen Testament (TBLNT): In der Neu-bearbeitung des von Lothar Coenen und Klaus Haacker herausgegebenen Werks[479] werden beispielhaft 47 Stellen erwähnt, an denen *kyrios* für Gott steht.[480]

Bei der Evangelischen Johannes-Druckerei in Lahr (Schwarzwald) erschien in den 1980er Jahren in mehreren Auflagen ein schmales Heftchen von **Karl Heil: JHWH. Der heilige Name Gottes.**[481] Heil, der betonte, kein

---

2:20,21,25,34,39; 3:22; 4:26; 5:9,19; 8:25,26,39; 11:21; 12:7,23,24; 13:10,11,48,49; 15:17,35,36; 19:10,20; Rö 4:8; 9:28,29; 11:3,34; 12:19; 15:11; 1Ko 1:31; 2:16; 3:20; 10:9,22,26; 2Ko 3:16; 6:17; 8:21; 10:17; 1Th 1:8?; 2Th 1:9; 3:1?; 1Ti 6:15; 2Ti 1:18; 2:19; Heb 1:10; 7:21; 8:2,8,9,10,11; 10:30; 12:5,6; 13:6; Jk 1:7; 3:9; 5:4,10,11(2x),14; 1Pe 1:25; 2:3; 3:12(2x); 2Pe 3:8; Jd 5,9; Off 1:8; 4:8,11; 11:4,15,17; 16:7; 18:8; 19:6; 21:22; 22:5,6.

[477] Kohlhammer, Stuttgart 1992

[478] Mt 1:20,22,24; 2:13,19; 3:3; 4:7,10; 5:33; 11:25; 21:9,42; 22:37,44; 23:39; 24:42(?); 27:10; 28:2; Mk 1:3; 5:19(?); 11:9,10; 12:11,29(2x),30,36; 13:20; Lk 1:6,9,11,15,16, 17,25,28,32, 38,45,46,58,66,68,76(?); 2:9(2x),15,22,23(2x),24,26,39; 3:4; 4:8,12,18,19; 5:17; 10:21,27; 13:35; 19:38; 20:37,42; Jo 1:23; 5:4; 12:13,38(2x); Ag 1:24; 2:20,21,25, 34,39,47; 3:20,22; 4:26,29; 5:9,19; 7:31,33,49; 8:22,24,26,39; 10:4,14(?),33; 11:8,16(?), 21,23(?); 12:7,11,17,23,24; 13:2,10,11,12,44,47,48,49; 15:17(2x),35,36,40; 16:14,15, 30,32(?); 17:24; 18:8,9(?),25; 19:10,20; 20:19(?),28,32; 21:14; Rö 4:8; 9:28,29; 10:12,13,16; 11:3,34; 12:19; 14:4,6(3x),11; 15:11; 1Ko 1:31; 2:16; 3:5,20; 4:19; 5:5; 7:17; 10:26; 14:21; 2Ko 5:11(?); 6:17,18; 8:19,21; 10:17,18; 1Th 4:15; 5:2; 2Th 2:2; 3:1; 2Ti 2:14(?),19(2x), 22(?),24(?); Heb 1:10; 7:21; 8:2(?),8,9,10,11; 10:16,30(2x); 12:5,6; 13:6; Jk 3:9; 4:10,15; 5:4,10,11(2x); 1Pe 1:25; 2:3,13(?); 3:12(2x); 2Pe 2:9,11(?); 3:8,9,10,15; Jd 5(?),9,14; Off 1:8; 4:8,11; 11:4,15,17; 15:3,4; 16:5,7; 18:8; 19:6; 21:22; 22:5,6.

[479] Brockhaus, Wuppertal 1997

[480] Mt 1:20; 2:13; 9:38; 11:25; 28:2; Lk 1:11,32,66; 2:9(2x); 10:21; Ag 5:9,19; 8:25,26,39; 11:21; 12:7,24; 13:48,49; 15:35; 17:24; Rö 4:8; 9:28,29; 10:16; 11:3,34; 12:19; 14:11; 15:11; 1Ko 3:20; 14:21; 2Ko 6:17; 1Ti 6:15; Jk 5:10,14; Off 1:8; 4:8,11; 11:15,17; 16:7; 19:6; 21:22; 22:6.

[481] Mir sind Drucke von 1986 und 1988 bekannt, womöglich erschien die Erstauflage schon ein paar Jahre früher.

Zeuge Jehovas zu sein, sprach sich zugunsten der Aussprache *Jehovah* aus. Das Heft enthielt eine Liste von 186 neutestamentlichen Stellen, [482] an denen Heil die Wiedergabe von *kyrios* durch den Namen *Jehovah* für angebracht hielt.

Die Tabelle auf der Folgeseite listet nach Bibelbüchern summiert auf, wie häufig manche Übersetzungen und Nachschlagewerke entweder den Gottesnamen in den deutschen Text des Neuen Testaments aufgenommen haben (unabhängig davon, ob an jenen Stellen in den zugrundeliegenden griechischen Handschriften *kyrios* steht oder nicht), oder eine deutsche Wiedergabe von *kyrios* gewählt haben, die sich eindeutig auf Gott bezieht.

Diese Tabelle ermöglicht nur einen groben Vergleich und enthält einige Unschärfen. Denn erstens werden in dieser Tabelle einige Stellen mitgezählt, in denen freiere Übersetzungen wie jene von C. F. Bahrdt *Jehovah* verwenden, wo im Grundtext aber nicht *kyrios*, sondern *theos (Gott)* steht. Und zweitens könnte man vor allem bei freien Wiedergaben noch einige Stellen hinzufügen, wo auf andere Weise zwischen Vater und Sohn differenziert wird als in dieser Arbeit dargestellt wurde. Zudem wird manchmal aufgrund des unmittelbaren Zusammenhangs auch bei einer wörtlichen Wiedergabe des griechischen Textes klar, dass mit *Herr* der Vater gemeint sein muss (z.B. in der Wendung *"den Herrn, deinen Gott"*), manche Übersetzungen heben das dann trotzdem zusätzlich noch durch Verwendung des Gottesnamens oder durch Großschreibung hervor, andere nicht. Einige interessante Daten sind dieser Tabelle trotzdem zu entnehmen:

---

[482] Mt 1:20,22,24; 2:13,15,19; 3:3; 4:7,10; 5:33; 21:9,42; 22:37,44; 23:39; 27:10; 28:2; Mk 1:3; 5:19; 11:9; 12:11,29(2x),30,36; 13:20; Lk 1:6,9,11,15,16,17,25,28,32,38,45,46,58,66, 68,76; 2:9(2x),15,22,23,24,27,29,39; 3:4; 4:8,12,18,19; 5:17; 10:27; 13:35; 19:38; 20:37,42; Jo 1:23; 12:13,38(2x); Ag 2:20,21,25,34,39; 3:20,22; 4:24,26; 5:9,19; 7:31,33,49,59,60; 8:24,25,26,39; 11:21; 12:7,11,23; 13:2,10,11,48,49; 14:3; 15:17(2x),35,36; 16:14; 19:20; 21:14; Rö 4:8; 9:28,29; 10:13,16; 11:3,34; 12:19; 14:11; 15:11; 1Ko 1:31; 2:16; 3:20; 4:4; 10:26; 14:21; 16:7,10; 2Ko 6:17,18; 10:17,18; Eph 2:21; Kol 3:22,23,24; 1Th 1:8; 4:6,15; 5:2; 2Th 2:2; 3:1; 2Ti 1:18; 2:19(2x),22; 4:14; Heb 1:10; 7:21; 8:2,8,9,10,11; 10:15,30; 12:5,6(2x); 13:6; Jk 1:7; 4:10,15; 5:4,10,11(2x),14,15; 1Pe 1:25; 3:12(2x); 2Pe 2:9,11; 3:8,9,10; Jd 5,9,14; Off 1:8; 4:8,11; 6:10; 11:17; 15:3,4; 16:7; 18:8; 19:6; 21:22; 22:5,6.

	NW	BiG	EWNT	Stahl	Heil	Bengel	Stern	Wössner	ThWNT	Luther	Bahrdt	Stolz 798	Hahn	Fotteler	Werner	Meyer	Bolten	HfA	Pfleiderer
Mt	18	18	18	20	17	17	16	17	17	18	12	17	7	11	14	8	18	11	17
Mk	9	9	10	9	9	8	8	9	9	9	6	10	8	9	5	6	8	5	8
Lk	36	37	37	37	36	37	36	37	28	35	23	38	34	22	26	11	33	19	31
Jo	5	3	5	4	4	3	5	4	4	4	4	4	3	3	3	3	3	2	
Apg	52	29	59	46	37	28	18	21	26	22	26	25	28	21	25	17	31	16	14
Rö	19	15	15	9	10	11	11	9	7	8	12	12	11	11	5	11		8	1
1K	15	31	9	21	8	5	4	5	6	6	3	3	4	11	5	9		4	1
2K	10	19	7	10	4	3	7	4	4	4	3	3	3	6	4	3		6	
Gal	1	1																	
Eph	6	5		4	1		1				3	1		1				1	
Php		4		2			1	1						1					
Kol	6			3	3						4	1		1				3	
Phm																			
1Th	4	2	2		4			2	1		1			1	2			1	
2Th	3	8	2	1	2				2		2		1		1	6			
1Tm									1										
2Tm	4	8	5	2	5		1	1	2		2			3	2	3		2	1
Tt																			
Hb	13	13	13	11	13	11	11	10	11	12	7	11	11	8	9	10		1	5
Jk	12	10	7	9	9	5	6	4	7	1	4	3	1	2	2	7		5	3
1Pe	3	5	5	4	3	5	4	4	4	5	1	1		2	3	2		3	3
2Pe	6	5	6	7	5	5		4	1	2	3	1		1	4	4		4	
1Jo																			
2Jo																			
3Jo																			
Jd	3	2	3	2	3	3	3	3	2	3	1	1	3	1	1	3		1	3
Off	12	2	15	14	13	13	13	10	12	13	16	3	15	8				1	3
	237	226	218	215	186	154	145	145	144	142	133	134	129	123	111	103	93	93	90

NW = Neue-Welt-Übs.; BiG = Bibel in gerechter Sprache; EWNT = Exegetisches Wörterb. z NT; Stahl = James Stahl; Heil = Karl Heil; ThWNT = Theologisches Wörterbuch zum NT; Luther = M. Luther 1545; Stolz798 = Joh. Jak. Stolz 1798; HfA = Hoffnung für alle.

Auffällig ist zunächst die hohe Übereinstimmung zwischen *Neue-Welt-Übersetzung* (237mal *Jehova*) und *Bibel in gerechter Sprache* (226mal κς mit Lesevorschlag), zwei Übersetzungen, bei denen man aufgrund ihrer völlig unterschiedlichen Entstehungsgeschichte eine solche Ähnlichkeit kaum erwarten würde. Auch das *Exegetische Wörterbuch zum Neuen Testament* und James Stahls *ICH-BIN-Bibel* weisen ähnlich häufig darauf hin, dass *kyrios* für Gott steht.

Aber auch bei mehreren anderen hier aufgelisteten Werken lassen sich deutliche Ähnlichkeiten in der Häufigkeit der Hervorhebung des Gottesnamens zumindest in den Evangelien erkennen, oft auch im Römerbrief, im Hebräerbrief, und in der Offenbarung. Hingegen gibt es in den anderen Briefen und – mit Abstrichen – in der Apostelgeschichte große Unterschiede bei der Häufigkeit der Hervorhebung Gottes, nur die *Bibel in gerechter Sprache* verwendet hier Ersatzwörter für den Gottesnamen annähernd ähnlich häufig wie die *Neue-Welt-Übersetzung* den Namen *Jehova*.

Aufschlussreich ist neben dem zahlenmäßigen auch ein inhaltlicher Vergleich:

Die *Neue-Welt-Übersetzung* könnte durchwegs auf mehrere andere deutsche Übersetzungen verweisen, wenn es um die Verwendung des Gottesnamens im Neuen Testament in Zitaten und Wendungen aus dem Alten Testament geht, oder um die Nacherzählung alttestamentlicher Begebenheiten (z.B. in der Rede des Stephanus in der Apostelgeschichte). An mehr als 140 Stellen[483] enthalten neben der *Neue-Welt-Übersetzung* jeweils mindestens zehn weitere deutsche Werke den Namen Gottes oder machen auf andere Weise deutlich, das mit dem Wort *kyrios* dort Gott gemeint ist.

---

[483] Mt 1:20,22,24; 2:13,15,19; 3:3; 4:7,10; 5:33; 21:9,42; 22:37,44; 23:39; 27:10; 28:2; Mk 1:3; 5:19; 11:9; 12:11,29(2x),30,36; 13:20; Lk 1:6,9,11,15,16,17,25,28,32,38,45,46,58, 66,68,76; 2:9,15,22,23,24,26,39; 3:4; 4:8,12,18,19; 5:17; 10:27; 13:35; 19:38; 20:37,42; Jo 1:23; 12:13,38; Ag 2:20,21,25,34,39; 3:19,22; 4:26; 5:9,19; 7:31,33,49; 8:26,39; 9:31; 11:21; 12:7,11,23; 13:10,11,47; 15:17(2x); Rö 4:8; 9:28,29; 10:13,16; 11:3,34; 12:19; 14:11; 15:11; 1Ko 1:31; 2:16; 3:20; 10:26; 14:21; 2Ko 6:17,18; 10:17; 2Ti 2:19; Heb 7:21; 8:2,8,9,10,11; 10:16,30; 12:5,6; 13:6; Jk 1:7; 4:10,15; 5:4,10,11; 1Pe 1:25; 3:12(2x); 2Pe 2:9,11; 3:8,9; Jd 5,9,14; Off 1:8; 4:8,11; 11:17; 15:3,4; 16:7; 18:8; 19:6; 21:22; 22:5,6

Sobald aber ohne eindeutig alttestamentliche Bezugnahme die konkrete persönliche Beziehung des Christen zum *kyrios* beschrieben wird, steht die *Neue-Welt-Übersetzung* im deutschen Sprachraum oft nahezu alleine da, wenn sie *Jehova* einsetzt; beispielsweise wenn es darum geht,

> wen ein Christ lobpreist (Eph 5:19),
>
> wem er dient (Eph 6:7),
>
> wem er gehört (Rö 14:8),
>
> von wem er geliebt wird (2Th 2:13),
>
> wer ihm die Sünden vergibt (Ag 8:22)
>
> wer ihn wieder aufrichtet (Jk 5:15),
>
> wer ihm Kraft für den Gottesdienst gibt (Ag 14:3),
>
> wer ihn aus Schwierigkeiten befreit (Ag 12:17),
>
> von wessen Willen er abhängig ist (1Ko 4:19),
>
> wer ihn richtet (1Th 4:6),
>
> wer ihn belohnt (Eph 6:8),
>
> auf wessen "Tag" er wartet (1Th 5:2),
>
> wessen Worte er verkündet (Ag 19:20).
>
> und wem "Älteste" in der Gemeinde anvertraut werden (Ag 14:23).

Auflistung nach Bibelstellen

Es folgt eine nach Bibelstellen geordnete Übersicht der zuvor bereits nach Autoren bzw. Wiedergaben gelisteten Stellen, an denen durch die Wiedergabe von *kyrios* auf Gott hingewiesen wurde:

MATTHÄUS

1:20   1545 Luther HERR – 1752 Bengel HERR – 1773 Bahrdt Gott – 1782 Bahrdt Jehovah – 1783 Lavater Jehovah – 1793 Bolten Gott – 1795 Stolz Jehovah – 1798 Stolz Jehovah – 1871 Heidenheim der Name – BauerWb Gott – ThWNT Gott – 1963 NeueWelt Jehova – 1965 Zink Gott – TBLNT Gott – 1968 GuteNachricht Gott – KarlHeil Jehovah – 1980 Pfleiderer Jehova – EWNT Gott – 1983 HoffnungFürAlle Gott – 1994 Stern Adonai – 2004 Mustun Adonai (Jahwe in Klammer) – 2006 Bleile Jahwe in Fußnote – 2006 gerechteSprache ksAdonai – 2009 Werner Gott – 2011 Grimme Yahweh – 2015 Biermanski Jahweh – 2015 Wössner HERR – 2016 Stahl Y'HOVAH – 2017 Fotteler HERR

1:22   1545 Luther HERR – 1752 Bengel HERR – 1793 Bolten Gott – 1795 Stolz Jehovah – 1798 Stolz Jehovah – 1871 Heidenheim Gott – ThWNT Gott – 1963 NeueWelt Jehova – 1965 Zink Gott – 1968 GuteNachricht Gott – KarlHeil Jehovah – 1980 Pfleiderer Jehova – EWNT Gott – 1983 HoffnungFürAlle Gott – 1994 Stern Adonai – 2004 Mustun Adonai – 2006 gerechteSprache ksAdonai – 2009 Werner Gott – 2011 Grimme Yahweh – 2015 Biermanski Jahweh – 2015 Wössner HERR – 2016 Stahl Y'HOVAH – 2017 Fotteler HERR

1:23   1871 Heidenheim der Name

1:24   1545 Luther HERR – 1752 Bengel HERR – 1773 Bahrdt Gott – 1793 Bolten Gott – 1795 Stolz Jehovah – 1798 Stolz Jehovah – 1871 Heidenheim Gott – BauerWb Gott – ThWNT Gott – 1963 NeueWelt Jehova – 1965 Zink Gott – KarlHeil Jehovah – 1980 Pfleiderer Jehova – EWNT Gott – 1994 Stern Adonai – 2004 Mustun Adonai – 2006 gerechteSprache ksAdonai – 2009 Werner Gott – 2011 Grimme Yahweh – 2015 Biermanski Jahweh – 2015 Wössner HERR – 2016 Stahl Y'HOVAH

2:6   1783 Lavater Jehovah

2:12   2015 Biermanski Jahweh

2:13   1545 Luther HERR – 1752 Bengel HERR – 1770 Schulz Jehova – 1773 Bahrdt Gott – 1793 Bolten Gott – 1795 Stolz Jehovah – 1798 Stolz Jehovah – 1839 Haupt Jehova – 1871 Heidenheim Jehovah – BauerWb Gott –

ThWNT Gott – 1963 NeueWelt Jehova – 1965 Zink Gott – TBLNT Gott – 1968 GuteNachricht Gott – KarlHeil Jehova – 1980 Pfleiderer Jehova – EWNT Gott – 1983 HoffnungFürAlle Gott – 1994 Stern Adonai – 2004 Mustun Adonai – 2005 Kirchentag Adonaj – 2006 gerechteSprache ksAdonai – 2009 Werner Gott – 2015 Biermanski Jahweh – 2015 Wössner HERR

Matthäus 2:15   1545 Luther HERR – 1752 Bengel HERR – 1773 Bahrdt Gott – 1793 Bolten Gott – 1795 Stolz Jehovah – 1798 Stolz Jehovah – ThWNT Gott – 1963 NeueWelt Jehova – 1965 Zink Gott – 1968 GuteNachricht Gott – KarlHeil Jehovah – 1980 Pfleiderer Jehova – 1983 HoffnungFürAlle Gott – 1994 Stern Adonai – 2004 Mustun Adonai – 2005 Kirchentag Adonaj – 2006 gerechteSprache ksAdonai – 2009 Werner Gott – 2015 Biermanski Jahweh – 2015 Wössner HERR – 2016 Stahl Y'HOVAH

2:19   1545 Luther HERR – 1752 Bengel HERR – 1773 Bahrdt Gott – 1793 Bolten Gott – 1795 Stolz Jehovah – 1798 Stolz Jehovah – 1839 Haupt Jehova – 1871 Heidenheim der Name – BauerWb Gott – ThWNT Gott – 1963 NeueWelt Jehova – 1965 Zink Gott – 1968 GuteNachricht Gott – KarlHeil Jehovah – 1980 Pfleiderer Jehova – EWNT Gott – 1983 HoffnungFürAlle Gott – 2006 gerechteSprache ksAdonai – 2009 Werner Gott – 2015 Biermanski Jahweh – 2015 Wössner HERR – 2016 Stahl Y'HOVAH – 2017 Fotteler HERR

2:22   2015 Biermanski Jahweh

3:2   1835 Oertel Jehova

3:3   1545 Luther HERR – 1752 Bengel HERR – 1793 Bolten Jehova – 1793 Lavater Jehovah – 1795 Stolz Jehovah – 1798 Stolz Jehovah – 1805 Scherer Jehovah – 1820 Stolz Jehovah – 1829 Meyer Jehovah – 1963 NeueWelt Jehova – 1968 GuteNachricht Gott – 1976 Simon HERR – KarlHeil Jehovah – 1980 Pfleiderer Jehova – EWNT Gott – 1994 Stern Adonai – 2004 Mustun Adonai – 2006 gerechteSprache ksAdonai – 2009 Werner Gott – 2010 Eichberger HERR – 2015 Biermanski Jahweh – 2015 Wössner HERR – 2016 Stahl Y'HOVAH – 2017 Fotteler HERR

3:16   2015 Biermanski Jahweh

4:3   2015 Biermanski Jahweh

4:4   (die meisten Übersetzungen haben hier *Gott*) – 1793 Bolten Jehova – 1963 NeueWelt Jehova – 1994 Stern Adonai – 2006 Bleile Ewiger – 2015 Biermanski Jahweh – 2016 Stahl Y'HOVAH

4:6   2015 Biermanski Jahweh

Matthäus 4:7   1545 Luther HERR – 1752 Bengel HERR – 1781 Pape Jehovah – 1793 Bolten Jehova – 1794 Thiess Jehova – 1795 Stolz Jehova – 1798 Stolz Jehovah – 1820 Stolz Jehovah – 1828 Paulus Jehovah – 1829 Meyer Jehovah – BauerWb Gott – ThWNT Gott – 1963 NeueWelt Jehova – 1976 Simon HERR – KarlHeil Jehovah – 1980 Pfleiderer Jehova – EWNT Gott – 1994 Stern Adonai – 2002 Schumacher Jahwe – 2006 Bleile Ewiger – 2006 gerechteSprache ksAdonai – 2007 Kirchentag Adonaj – 2010 Eichberger HERR – 2015 Biermanski Jahweh – 2015 Wössner HERR – 2016 Stahl Y'HOVAH – 2017 Fotteler HERR

4:10   1545 Luther HERR – 1752 Bengel HERR – 1773/4 Bahrdt Jehovah – 1781 Pape Jehovah – 1783 Lavater Jehovah – 1793 Lavater Jehovah – 1795 Stolz Jehovah – 1798 Stolz Jehovah – 1793 Bolten Jehova – 1794 Thiess Jehova – 1820 Stolz Jehovah – 1797 anonym Jehova – 1828 Paulus Jehovah – 1829 Meyer Jehovah – BauerWb Gott – ThWNT Gott – 1963 NeueWelt Jehova – 1976 Simon HERR – KarlHeil Jehovah – 1980 Pfleiderer Jehova – EWNT Gott – 1994 Stern Adonai – 2002 Schumacher Jahwe – 2006 gerechteSprache ksAdonai – 2007 Kirchentag Adonaj – 2010 Eichberger HERR – 2015 Biermanski Jahweh – 2015 Wössner HERR – 2016 Stahl Y'HOVAH – 2017 Fotteler HERR

5:8   2015 Biermanski Jahweh

5:33   1752 Bengel HERR – 1773 Bahrdt Gott – 1793 Lavater Jehovah – 1794 Thiess Jehova – 1793 Bolten Gott – 1795 Stolz Jehovah – 1798 Stolz Jehovah –1800 Popp Jehovah – 1801 Berger Jehova – 1804 Schweizer Jehova – 1820 Stolz Jehovah – 1827 Mörike Jehova – 1829 Meyer Jehovah – BauerWb Gott – 1938 Baeck Ewiger – 1963 NeueWelt Jehova – 1965 Zink Gott – 1968 GuteNachricht Gott – 1976 Simon HERR – KarlHeil Jehovah – EWNT Gott – 1983 HoffnungFürAlle Gott – 1994 Stern Adonai – 2006 gerechteSprache ksAdonai – 2009 Werner Gott – 2010 Eichberger HERR – 2015 Biermanski Jahweh – 2015 Wössner HERR – 2016 Stahl Y'HOVAH

5:34   1827 Mörike Jehova 2x – 2015 Biermanski Jahweh

5:35   1783 Lavater Jehovah

5:43   1938 Baeck Ewiger

5:48   1938 Baeck Ewiger

6:33   2015 Biermanski Jahweh

8:29   2015 Biermanski Jahweh

9:8   1545 Luther HERR – 2015 Biermanski Jahweh

9:38   ThWNT Gott – TBLNT Gott – 2015 Biermanski Jahweh

Matthäus 11:25   1545 Luther HERR – BauerWb Gott – ThWNT Gott – TBLNT
Gott – EWNT Gott – 2015 Biermanski Jahweh

12:4   1802 Hartmann Jehova – 2015 Biermanski Jahweh – 2016 Stahl Y'HOVAH

12:28   2015 Biermanski Jahweh 2x

14:33   2015 Biermanski Jahweh

15:31   1832 Meyer Jehovah

16:16   1783 Lavater Jehovah

19:6   2015 Biermanski Jahweh

19:17   1816 Leonhard Jehova

19:24   2015 Biermanski Jahweh

19:26   2015 Biermanski Jahweh

21:9   1545 Luther HERR – 1752 Bengel HERR – 1763 Danneil Jehovah - 1768/73
Hess Jehovah, Ewiger – 1771/5 Lynar Jehovah – 1773/4 Bahrdt Jehovah –
1777 Hahn HERR – 1781 Pape Jehovah – 1783 Lavater Jehovah – 1785
Pfenninger Jehova – 1792 Hess Jehova + Ewiger – 1793 Bolten Gott – 1794
Thiess Jehova – 1795 Stolz Jehova – 1797 desCotes Jehova – 1798 Stolz
Jehovah – 1800 Venturini Jehova – 1805 Cannabich Jehovah – 1812 Klefeker Jehovah – 1826 Hanl Jehova – 1833 Keller Jehovah – 1837 Neander Je-
hovah – 1847 Andersen Jehovah – 1901 Frandsen Jehovah – BauerWb Gott –
1963 NeueWelt Jehova – 1965 Zink Gott – KarlHeil Jehovah – 1980 Pfleiderer Jehovah – EWNT Gott – 1994 Stern Adonai – 2004 Wittek Jehovah –
2006 gerechteSprache ksAdonai – 2009 Werner Gott – 2010 Eichberger
HERR – 2015 Biermanski Jahweh – 2015 Wössner HERR – 2016 Stahl
Y'HOVAH

21:13   1810 Halem Jehovah

21:16   1810 Halem Jehovah

21:42   1545 Luther HERR – 1752 Bengel HERR – 1773 Bahrdt Gott – 1777 Hahn
HERR – 1793 Bolten Jehova – 1794 Thiess Jehova – 1795 Stolz Jehovah –
1798 Stolz Jehovah – 1820 Stolz Jehovah – 1829 Meyer Jehovah – BauerWb
Gott – 1963 NeueWelt Jehova – 1965 Zink Gott – KarlHeil Jehovah – 1980
Pfleiderer Jehova – EWNT Gott – 1983 HoffnungFürAlle Gott – 1994 Stern
Adonai – 2006 Bleile IHM (groß geschriebenes Pronomen) – 2006 gerech-
teSprache ksAdonai – 2009 Werner Gott – 2010 Eichberger HERR – 2015
Biermanski Jahweh 2x – 2015 Wössner HERR – 2016 Stahl Y'HOVAH –
2017 Fotteler HERR

22:16   2015 Biermanski Jahweh

Matthäus 22:21   1794 Thiess Jehova 2x – 1800 Venturini Jehova 2x – 1832 Meyer Jehovah - 2015 Biermanski Jahweh 2x

22:29   2015 Biermanski Jahweh

22:30   2015 Biermanski Jahweh

22:31   1865 Dulk Jehovah

22:32   1783 Lavater Jehovah – 1865 Dulk Jehovah – 1986 NeueWelt * – 2015 Biermanski Jahweh

22:37   1545 Luther HERR – 1748 Heumann Herr (Jehova) – 1752 Bengel HERR – 1771/5 Lynar Jehovah – 1773/4 Bahrdt Jehovah – 1777 Hahn HERR – 1789 Wizenmann Jehovah – 1793 Bolten Jehova – 1794 Thiess Jehova – 1795 Stolz Jehovah – 1798 Stolz Jehovah – 1800 Venturini Jehova – 1802 Hartmann Jehova – 1820 Stolz Jehovah - 1829 Meyer Jehovah – 1897 Kretschmer Jehova – 1903 Russell Jehova – BauerWb Gott – 1934 Klausner Ewiger – 1963 NeueWelt Jehova – KarlHeil Jehovah – 1980 Pfleiderer Jehova – EWNT Gott – 1994 Stern Adonai – 2002 Schumacher Jahwe in Fußnote – 2006 Bleile Ewiger – 2006 gerechteSprache ksAdonai – 2010 Eichberger HERR – 2015 Biermanski Jahweh – 2015 Wössner HERR – 2016 Stahl Y'HOVAH – 2017 Fotteler HERR

22:43   2016 Stahl Y'HOVAH

22:44   1545 Luther HERR – 1752 Bengel HERR – 1771/5 Lynar Jehovah – 1777 Hahn HERR – 1781 Pape Jehovah 2x – 1786 Loeber Jehovah – 1789 Wizenmann Jehovah – 1790 Brentano Jehovah in begleitender Paraphrase – 1793 Bolten Jehova – 1793 Milow Jehovah – 1795 Stolz Jehovah – 1796 Seyffarth Jehova – 1798 Stolz Jehovah – 1802 Hartmann Jehova – 1805 Onymus Jehova – 1812 Klefeker Jehovah – 1815 JungStilling Jehovah – 1818 Giftschütz Jehovah – 1820 Stolz Jehovah – 1823 Gratz Jehova – 1829 Meyer Jehovah – 1963 NeueWelt Jehova – um1965 Fried Jahve – 1968 GuteNachricht Gott – 1976 Simon HERR – KarlHeil Jehovah – 1980 Pfleiderer Jehova – EWNT Gott – 1983 HoffnungFürAlle Gott – 1994 Stern Adonai – 2002 Schumacher Jahwe in Fußnote – 2006 gerechteSprache ksAdonai – 2009 Werner Gott der Herr – 2010 Eichberger HERR – 2015 Biermanski Jahweh – 2015 Wössner HERR – 2016 Stahl Y'HOVAH – 2017 Fotteler HERR

22:45   1781 Pape Jehovah – 2016 Stahl Y'HOVAH

23:39   1545 Luther HERR – 1752 Bengel HERR – 1777 Hahn HERR – 1783 Lavater Jehovah – 1789 Wizenmann Jehovah – 1793 Bolten Gott – 1794 Thiess Jehova – 1795 Stolz Jehovah – 1798 Stolz Jehovah – 1800 Venturini Jehova – 1805 Krummacher Jehova – 1810 Halem Jehovah – 1963 NeueWelt Jehova – KarlHeil Jehovah – 1980 Pfleiderer Jehova – EWNT Gott – 1983 Hoff-nungFürAlle Gott – 1994 Stern Adonai – 2006 gerechteSprache ksAdonai – 2009 Werner Gott der Herr – 2010 Eichberger HERR – 2015 Biermanski Jahweh – 2015 Wössner HERR – 2016 Stahl Y'HOVAH – 2017 Fotteler HERR

Matthäus 24:42   EWNT Gott(?)

26:63   1773/4 Bahrdt Jehovah – 1783 Lavater Jehovah – 1783 Lavater Jehovah – 1788 Dobermann Jehovah – 1803 Scherer Jehovah – 1813 Landsmann Je-hova – 1980 Pfleiderer Jehova

27:10   1545 Luther HERR – 1752 Bengel HERR – 1777 Hahn HERR – 1793 Bolten Gott – 1794 Thiess Jehova – 1795 Stolz Jehovah – 1798 Stolz Jehovah – 1813 Landsmann Jehovah – 1820 Stolz Jehovah – 1829 Meyer Jehovah – Bau-erWb Gott – ThWNT Gott – 1963 NeueWelt Jehova – 1965 Zink Gott – KarlHeil Jehovah – 1980 Pfleiderer Jehova – EWNT Gott – 1983 Hoff-nungFürAlle Gott – 2006 gerechteSprache ksAdonai – 2009 Werner Gott der Herr – 2010 Eichberger HERR – 2015 Biermanski Jahweh – 2015 Wössner HERR – 2016 Stahl Y'HOVAH

28:2   1545 Luther HERR – 1752 Bengel HERR – 1773/4 Bahrdt Jehovah – 1777 Hahn HERR – 1793 Bolten Gott – 1795 Stolz Jehovah – 1798 Stolz Jehovah – BauerWb Gott – ThWNT Gott – 1963 NeueWelt Jehova – TBLNT Gott – 1968 GuteNachricht Gott – KarlHeil Jehovah – 1980 Pfleiderer Jehova – EWNT Gott – 1983 HoffnungFürAlle Gott – 1994 Stern Adonai – 2006 ge-rechteSprache ksAdonai – 2009 Werner Gott – 2015 Biermanski Jahweh – 2015 Wössner HERR – 2016 Stahl Y'HOVAH – 2017 Fotteler HERR

MARKUS

1:1   2015 Biermanski Jahweh

1:3   1545 Luther HERR – 1752 Bengel HERR – 1777 Hahn HERR – 1795 Stolz Jehovah – 1795 Bolten Jehova – 1798 Stolz Jehovah – 1820 Stolz Jehovah - 1829 Meyer Jehovah – ThWNT Gott – 1963 NeueWelt Jehova – 1965 Zink Gott – KarlHeil Jehovah – EWNT Gott – 1994 Stern Adonai – 2006 gerech-teSprache ksGott – 2009 Werner Gott der Herr – 2010 Eichberger HERR – 2015 Biermanski Jahweh – 2015 Wössner HERR – 2016 Stahl Y'HOVAH – 2017 Fotteler HERR

1:14   2015 Biermanski Jahweh

1:15   2015 Biermanski Jahweh

2:26   2015 Biermanski Jahweh

Markus 2:28   1545 Luther HERR

3:11   2015 Biermanski Jahweh

3:28   1804Pölitz Jehova

3:35   2015 Biermanski Jahweh

4:11   2015 Biermanski Jahweh

4:26   2015 Biermanski Jahweh

4:30   2015 Biermanski Jahweh

5:19   1773 Bahrdt Gott – 1783 Lavater Jehovah – 1798 Stolz Gott – BauerWb Gott – ThWNT Gott – 1963 NeueWelt Jehova – 1965 Zink Gott – 1968 GuteNachricht Gott – KarlHeil Jehovah – 1980 Pfleiderer Jehova – EWNT Gott(?) – 1983 HoffnungFürAlle Gott – 1994 Stern Adonai – 2006 gerechteSprache ksGott – 2009 Werner Gott der Herr – 2015 Wössner HERR – 2016 Stahl Y'HOVAH

9:1   2015 Biermanski Jahweh

9:47   2015 Biermanski Jahweh

10:9   2015 Biermanski Jahweh

10:14   2015 Biermanski Jahweh

10:15   2015 Biermanski Jahweh

10:18   2015 Biermanski Jahweh

10:23   2015 Biermanski Jahweh

10:24   2015 Biermanski Jahweh

10:25   2015 Biermanski Jahweh

11:9   1545 Luther HERR – 1752 Bengel HERR – 1771/5 Lynar Jehovah – 1773/4 Bahrdt Jehovah – 1777 Hahn HERR – 1790 Brentano Jehovah in begleitender Paraphrase – 1795 Bolten Gott – 1795 Thiess Jehovah + Jehovah in Klammer – 1795 Stolz Jehovah – 1797 desCotes Jehovah – 1798 Stolz Jehovah – 1820 Stolz Jehovah – ThWNT Gott – 1963 NeueWelt Jehova – KarlHeil Jehovah – 1980 Pfleiderer Jehova – EWNT Gott – 1983 HoffnungFürAlle Gott – 1994 Stern Adonai – 2006 gerechteSprache ksGott – 2010 Eichberger HERR – 2015 Biermanski Jahweh – 2015 Wössner HERR – 2016 Stahl Y'HOVAH – 2017 Fotteler HERR

11:10   1545 Luther HERR – 1771/5 Lynar Jehovah – 1773/4 Bahrdt Jehovah – 1790 Brentano Jehovah in begleitender Paraphrase – 1792 Brentano Jehovah – 1797 desCotes Jehovah – 1798 Brentano Jehovah – 1805 Sintenis Jehova – 1965 Zink Gott – EWNT Gott – 1986 NeueWelt * – 2015 Biermanski Jahweh – 2017 Fotteler HERR

Markus 11:20   1812 Klefeker Jehovah

11:22   2015 Biermanski Jahweh

12:11   1545 Luther HERR – 1752 Bengel HERR – 1777 Hahn HERR – 1795 Stolz Jehovah – 1795 Bolten Gott – 1795 Thiess Jehova – 1798 Stolz Jehovah – 1820 Stolz Jehovah - 1829 Meyer Jehovah – BauerWb Gott – ThWNT Gott – 1963 NeueWelt Jehova – 1965 Zink Gott – KarlHeil Jehovah – 1980 Pfleiderer Jehova – EWNT Gott – 1983 HoffnungFürAlle Gott – 1994 Stern Adonai – 2002 Schumacher Jahwe in Fußnote – 2006 Bleile IHM (groß geschriebenes Pronomen) – 2006 gerechteSprache ksGott – 2009 Werner Gott – 2010 Eichberger HERR – 2015 Biermanski Jahweh – 2015 Wössner HERR – 2016 Stahl Y'HOVAH – 2017 Fotteler HERR

12:17   1795 Thiess Jehova 2x – 2015 Biermanski Jahweh 2x

12:26   1795 Thiess Jehova – 1798 Stolz Jehovah

12:29   1545 Luther HERR – 1752 Bengel HERR 2x – 1755/6 Rambach Jehovah – 1768/73 Hess Jehova – 1771/5 Lynar Jehovah – 1773/4 Bahrdt Jehovah + Gott – 1774 Schulz Jehova – 1777 Hahn HERR 2x – 1783 Lavater Jehovah – 1783 Mosche Jehova – 1790 Brentano Jehovah – 1792 Brentano Jehovah – 1795 Thiess Jehova 2x - 1795 Bolten Jehova 2x – 1795 Stolz Jehovah 2x – 1796 Schabet Jehova 2x – 1798 Stolz Jehovah + Gott – 1798 Brentano Jehovah – 1804 Wolfsohn Jehova – 1805 Babor Ihova – 1820 Stolz Jehovah 2x – 1826 Hanl Jehova – 1828 Paulus Jehovah in Klammer – 1828 Hess Jehova – 1829 Meyer Jehovah 2x – 1835 Salomon Ewiger – 1878 Reinhardt Herr (Jahveh) 2x – 1901 Weiß Jehova – BauerWb Gott – 1938 Baeck Ewiger 2x – ThWNT Gott – 1963 NeueWelt Jehova 2x – KarlHeil Jehovah 2x – 1980 Pfleiderer Jehova 2x – EWNT Gott 2x – 1994 Stern Adonai 2x – 2002 Schumacher Jahwe 2x – 2006 Bleile Ewiger 2x – 2006 gerechteSprache ksGott 2x – 2010 Eichberger HERR 2x – 2015 Biermanski Jahweh – 2015 Wössner HERR 2x – 2016 Stahl Y'HOVAH 2x – 2017 Fotteler HERR 2x

12:30   1545 Luther HERR – 1752 Bengel HERR – 1768/73 Hess Jehova –1771/5 Lynar Jehovah – 1777 Hahn HERR – 1783 Lavater Jehovah – 1795 Stolz Jehovah – 1795 Thiess Jehova – 1795 Bolten Jehova – 1820 Stolz Jehovah – 1826 Hanl Jehova – 1828 Hess Jehova – 1829 Meyer Jehovah – 1901 Weiß Jehova – BauerWb Gott – 1938 Baeck Ewiger – ThWNT Gott – 1963 NeueWelt Jehova – 1968 GuteNachricht Gott – KarlHeil Jehovah – 1980 Pfleiderer Jehova – EWNT Gott – 1994 Stern Adonai – 2002 Schumacher Jahwe – 2006 Bleile Ewiger – 2006 gerechteSprache ksGott – 2010 Eichberger HERR – 2015 Biermanski Jahweh – 2015 Wössner HERR – 2016 Stahl Y'HOVAH – 2017 Fotteler HERR

Markus 12:32   1771/5 Lynar Jehovah

12:34   2015 Biermanski Jahweh

12:36   1545 Luther HERR – 1752 Bengel HERR – 1768/73 Hess Jehova – 1771/5 Lynar Jehovah – 1777 Hahn HERR – 1783 Mosche Jehova – 1795 Bolten Jehova – 1795 Stolz Jehova – 1798 Stolz Jehova –1804 Pölitz Jehova – 1820 Stolz Jehovah – 1828 Paulus Jehovah in Klammer – 1828 Hess Jehova – 1829 Meyer Jehovah – 1847 Irmler Herr (Jehova) – 1901 Weiß Jehova – ThWNT Gott – 1963 NeueWelt Jehova – 1965 Zink Gott – 1976 Simon HERR – KarlHeil Jehovah – 1980 Pfleiderer Jehova – EWNT Gott – 1983 HoffnungFürAlle Gott – 1994 Stern Adonai – 1999 Ziegler Jahwe – 2002 Schumacher Jahwe – 2006 gerechteSprache ksGott – 2009 Werner Gott der Herr – 2010 Eichberger HERR – 2015 Biermanski Jahweh – 2015 Wössner HERR – 2016 Stahl Y'HOVAH – 2017 Fotteler HERR

12:37   1790 Brentano Jehovah in begleitender Paraphrase

13:20   1545 Luther HERR – 1752 Bengel HERR – 1773 Bahrdt Gott – 1777 Hahn HERR – 1795 Bolten Gott – 1795 Stolz Jehovah – 1798 Stolz Gott – 1901 Weiß Jehova – BauerWb Gott – ThWNT Gott – 1963 NeueWelt Jehova – 1965 Zink Gott – KarlHeil Jehovah – 1980 Pfleiderer Jehova – EWNT Gott – 1983 HoffnungFürAlle Gott – 2006 gerechteSprache ksGott – 2009 Werner Gott – 2015 Biermanski Jahweh – 2015 Wössner HERR – 2016 Stahl Y'HOVAH – 2017 Fotteler HERR

14:25   2015 Biermanski Jahweh

14:61   1804 Pölitz Jehova

15:43   2015 Biermanski Jahweh

16:19   2015 Biermanski Jahweh

LUKAS

1:2   1986 NeueWelt *

1:6   1545 Luther HERR – 1737 Kayser Jehovah – 1752 Bengel HERR – 1773 Bahrdt Gott – 1777 Hahn HERR – 1795 Stolz Jehovah – 1796 Bolten Gott – 1797 anonym Jehovah – 1798 Stolz Jehovah – vor1800 Novalis Jehovah – BauerWb Gott – ThWNT Gott – 1945 Sahlin JHWH – 1963 NeueWelt Jehova – 1965 Zink Gott – 1968 GuteNachricht Gott – KarlHeil Jehovah – EWNT Gott – 1983 HoffnungFürAlle Gott – 1994 Stern Adonai – 2006 gerechteSprache ksLebendige – 2009 Werner Gott der Herr – 2015 Biermanski Jahweh – 2015 Wössner HERR – 2016 Stahl Y'HOVAH

Lukas 1:8   1737 Kayser Jehovah – 1796 Bolten Jehova

1:9   1545 Luther HERR – 1752 Bengel HERR – 1777 Hahn HERR – 1795 Stolz Jehovah – 1796 Bolten Jehova – 1798 Stolz Jehova – BauerWb Gott – ThWNT Gott – 1945 Sahlin JHWH – 1963 NeueWelt Jehova – 1968 GuteNachricht Gott – KarlHeil Jehovah – EWNT Gott – 1983 HoffnungFürAlle Gott – 2004 Wittek Jehova – 2006 gerechteSprache ksLebendige – 2009 Werner Gott der Herr – 2015 Biermanski Jahweh – 2015 Wössner HERR – 2016 Stahl Y'HOVAH

1:11   1545 Luther HERR – 1752 Bengel HERR – 1773 Bahrdt Gott – 1777 Hahn HERR – 1795 Stolz Jehovah – 1796 Bolten Gott – 1797 anonym Jehovah – 1798 Stolz Jehovah – 1800 Paulus Jehovah – BauerWb Gott – ThWNT Gott – 1963 NeueWelt Jehova – 1965 Zink Gott – TBLNT Gott – 1968 GuteNachricht Gott – KarlHeil Jehovah – EWNT Gott – 1983 HoffnungFürAlle Gott – 1994 Stern Adonai – 2002 Schumacher Jahwe in Fußnote – 2006 gerechteSprache ksLebendige – 2009 Werner Gott der Herr – 2015 Biermanski Jahweh – 2015 Wössner HERR – 2016 Stahl Y'HOVAH – 2017 Fotteler HERR

1:15   1545 Luther HERR – 1752 Bengel HERR – 1768/73 Hess Jehova – 1773 Bahrdt Gott – 1774 Grynäus Jehovah – 1777 Hahn HERR – 1783 Lavater Jehovah – 1798 Stolz Gott – 1800 Paulus Jehovah – 1803 Scherer Jova – 1809 Menken Jehovah – 1829 Meyer Herr (Gott) – BauerWb Gott – ThWNT Gott – 1963 NeueWelt Jehova – 1965 Zink Gott – 1968 GuteNachricht Gott – KarlHeil Jehovah – 1980 Pfleiderer Jehova – EWNT Gott – 1983 HoffnungFürAlle Gott – 1994 Stern Adonai – 2006 gerechteSprache ksLebendige – 2009 Werner Gott – 2015 Biermanski Jahweh – 2015 Wössner HERR – 2016 Stahl Y'HOVAH

1:16   1545 Luther HERR – 1752 Bengel HERR – 1777 Hahn HERR – 1795 Stolz Jehovah – 1795 Thiess Jehovah – 1796 Bolten Jehova – 1797 anonym Jehovah – 1798 Stolz Jehovah – 1802 Hartmann Jehova – 1803 Scherer Jova – 1809 Menken Jehovah – BauerWb Gott – 1963 NeueWelt Jehova – 1965 Zink Gott – KarlHeil Jehovah – 1980 Pfleiderer Jehova – EWNT Gott – 1994 Stern Adonai – 2006 gerechteSprache ksLebendige – 2015 Biermanski Jahweh – 2015 Wössner HERR – 2016 Stahl Y'HOVAH

1:17   1545 Luther HERR – 1752 Bengel HERR – 1777 Hahn HERR – 1795 Stolz Jehovah 2x – 1798 Stolz Jehovah 2x – 1796 Bolten Jehova – 1802 Hartmann

Jehova – 1809 Menken Jehovah – BauerWb Gott – ThWNT Gott – 1963 NeueWelt Jehova – KarlHeil Jehovah – 1980 Pfleiderer Jehova – 1994 Stern Adonai 2x – 2002 Schumacher Jahwe in Fußnote – 2006 gerechteSprache ksLebendige – 2015 Biermanski Jahweh – 2015 Wössner HERR – 2017 Fotteler HERR – 2016 Stahl Y'HOVAH

1:19   1773/4 Bahrdt Jehovah – 1783 Lavater Jehovah – 1790 Brentano Jehovah in begleitender Paraphrase

1:25   1545 Luther HERR – 1752 Bengel HERR – 1773 Bahrdt Gott – 1777 Hahn HERR – 1790 Lavater Jehovah – 1786 Stolz Jehovah – 1795 Stolz Jehovah – 1796 Bolten Jehova – 1798 Stolz Jehovah – 1804 Horst Jehovah – ThWNT Gott – 1945 Sahlin JHWH – 1963 NeueWelt Jehova – 1965 Zink Gott – 1968 GuteNachricht Gott – KarlHeil Jehovah – 1980 Pfleiderer Jehova – EWNT Gott – 1983 HoffnungFürAlle Gott – 1994 Stern Adonai – 2006 gerechte-Sprache ksLebendige – 2009 Werner Gott der Herr – 2015 Biermanski Jahweh – 2015 Wössner HERR – 2016 Stahl Y'HOVAH

1:26   1737 Kayser Jehovah – 2015 Biermanski Jahweh

1:28   1545 Luther HERR – 1752 Bengel HERR – 1768/73 Hess Jehova – 1773/4 Bahrdt Jehovah – 1777 Hahn HERR – 1777 Pape Jehovah – 1781 Pape Jehovah – 1785 Pfenninger Jehova – 1795 Stolz Jehovah – 1798 Stolz Jehovah – 1800 Venturini Jehova – 1804 Bellermann Jehova – 1826 Hanl Jehova – 1861 Schegg Jahve – BauerWb Gott – ThWNT Gott – 1963 NeueWelt Jehova – KarlHeil Jehovah – 1980 Pfleiderer Jehova – EWNT Gott – 1983 Emmerich Jachve – 1983 HoffnungFürAlle Gott – 1994 Stern Adonai – 2006 gerechteSprache ksLebendige – 2008 Schiffner JHWH – 2015 Biermanski Jahweh – 2015 Wössner HERR

1:30   1737 Kayser Jehovah – 1783 Lavater Jehovah – 1796 Seyffarth Jehova

1:32   1545 Luther HERR – 1737 Kayser Jehovah – 1752 Bengel HERR – 1734 Kayser Jehovah – 1777 Hahn HERR – 1777 Pape Jehovah – 1783 Lavater Jehovah – 1785 Pfenninger Jehova – 1795 Stolz Jehovah – 1795 Thiess Jehovah – 1796 Bolten Jehova – 1797 desCotes Jehovah – 1798 Stolz Jehovah – 1800 Venturini Jehova – 1802Hartmann Jehova – 1804 Bellermann Jehova – 1805 Onymus Jehova – 1810 Bellermann Jehova – 1822 Jacobi Jehovah – 1826 Hanl Jehova – 1837 Oetinger Jehovah – 1913 Zahn Jahveh – BauerWb Gott – 1963 NeueWelt Jehova – TBLNT Gott – KarlHeil Jehovah – 1980 Pfleiderer Jehova – EWNT Gott – 1994 Stern Adonai – 2002 Schumacher Jahwe in Fußnote – 2006 gerechteSprache ksLebendige – 2008 Schiffner JHWH – 2015 Biermanski Jahweh – 2015 Wössner HERR – 2017 Fotteler HERR – 2016 Stahl Y'HOVAH

Lukas 1:35   1785 Pfenninger Jehova – 1830 L.St. Jehovah – 2015 Biermanski Jahweh

1:37   1737 Kayser Jehovah

1:38   1545 Luther HERR – 1752 Bengel HERR – 1773 Bahrdt Gott – 1777 Hahn HERR – 1781 Pape Jehovah – 1785 Pfenninger Jehova – 1795 Stolz Jehovah – 1796 Bolten Gott – 1798 Stolz Jehovah – 1800 Paulus Jehovah – 1804 Bellermann Jehova – BauerWb Gott – ThWNT Gott – 1963 NeueWelt Jehova – 1968 GuteNachricht Gott – KarlHeil Jehovah – 1980 Pfleiderer Jehova – EWNT Gott – 1983 HoffnungFürAlle Gott – 1994 Stern Adonai – 2006 gerechteSprache Gott – 2009 Werner Gott der Herr – 2015 Biermanski Jahweh – 2015 Wössner HERR – 2016 Stahl Y'HOVAH – 2017 Fotteler HERR

1:41   1796 Bolten Jehova – vor1800 Novalis Jehovah

1:45   1545 Luther HERR – 1752 Bengel HERR – 1773 Bahrdt Gott – 1783 Lavater Jehovah – 1795 Stolz Jehovah – 1796 Bolten Gott – 1798 Stolz Jehovah – ThWNT Gott – 1963 NeueWelt Jehova – 1965 Zink Gott – 1968 GuteNachricht Gott – KarlHeil Jehovah – 1980 Pfleiderer Jehova – EWNT Gott – 1983 HoffnungFürAlle Gott – 1994 Stern Adonai – 2006 gerechteSprache ksLebendige – 2009 Werner Gott – 2015 Biermanski Jahweh – 2015 Wössner HERR – 2016 Stahl Y'HOVAH

1:46   1545 Luther HERR – 1752 Bengel HERR – 1773 Bahrdt Gott – 1777 Hahn HERR – 1781 Pape Jehovah – 1782Bahrdt Jehovah – 1783 Lavater Jehovah – 1790 Brentano Jehovah in begleitender Paraphrase – 1795 Stolz Jehovah – 1795 Thiess Jehovah – 1795 Milley Jehova – 1796 Seyffarth Jehova – 1798 Stolz Jehovah – vor1800 Novalis Jehovah – 1810 Halem Jehovah – 1814 JungStilling Jehovah – 1825 Hantschke Jehovah – 1849 Combalot Jehova – BauerWb Gott – ThWNT Gott – 1945 Sahlin JHWH – 1963 NeueWelt Jehova – KarlHeil Jehovah – 1980 Pfleiderer Jehova – EWNT Gott – 1994 Stern Adonai – 2006 gerechteSprache ksLebendige – 2008 Schiffner JHWH – 2009 Werner Gott der Herr – 2015 Biermanski Jahweh – 2015 Wössner HERR – 2016 Stahl Y'HOVAH

1:47   1734 Kayser Jehovah – 1737 Kayser Jehovah – 1783 Lavater Jehovah – 1795 Milley Jehova – 2015 Biermanski Jahweh

1:48   1771/5 Lynar Jehovah – 1786 Stolz Jehovah – 1828 Witschel Jehovah

1:49   1796 Seyffarth Jehova

1:50   1768/73 Hess Jehova

Lukas 1:51   1826 Aigner Jehovah – 1854 Hirscher Jehova

1:54   1781 Pape Jehovah – vor1800 Novalis Jehovah

1:58   1545 Luther HERR – 1752 Bengel HERR – 1773 Bahrdt Gott – 1777 Hahn HERR – 1796 Bolten Gott – 1798 Stolz Gott – BauerWb Gott – ThWNT Gott – 1963 NeueWelt Jehova – 1965 Zink Gott – 1968 GuteNachricht Gott – KarlHeil Jehova – 1980 Pfleiderer Jehova – EWNT Gott – 1983 HoffnungFürAlle Gott – 1994 Stern Adonai – 2006 gerechteSprache ksLebendige – 2009 Werner Gott – 2015 Biermanski Jahweh – 2015 Wössner HERR – 2017 Fotteler HERR

1:64   1737 Kayser Jehovah – 1783 Lavater Jehovah

1:66   1545 Luther HERR – 1752 Bengel HERR – 1773 Bahrdt Gott – 1777 Hahn HERR – 1796 Bolten Gott – 1798 Stolz Gott – 1829 Meyer Herr (Gott) – BauerWb Gott – ThWNT Gott – 1945 Sahlin JHWH – 1963 NeueWelt Jehova – 1965 Zink Gott – TBLNT Gott – 1968 GuteNachricht Gott – KarlHeil Jehova – 1980 Pfleiderer Jehova – EWNT Gott – 1983 HoffnungFürAlle Gott – 1994 Stern Adonai – 2004Wittek Jehova – 2006 gerechteSprache ksLebendige – 2009 Werner Gott – 2015 Biermanski Jahweh – 2015 Wössner HERR – 2016 Stahl Y'HOVAH – 2017 Fotteler HERR

1:67   1796 Bolten Jehova

1:68   1545 Luther HERR – 1737 Kayser Jehovah – 1752 Bengel HERR – 1755/6 Rambach Jehovah – 1768/73 Hess Jehova – 1771/5 Lynar Jehovah – 1773/4 Bahrdt Jehovah – 1777 Hahn HERR – 1781 Pape Jehovah – 1785 Pfenninger Jehova – 1786 Loeber Jehovah – 1786 Lavater Jehovah – 1789 Mutschelle Jehova – 1790 Brentano Jehovah in begleitender Paraphrase – 1790 Lavater Jehovah – 1791 anonym Jehovah – 1795 Stolz Jehovah – 1795 Thiess Jehovah – 1796 Seyffarth Jehova – 1796 Bolten Jehova – 1797 desCotes Jehovah – 1798 Stolz Jehovah – 1800 Venturini Jehova – 1802 Hartmann Jehova – 1804 Pölitz Jehova – 1804 Horst Jehovah – 1805 Onymus Jehova – 1814 JungStilling Jehovah – 1815 anonym Jehovah – 1816 Nack Jehova – 1820 Stolz Jehovah – 1822 Weihe Jehova – 1826 Hanl Jehova – 1829 Gerhauser Jehova – 1838 Mätzler Jehova – 1844 J.B. Jehova – 1876 Veith Jehova – 1901 Weiss Jahve – BauerWb Gott – 1963 NeueWelt Jehova – KarlHeil Jehovah – 1980 Pfleiderer Jehova – EWNT Gott – 1994 Stern Adonai – 2002 Schumacher Jahwe in Fußnote – 2006 gerechteSprache ksLebendige – 2015 Biermanski Jahweh – 2015 Wössner HERR – 2016 Stahl Y'HOVAH – 2017 Fotteler HERR

1:71   1781 Pape Jehovah

Lukas 1:72   1802 Hartmann Jehova

1:73   1781 Pape Jehovah – 1800 Venturini Jehova – 1826 Hanl Jehova

1:74   1796 Seyffarth Jehova

1:76   1752 Bengel HERR – 1777 Hahn HERR – 1781 Pape Jehovah – 1783 Lavater Jehovah – 1795 Stolz Jehovah – 1796 Seyffarth Jehova – 1798 Stolz Jehovah – 1800 Paulus Jehovah – 1802 Hartmann Jehovah – 1828 Paulus Jehovah in Klammer – 1963 NeueWelt Jehova – KarlHeil Jehovah – EWNT Gott – 2006 gerechteSprache ksLebendige – 2015 Biermanski Jahweh – 2015 Wössner HERR – 2016 Stahl Y'HOVAH – 2017 Fotteler HERR

1:77   1781 Pape Jehova – 1796 Seyffarth Jehova

2:9   1545 Luther HERR 2x – 1752 Bengel HERR 2x – 1773 Bahrdt Gott – 1777 Hahn HERR 2x – 1795 Stolz Jehovah – 1796 Bolten Gott – 1797 anonym Jehovah – 1798 Stolz Jehovah + Gott – 1802Bauer Jehova – 1810 Dräseke Jehova – 1825 Hantschke Jehova – 1839 Haupt Jehova – BauerWb Gott 2x – ThWNT Gott – 1945 Sahlin JHWH – 1963 NeueWelt Jehova 2x – 1965 Zink Gott – TBLNT Gott 2x – 1968 GuteNachricht Gott 2x – KarlHeil Jehovah 2x – 1980 Pfleiderer Jehova 2x – EWNT Gott 2x – 1983 HoffnungFürAlle Gott 2x – 1994 Stern Adonai 2x – 2002 Schumacher Jahwe in Fußnote – 2006 gerechteSprache ksLebendige 2x – 2009 Werner Gott 2x – 2015 Biermanski Jahweh 2x – 2015 Wössner HERR 2x – 2016 Stahl Y'HOVAH – 2017 Fotteler HERR 2x

2:11   1737 Kayser Jehovah – 1774 Grynäus Jehovah – 1980 Pfleiderer Jehova – 1986 NeueWelt * – 2016 Stahl Y'HOVAH

2:13   2015 Biermanski Jahweh

2:14   1768/7 Hess Jehova – 1791 anonym Jehova – 1792 Seyffarth Jehova – 1815 anonym Jehova – 2015 Biermanski Jahweh

2:15   1545 Luther HERR – 1752 Bengel HERR – 1773 Bahrdt Gott – 1777 Hahn HERR – 1795 Stolz Jehovah – 1796 Bolten Gott – 1798 Stolz Jehovah – 1825 Hantschke Jehova – 1839 Haupt Jehova – BauerWb Gott – ThWNT Gott – 1963 NeueWelt Jehova – 1965 Zink Gott – 1968 GuteNachricht Gott – KarlHeil Jehova – 1980 Pfleiderer Jehova – EWNT Gott – 1983 HoffnungFürAlle Gott – 1994 Stern Adonai – 2006 gerechteSprache ksLebendige – 2009 Werner Gott – 2015 Biermanski Jahweh – 2015 Wössner HERR – 2016 Stahl Y'HOVAH

2:20   2015 Biermanski Jahweh

2:22   1545 Luther HERR – 1752 Bengel HERR – 1777 Hahn HERR – 1792 Seyffarth Jehova – 1795 Stolz Jehovah – 1795 Thiess Jehovah – 1798 Stolz Jeho-

vah– BauerWb Gott – ThWNT Gott – 1963 NeueWelt Jehova – 1968 GuteNachricht Gott – KarlHeil Jehovah – 1980 Pfleiderer Jehova – EWNT
Gott – 1983 HoffnungFürAlle Gott – 1994 Stern Adonai – 2006 gerechte-
Sprache ksLebendige – 2009 Werner Gott – 2015 Biermanski Jahweh –
2015 Wössner HERR – 2016 Stahl Y'HOVAH

Lukas 2:23   1545 Luther HERR 2x – 1752 Bengel HERR 2x – 1777 Hahn
HERR 2x – 1790 Lavater Jehovah – 1795 Stolz Jehovah – 1795 Thiess Jehovah – 1796 Bolten Gott 2x – 1798 Stolz Jehovah + Gott – 1820 Stolz Jehovah
– 1800 Paulus Jehovah – 1829 Meyer Jehovah – BauerWb Gott – ThWNT
Gott – 1963 NeueWelt Jehova 2x – 1965 Zink Gott – 1968 GuteNachricht
Gott 2x – KarlHeil Jehovah – 1980 Pfleiderer Jehova 2x – EWNT Gott 2x –
1994 Stern Adonai 2x – 2006 gerechteSprache ksLebendige 2x – 2009 Werner Gott 2x – 2015 Biermanski Jahweh 2x – 2015 Wössner HERR 2x – 2016
Stahl Y'HOVAH 2x – 2017 Fotteler HERR

2:24   1545 Luther HERR – 1752 Bengel HERR – 1777 Hahn HERR – 1796 Bolten
Gott – 1798 Stolz Gott – BauerWb Gott – ThWNT Gott – 1963 NeueWelt
Jehova – KarlHeil Jehovah – 1980 Pfleiderer Jehova – EWNT Gott – 1994
Stern Adonai – 2006 gerechteSprache ksLebendige – 2009 Werner Gott –
2015 Biermanski Jahweh – 2015 Wössner HERR – 2016 Stahl Y'HOVAH –
2017 Fotteler HERR

2:26   1545 Luther HERR – 1752 Bengel HERR – 1773 Bahrdt Gott – 1777 Hahn
HERR – 1795 Stolz Jehovah – 1795 Milley Jehova – 1796 Bolten Gott – 1798
Stolz Jehovah – 1798 Brentano Jehova – 1802 Hartmann Jehova – BauerWb
Gott – ThWNT Gott – 1945 Sahlin JHWH – 1963 NeueWelt Jehova – 1965
Zink Gott – 1968 GuteNachricht Gott – KarlHeil Jehovah – 1980 Pfleiderer
Jehova – EWNT Gott – 1994 Stern Adonai – 2002 Schumacher Jahwe in
Fußnote – 2006 gerechteSprache ksLebendige – 2009 Werner Gott – 2015
Biermanski Jahweh – 2015 Wössner HERR – 2016 Stahl Y'HOVAH – 2017
Fotteler HERR

2:29   1783 Lavater Jehovah – 1804 Pölitz Jehova – KarlHeil Jehovah – 1986
NeueWelt * – 1994 Stern Adonai – 2015 Biermanski Jahweh – 2015 Wössner HERR

2:30   1797 desCotes Jehovah

2:38   1752 Bengel HERR – 1777 Hahn HERR – 1792 Seyffarth Jehova – 1798
Stolz Jehovah – 1986 NeueWelt * – 2015 Biermanski Jahweh – 2016 Stahl
Y'HOVAH

Lukas 2:39   1545 Luther HERR – 1752 Bengel HERR – 1777 Hahn HERR – 1795Thiess Jehovah – 1798 Stolz Gott – BauerWb Gott – ThWNT Gott – 1963 NeueWelt Jehova – 1965 Zink Gott – KarlHeil Jehovah – 1980 Pfleiderer Jehova – EWNT Gott – 1994 Stern Adonai – 2006 gerechteSprache ksLebendige – 2009 Werner Gott – 2015 Biermanski Jahweh – 2015 Wössner HERR – 2016 Stahl Y'HOVAH – 2017 Fotteler HERR

3:2   2015 Biermanski Jahweh

3:4   1545 Luther HERR – 1752 Bengel HERR – 1773 Bahrdt Gott – 1777 Hahn HERR – 1795 Stolz Jehovah – 1798 Stolz Jehovah – 1796Bolten Jehova – 1820 Stolz Jehovah - 1829 Meyer Jehovah – 1963 NeueWelt Jehova – KarlHeil Jehovah – 1980 Pfleiderer Jehova – EWNT Gott – 1994 Stern Adonai – 2002 Schumacher Jahwe in Fußnote – 2006 gerechteSprache ksLebendige – 2009 Werner Gott der Herr – 2010 Eichberger HERR – 2015 Biermanski Jahweh – 2015 Wössner HERR – 2016 Stahl Y'HOVAH

3:38   1734 Kayser Jehovah – 1737 Kayser Jehovah

4:4   1986 NeueWelt * – 2006 Bleile Ewiger – 2015 Biermanski Jahweh

4:8   1545 Luther HERR – 1752 Bengel HERR – 1773/4 Bahrdt Jehovah – 1777 Hahn HERR – 1790Lavater Jehovah – 1795 Stolz Jehovah – 1795 Thiess Jehovah – 1795 Milley Jehova – 1796 Bolten Jehova – 1798 Stolz Jehovah – 1820 Stolz Jehovah – 1828 Paulus Jehovah – 1829 Meyer Jehovah – 1846 Riegler Jehova – 1963 NeueWelt Jehova – KarlHeil Jehovah – 1980 Pfleiderer Jehova – EWNT Gott – 1994 Stern Adonai – 2002 Schumacher Jahwe – 2006 Bleile Ewiger – 2006 gerechteSprache ksLebendige – 2010 Eichberger HERR – 2015 Biermanski Jahweh – 2015 Wössner HERR – 2016 Stahl Y'HOVAH – 2017 Fotteler HERR

4:12   1545 Luther HERR – 1752 Bengel HERR – 1795 Stolz Jehovah – 1795 Thiess Jehovah – 1796 Bolten Jehova – 1798 Stolz Jehovah – 1820 Stolz Jehovah – 1828 Paulus Jehovah – 1829 Meyer Jehovah – KarlHeil Jehovah – 1963 NeueWelt Jehova – 1980 Pfleiderer Jehova – EWNT Gott – 1994 Stern Adonai – 2002 Schumacher Jahwe – 2006 Bleile Ewiger – 2006 gerechteSprache ksLebendige – 2010 Eichberger HERR – 2015 Biermanski Jahweh – 2015 Wössner HERR – 2016 Stahl Y'HOVAH – 2017 Fotteler HERR

4:18   1545 Luther HERR – 1734 Kayser Jehovah – 1737 Kayser Jehovah – 1752 Bengel HERR– 1768/73 Hess Jehova - 1771/5 Lynar Jehovah – 1773/4 Bahrdt Jehovah – 1783 Lavater Jehovah 2x – 1785 Pfenninger Jehova 2x – 1795 Stolz Jehovah – 1795 Milley Jehova 2x – 1796 Bolten Jehova 2x – 1798 Stolz Jehovah – 1805 Sintenis Jehova – 1805 Babor Ihova – 1820 Stolz Jehovah – 1828 Paulus Jehovah – 1810 Halem Jehovah – 1815 anonym Jehovah – 1824 Griesinger Jehova – 1829 Gerhauser Jehova – 1829 Meyer Jehovah – 1855 Baltzer Jehova – 1857 Swedenborg/Tafel Jehovah – 1867 Delitzsch Jehova 2x – BauerWb Gott – ThWNT Gott – 1963 NeueWelt Jehova (+ 1986 NeueWelt *) – 1965 Zink Gott – KarlHeil Jehovah – 1980 Pfleiderer Jehova – EWNT Gott – 1994 Stern Adonai – 2006 Bleile Ewiger – 2006 gerechteSprache ksLebendige – 2009 Werner Gott – 2010 Eichberger HERR 2x – 2015 Biermanski Jahweh – 2015 Wössner HERR – 2016 Stahl Y'HOVAH – 2017 Fotteler HERR

Lukas 4:19   1545 Luther HERR – 1752 Bengel HERR – 1777 Hahn HERR – 1785 Pfenninger Jehova – 1796 Bolten Jehova – 1798 Stolz Gott – 1800 Paulus Jehova – 1820 Stolz Jehova –1805 Onymus Jehova – 1814 deWette Jehova – 1828 Paulus Jehova – 1829 Meyer Jehova – 1867 Delitzsch Jehova – ThWNT Gott – 1963 NeueWelt Jehova – 1965 Zink Gott – 1968 GuteNachricht Gott – KarlHeil Jehovah – 1980 Pfleiderer Jehova – EWNT Gott – 1983 HoffnungFürAlle Gott – 1994 Stern Adonai – 2002 Schumacher Jahwe in Fußnote – 2006 Bleile Ewiger – 2006 gerechteSprache ksLebendige – 2009 Werner Gott – 2010 Eichberger HERR – 2015 Biermanski Jahweh – 2015 Wössner HERR – 2016 Stahl Y'HOVAH – 2017 Fotteler HERR

4:41   2015 Biermanski Jahweh

4:43   2015 Biermanski Jahweh

5:1   2015 Biermanski Jahweh

5:17   1752 Bengel HERR – 1773 Bahrdt Gott – 1777 Hahn HERR – 1796 Bolten Gott – 1798 Stolz Gott – 1829 Meyer Herr (Gott) – ThWNT Gott – 1963 NeueWelt Jehova – 1965 Zink Gott – 1968 GuteNachricht Gott – KarlHeil Jehovah – 1980 Pfleiderer Jehova – EWNT Gott – 1983 HoffnungFürAlle Gott – 1994 Stern Adonai – 2006 gerechteSprache ksLebendige – 2009 Werner Gott – 2015 Biermanski Jahweh – 2015 Wössner HERR – 2016 Stahl Y'HOVAH

5:21   2015 Biermanski Jahweh

5:25   2015 Biermanski Jahweh

6:4   2015 Biermanski Jahweh – 2016 Stahl Y'HOVAH

6:12   2015 Biermanski Jahweh

6:20   2015 Biermanski Jahweh

7:16   1819 Pflaum Jehova

7:28   2015 Biermanski Jahweh

Lukas 7:29   2015 Biermanski Jahweh

7:30   2015 Biermanski Jahweh

8:1   2015 Biermanski Jahweh

8:10   2015 Biermanski Jahweh

8:11   2015 Biermanski Jahweh

8:21   2015 Biermanski Jahweh

8:39   2015 Biermanski Jahweh

9:2   2015 Biermanski Jahweh

9:11   2015 Biermanski Jahweh

9:27   2015 Biermanski Jahweh

9:60   2015 Biermanski Jahweh

9:62   2015 Biermanski Jahweh

10:9   2015 Biermanski Jahweh

10:11   2015 Biermanski Jahweh

10:21   1545 Luther HERR – BauerWb Gott – ThWNT Gott – TBLNT Gott – EWNT Gott

10:27   1545 Luther HERR – 1734 Kayser Jehovah – 1737 Kayser Jehovah – 1752 Bengel HERR– 1771/5 Lynar Jehovah – 1773/4 Bahrdt Jehovah – 1777 Hahn HERR – 1783 Lavater Jehovah – 1788 Dobermann Jehovah – 1790 Lavater Jehovah – 1790 Brentano Jehovah in begleitender Paraphrase – 1795 Thiess Jehovah – 1795 Stolz Jehovah – 1796 Bolten Jehova – 1798 Stolz Jehovah –1805 Winklern Jehova – 1814 Hermann Jehovah – 1820 Stolz Jehovah – 1825 Hantschke Jehovah – 1829 Meyer Jehovah – 1963 NeueWelt Jehova – KarlHeil Jehovah – EWNT Gott – 1994 Stern Adonai – 2002 Schumacher Jahwe in Fußnote – 2006 gerechteSprache ksLebendige – 2009 Kirchentag Adonaj – 2010 Eichberger HERR – 2015 Biermanski Jahweh – 2015 Wössner HERR – 2016 Stahl Y'HOVAH – 2017 Fotteler HERR

11:20   2015 Biermanski Jahweh

11:28   2015 Biermanski Jahweh

11:42   2015 Biermanski Jahweh

11:49   2015 Biermanski Jahweh

12:20   2015 Biermanski Jahweh

12:31   2015 Biermanski Jahweh

13:18   2015 Biermanski Jahweh

13:29   2015 Biermanski Jahweh

Lukas 13:35   1545 Luther HERR – 1752 Bengel HERR – 1771/5 Lynar Jehovah – 1773/4 Bahrdt Jehovah – 1777 Hahn HERR – 1795 Stolz Jehovah – 1795 Thiess Jehovah – 1796 Bolten Gott – 1798 Stolz Jehovah – 1963 NeueWelt Jehova – 1965 Zink Gott – KarlHeil Jehovah – 1980 Pfleiderer Jehova – EWNT Gott – 1983 HoffnungFürAlle Gott – 1994 Stern Adonai – 2006 Bleile Ewiger – 2006 gerechteSprache ksLebendige – 2009 Werner Gott der Herr – 2010 Eichberger HERR – 2015 Biermanski Jahweh – 2015 Wössner HERR – 2016 Stahl Y'HOVAH

16:13   2015 Biermanski Jahweh

16:16   2015 Biermanski Jahweh

17:15   1796 Seyffarth Jehova – 2015 Biermanski Jahweh

17:18   2015 Biermanski Jahweh

17:20   2015 Biermanski Jahweh 2x

17:21   2015 Biermanski Jahweh

17:29   2016 Stahl Y'HOVAH

18:11   1796 Seyffarth Jehova

18:16   2015 Biermanski Jahweh

18:17   2015 Biermanski Jahweh

18:19   1790 Brentano Jehovah – 1792 Brentano Jehovah – 1798 Brentano Jehovah – 1805 Babor Ihova

18:24   2015 Biermanski Jahweh

18:25   2015 Biermanski Jahweh

18:27   2015 Biermanski Jahweh

18:29   2015 Biermanski Jahweh

18:43   2015 Biermanski Jahweh

19:11   2015 Biermanski Jahweh

19:11   2015 Biermanski Jahweh

19:38   1545 Luther HERR – 1752 Bengel HERR – 1771/5 Lynar Jehovah – 1773/4 Bahrdt Jehovah – 1777 Hahn HERR – 1780 Vögeli Jehovah – 1790 Brentano Jehovah in begleitender Paraphrase – 1795 Thiess Jehovah – 1795 Stolz Jehovah – 1796 Bolten Gott – 1798 Stolz Jehovah – 1802 Hartmann Jehova – 1804 Pölitz Jehova – 1820 Stolz Jehovah - 1963 NeueWelt Jehova – 1965 Zink Gott – KarlHeil Jehovah – 1980 Pfleiderer Jehova – EWNT Gott – 1983 HoffnungFürAlle Gott – 1994 Stern Adonai – 2006 gerechteSprache ksLebendige – 2009 Werner Gott der Herr – 2010 Eichberger HERR – 2015

Biermanski Jahweh – 2015 Wössner HERR – 2016 Stahl Y'HOVAH – 2017 Fotteler HERR

Lukas 20:25   1795Thiess Jehovah 2x – 2015 Biermanski Jahweh 2x

20:37   1545 Luther HERR – 1752 Bengel HERR – 1771/5 Lynar Jehovah – 1773 Bahrdt Gott – 1777 Hahn HERR – 1790Brentano Jehovah – 1792 Brentano Jehovah – 1795 Thiess Jehovah – 1795 Stolz Jehovah – 1796 Bolten Jehova – 1798 Stolz Jehovah – 1798 Brentano Jehovah – 1828 Paulus Jehovah in Klammer – 1805 Babor Ihova – 1918 Dausch Jahwe – ThWNT Gott – 1963 NeueWelt Jehova – 1965 Zink Gott – KarlHeil Jehovah – EWNT Gott – 1983 HoffnungFürAlle Gott – 1994 Stern Adonai – 2002 Schumacher Jahwe in Fußnote – 2006 gerechteSprache ksLebendige – 2010 Eichberger HERR – 2015 Biermanski Jahweh – 2015 Wössner HERR – 2016 Stahl Y'HOVAH – 2017 Fotteler HERR

20:42   1545 Luther HERR – 1752 Bengel HERR – 1771/5 Lynar Jehovah – 1777 Hahn HERR – 1795 Stolz Jehovah – 1796 Bolten Jehova – 1798 Stolz Jehovah – 1805 Scherer Jehovah – 1820 Stolz Jehovah - 1829 Meyer Jehovah – 1963 NeueWelt Jehova - 1968 GuteNachricht Gott – 1976 Simon HERR – KarlHeil Jehovah – 1980 Pfleiderer Jehova – EWNT Gott – 1994 Stern Adonai – 2002 Schumacher Jahwe – 2006 gerechteSprache ksLebendige – 2009 Werner Gott der Herr – 2010 Eichberger HERR – 2015 Biermanski Jahweh – 2015 Wössner HERR – 2016 Stahl Y'HOVAH – 2017 Fotteler HERR

21:31   2015 Biermanski Jahweh

22:16   2015 Biermanski Jahweh

22:18   2015 Biermanski Jahweh

22:69   2015 Biermanski Jahweh

23:47   2015 Biermanski Jahweh

23:51   2015 Biermanski Jahweh

24:53   2015 Biermanski Jahweh

JOHANNES

1:1   1737 Kayser Jehovah – 2015 Biermanski Jahweh

1:2   2015 Biermanski Jahweh

1:6   1796 Penzenkuffer Jehovah – 2015 Biermanski Jahweh

1:12   2015 Biermanski Jahweh

1:13   2015 Biermanski Jahweh

Johannes 1:18   2015 Biermanski Jahweh

1:23   1545 Luther HERR – 1781 Pape Jehovah – 1783 Lavater Jehovah – 1795
        Stolz Jehovah – 1797 Bolten Jehova – 1798 Stolz Jehovah – 1802 Hartmann
        Jehova – 1810 Halem Jehovah – 1820 Stolz Jehovah – 1829 Meyer Jehovah
        – 1963 NeueWelt Jehova – 1965 Zink Gott – KarlHeil Jehovah – EWNT
        Gott – 1994 Stern Adonai – 2002 Schumacher Jahwe in Fußnote – 2006 ge-
        rechteSprache ksGott – 2009 Werner Gott der Herr – 2009 Grimme Yah-
        weh – 2015 Biermanski Jahweh – 2015 Wössner HERR – 2016 Stahl
        Y'HOVAH – 2017 Fotteler HERR

1:29   2015 Biermanski Jahweh

1:36   2015 Biermanski Jahweh

1:51   1802Hartmann Jehova

3:3   2015 Biermanski Jahweh

3:5   2015 Biermanski Jahweh

3:16   2015 Biermanski Jahweh

3:17   2015 Biermanski Jahweh

3:18   2015 Biermanski Jahweh

3:21   2015 Biermanski Jahweh

3:33   2015 Biermanski Jahweh

3:34   2015 Biermanski Jahweh 2x

4:20   1773/4 Bahrdt Jehovah – 1788 Dobermann Jehovah – 1795 Milley Jehova –
        1863 Voigt Jehova

4:24   1796 Penzenkuffer Jehovah – 2015 Biermanski Jahweh

5:4   (die Passage ist in vielen Übersetzungen nicht enthalten) EWNT Gott –
        1986 NeueWelt *

5:18   2015 Biermanski Jahweh

5:25   2015 Biermanski Jahweh

6:27   2015 Biermanski Jahweh

6:33   2015 Biermanski Jahweh in Klammer

6:42   1773/4 Bahrdt Jehovah

6:45   (die meisten Übersetzungen haben hier *Gott*) – 1797 Bolten Jehova – 1963
        NeueWelt Jehova – 1994 Stern Adonai – 2006 Bleile Ewiger – 2015 Bier-
        manski Jahweh

6:46   2015 Biermanski Jahweh

6:69   1773/4 Bahrdt Jehovah – 2015 Biermanski Jahweh

Johannes 8:11   2016 Stahl Y'HOVAH

8:40   2015 Biermanski Jahweh

8:47   2015 Biermanski Jahweh 3x

9:3   2015 Biermanski Jahweh

9:24   2015 Biermanski Jahweh

9:35   2015 Biermanski Jahweh

10:34   1771/5 Lynar Jehovah – 1828 Paulus Jehovah in Klammer

10:35   1771/5 Lynar Jehovah – 2015 Biermanski Jahweh

10:36   1783 Lavater Jehovah

11:4   2015 Biermanski Jahweh 2x

11:22   2015 Biermanski Jahweh 2x

11:27   2015 Biermanski Jahweh

11:40   2015 Biermanski Jahweh

12:13   1545 Luther HERR – 1752 Bengel HERR – 1773/4 Bahrdt Jehovah – 1777 Hahn HERR – 1780 Vögeli Jehovah – 1789 Mutschelle Jehova – 1795 Stolz Jehovah – 1797 Bolten Gott – 1798 Stolz Jehovah – 1820 Stolz Jehovah – 1963 NeueWelt Jehova – 1965 Zink Gott – KarlHeil Jehovah – EWNT Gott – 1983 HoffnungFürAlle Gott – 1994 Stern Adonai – 2006 Bleile Ewiger 2x – 2006 gerechteSprache ksGott – 2009 Grimme YHWH - 2015 Biermanski Jahweh – 2015 Wössner HERR – 2016 Stahl Y'HOVAH

12:38   1545 Luther HERR 2x – 1752 Bengel HERR 2x – 1777 Hahn HERR 2x – 1795 Stolz Jehovah 2x – 1798 Stolz Jehovah 2x – 1820 Stolz Jehovah 2x– 1828 Hess Jehovah 2x - 1829 Meyer Jehovah 2x – ThWNT Gott 2x – 1963 NeueWelt Jehova 2x – 1968 GuteNachricht Gott – KarlHeil Jehovah 2x – EWNT Gott 2x – 1983 HoffnungFürAlle Gott – 1994 Stern Adonai 2x – 2006 Bleile Ewiger – 2006 gerechteSprache ksGott – 2009 Werner Gott + Gott der Herr – 2010 Eichberger HERR – 2015 Biermanski Jahweh 2x – 2015 Wössner HERR 2x – 2016 Stahl Y'HOVAH – 2017 Fotteler HERR 2x

12:43   2015 Biermanski Jahweh

13:3   2015 Biermanski Jahweh 2x

13:31   2015 Biermanski Jahweh

13:32   2015 Biermanski Jahweh 2x

14:1   2015 Biermanski Jahweh

16:2   1795 Thiess Jehovah – 1865 Dulk Jehovah

16:27   1865 Dulk Jehovah

Johannes 16:30   2015 Biermanski Jahweh

17:3   2015 Biermanski Jahweh in Klammer

17:26   2015 Biermanski Jahweh in Klammer

20:31   2015 Biermanski Jahweh

21:19   2015 Biermanski Jahweh

APOSTELGESCHICHTE

1:3   2015 Biermanski Jahweh

1:21   1965 Zink Gott

1:24   1545 Luther HERR – 1773/4 Bahrdt Jehovah – ThWNT Gott – 1963 Neue-Welt Jehova – EWNT Gott – 2006 gerechteSprache ksAdonai – 2015 Wössner HERR – 2016 Stahl Y'HOVAH

2:11   1783 Lavater Jehovah

2:15   2008 Fried Jahwe

2:16   1800 Thiess Jehovah in Klammer

2:17   1775 Hess Jehova – 1783 Lavater Jehovah – 1790 Brentano Jehovah in begleitender Paraphrase – 1798 Stolz Jehovah – 1994 Stern Adonai – 2015 Biermanski Jahweh

2:18   1775 Hess Jehova

2:20   1545 Luther HERR – 1752 Bengel HERR – 1773 Bahrdt Gott – 1777 Hahn HERR – 1795 Stolz Jehovah – 1798 Stolz Jehovah – 1799 Bolten Jehova– 1800 Thiess Jehovah – 1802 Hartmann Jehova – 1820 Stolz Jehovah - 1829 Meyer Jehovah – BauerWb Gott – ThWNT Gott – 1963 NeueWelt Jehova – KarlHeil Jehovah – EWNT Gott – 1994 Stern Adonai – 2002 Schumacher Jahwe in Fußnote – 2006 Bleile Ewiger – 2006 gerechteSprache ksAdonai – 2009 Werner Gott – 2010 Eichberger HERR – 2015 Biermanski Jahweh – 2015 Wössner HERR – 2016 Stahl Y'HOVAH – 2017 Fotteler HERR

2:21   1545 Luther HERR – 1752 Bengel HERR – 1773 Bahrdt Gott – 1777 Hahn HERR – 1795 Stolz Jehovah – 1798 Stolz Jehovah – 1799 Bolten Jehova – 1800 Thiess Jehovah - 1820 Stolz Jehovah - 1829 Meyer Jehovah – BauerWb Gott – ThWNT Gott – 1963 NeueWelt Jehova – KarlHeil Jehovah – EWNT Gott – 1983 HoffnungFürAlle Gott – 1994 Stern Adonai – 2006 Bleile Ewiger – 2006 gerechteSprache ksAdonai – 2008 Fried Jahwe – 2009 Werner Gott der Herr – 2010 Eichberger HERR – 2015 Biermanski Jahweh 2x – 2015 Wössner HERR – 2016 Stahl Y'HOVAH – 2017 Fotteler HERR

2:25   1545 Luther HERR – 1752 Bengel HERR – 1775 Hess Jehova – 1773/4 Bahrdt Jehovah – 1783 Lavater Jehovah – 1790 Brentano Jehovah in begleitender Paraphrase – 1795 Stolz Jehovah – 1798 Stolz Jehovah –1799 Bolten Jehova – 1800 Thiess Jehovah – 1805 Scherer Jehova – 1807 Venturini Jehovah – 1820 Stolz Jehovah – 1829 Meyer Jehovah – 1847 Irmler Herr (Jehova) – ThWNT Gott – 1963 NeueWelt Jehova – 1968 GuteNachricht Gott – KarlHeil Jehovah – EWNT Gott – 1994 Stern Adonai – 2006 Bleile Ewiger – 2006 gerechteSprache ksAdonai – 2009 Werner Gott der Herr – 2010 Eichberger HERR – 2015 Biermanski Jahweh – 2015 Wössner HERR

Apostelgeschichte 2:30   1783 Lavater Jehovah – 1986 NeueWelt * – 2015 Biermanski Jahweh

2:32   2015 Biermanski Jahweh

2:34   1545 Luther HERR – 1752 Bengel HERR – 1755/6 Rambach Jehovah – 1773/4 Bahrdt Jehovah – 1777 Hahn HERR – 1779 Jacob Jehovah – 1783 Lavater Jehovah – 1795 Stolz Jehovah – 1798 Stolz Jehovah – 1799 Bolten Jehova – 1802Hartmann Jehova – 1805 Scherer Jehova – 1820 Stolz Jehovah - 1829 Meyer Jehovah – 1847 Irmler Herr (Jehova) – ThWNT Gott – 1963 NeueWelt Jehova – 1965 Zink Gott – 1968 GuteNachricht Gott – KarlHeil Jehovah – EWNT Gott – 1983 HoffnungFürAlle Gott – 1994 Stern Adonai – 2006 gerechteSprache ksAdonai – 2008 Fried Jahwe – 2009 Werner Gott der Herr – 2010 Eichberger HERR – 2015 Biermanski Jahweh – 2015 Wössner HERR – 2016 Stahl Y'HOVAH – 2017 Fotteler HERR

2:36   2015 Biermanski Jahweh – 2016 Stahl Y'HOVAH

2:38   2016 Stahl Y'HOVAH

2:39   1545 Luther HERR – 1752 Bengel HERR – 1777 Hahn HERR – 1795 Stolz Jehovah – 1798 Stolz Jehovah – 1799 Bolten Jehovah – 1800 Thiess Jehovah – ThWNT Gott – 1963 NeueWelt Jehova – KarlHeil Jehovah – EWNT Gott – 1994 Stern Adonai – 2006 gerechteSprache ksAdonai – 2015 Biermanski Jahweh – 2015 Wössner HERR – 2017 Fotteler HERR

2:47   1773 Bahrdt Gott – 1799Bolten Gott – 1963 NeueWelt Jehova – EWNT Gott – 1983 HoffnungFürAlle Gott – 2015 Biermanski Jahweh

3:8   2015 Biermanski Jahweh

3:9   2015 Biermanski Jahweh

3:13   1783 Lavater Jehovah

3:15   2015 Biermanski Jahweh

3:18   2015 Biermanski Jahweh

3:19   1545 Luther HERR – 1752 Bengel HERR – 1777 Hahn HERR – 1795 Stolz Jehovah – 1798 Stolz Jehovah – 1800 Thiess Jehovah – 1829 Meyer Herr

(Gott) – 1963 NeueWelt Jehova – 1968 GuteNachricht Gott – KarlHeil Jehovah – EWNT Gott – 1983 HoffnungFürAlle Gott – 2006 gerechteSprache
ksAdonai – 2009 Werner Gott – 2015 Biermanski Jahweh – 2016 Stahl
Y'HOVAH

Apostelgeschichte 3:21   2015 Biermanski Jahweh

3:22   1545 Luther HERR – 1752 Bengel HERR – 1777 Hahn HERR – 1783 Lava-
ter Jehovah – 1795 Stolz Jehovah – 1798 Stolz Jehovah –1799 Bolten Jehova
– 1800 Thiess Jehovah – 1807 Venturini Jehovah – 1820 Stolz Jehovah –
1829 Meyer Jehovah – ThWNT Gott – 1963 NeueWelt Jehova – KarlHeil
Jehovah – 1980 Pfleiderer Jehova – EWNT Gott – 1994 Stern Adonai – 2002
Schumacher Jahwe – 2006 gerechteSprache ksAdonai – 2010 Eichberger
HERR – 2015 Biermanski Jahweh – 2015 Wössner HERR – 2016 Stahl
Y'HOVAH – 2017 Fotteler HERR

3:23   1734 Kayser Jehovah

3:25   1798 Stolz Jehovah – 2015 Biermanski Jahweh

3:26   1783 Lavater Jehovah – 2015 Biermanski Jahweh

4:10   2015 Biermanski Jahweh

4:19   2015 Biermanski Jahweh 2x

4:21   2015 Biermanski Jahweh

4:24   1734 Kayser Jehovah – 1783 Lavater Jehovah – KarlHeil Jehovah – 2015
Biermanski Jahweh – 2015 Wössner HERR – 2016 Stahl Y'HOVAH

4:25   2015 Biermanski Jahweh

4:26   1545 Luther HERR – 1752 Bengel HERR – 1773/4 Bahrdt Jehovah – 1775
Hess Jehova – 1777 Hahn HERR – 1779 Jacob Jehovah – 1783 Lavater Jehovah 2x – 1795 Stolz Jehovah – 1798 Stolz Jehovah – 1799 Bolten Jehova –
1800 Thiess Jehovah – 1805 Scherer Jehova – 1807 Venturini Jehovah –
1820 Stolz Jehovah - 1829 Meyer Jehovah – BauerWb Gott – ThWNT Gott
– 1963 NeueWelt Jehova – 1983 HoffnungFürAlle Gott – KarlHeil Jehovah
– 1980 Pfleiderer Jehova – EWNT Gott – 1994 Stern Adonai – 2002 Schumacher HERR – 2006 Bleile Ewiger – 2006 gerechteSprache ksAdonai –
2010 Eichberger HERR – 2015 Biermanski Jahweh – 2016 Stahl Y'HOVAH
– 2017 Fotteler HERR

4:29   1545 Luther HERR – 1752 Bengel HERR – 1777 Hahn HERR – 1963
NeueWelt Jehova – EWNT Gott – 2006 gerechteSprache ksAdonai – 2015
Biermanski Jahweh – 2015 Wössner HERR – 2016 Stahl Y'HOVAH

4:31   2015 Biermanski Jahweh

5:9   1752 Bengel HERR – 1773 Bahrdt Gott – 1777 Hahn HERR – 1799 Bolten Gott – ThWNT Gott – 1963 NeueWelt Jehova – 1965 Zink Gott – TBLNT Gott – KarlHeil Jehovah – EWNT Gott – 1983 HoffnungFürAlle Gott – 2006 gerechteSprache ksAdonai – 2015 Biermanski Jahweh – 2015 Wössner HERR – 2016 Stahl Y'HOVAH – 2017 Fotteler HERR

5:14   2015 Biermanski Jahweh – 2016 Stahl Y'HOVAH

5:19   1545 Luther HERR – 1752 Bengel HERR – 1773 Bahrdt Gott – 1777 Hahn HERR – 1799 Bolten Gott – BauerWb Gott – ThWNT Gott – 1963 Neue-Welt Jehova – 1965 Zink Gott – TBLNT Gott – KarlHeil Jehovah – 1980 Pfleiderer Jehova – EWNT Gott – 1994 Stern Adonai – 2006 gerechteSpra-che ksAdonai – 2009 Werner Gott der Herr – 2015 Biermanski Jahweh – 2015 Wössner HERR – 2016 Stahl Y'HOVAH – 2017 Fotteler HERR

5:29   2015 Biermanski Jahweh

5:31   2015 Biermanski Jahweh

5:32   2015 Biermanski Jahweh

6:2   2015 Biermanski Jahweh

6:3   2016 Stahl Y'HOVAH

6:7   2015 Biermanski Jahweh

6:11   1798 Stolz Jehovah

7:2   1783 Lavater Jehovah

7:3   1807 Venturini Jehovah

7:6   1807 Venturini Jehovah – 2006 Bleile Ewiger – 2015 Biermanski Jahweh

7:7   1807 Venturini Jehovah – 2015 Biermanski Jahweh

7:9   1783 Lavater Jehovah – 1807 Venturini Jehovah – 1994 Stern Adonai – 2015 Biermanski Jahweh

7:10   1807 Venturini Jehovah

7:17   1807 Venturini Jehovah

7:25   1807 Venturini Jehovah

7:30   (die Passage ist nicht in allen Übersetzungen enthalten) – 1545 Luther HERR – 1752 Bengel HERR – 1775 Hess Jehova – 1773/4 Bahrdt Jehovah – 1783 Lavater Jehovah – 1790 Brentano Jehovah in begleitender Paraphrase – 1799 Bolten Gott – 1807 Venturini Jehovah – 1968 GuteNachricht Gott – 1983 HoffnungFürAlle Gott – 1986 NeueWelt * – 2015 Biermanski Jahweh – 2016 Stahl Y'HOVAH – 2017 Fotteler HERR

Apostelgeschichte 7:31   1545 Luther HERR – 1752 Bengel HERR – 1773/4 Bahrdt Jehovah – 1777 Hahn HERR – 1795 Stolz Jehovah – 1798 Stolz Jehovah – 1799Bolten Jehova – BauerWb Gott – 1963 NeueWelt Jehova – 1965 Zink Gott – 1968 GuteNachricht Gott – KarlHeil Jehovah – EWNT Gott – 1983 HoffnungFürAlle Gott – 1994 Stern Adonai – 2002 Schumacher Jahwe in Fußnote – 2006 gerechteSprache ksAdonai – 2009 Werner Gott – 2015 Biermanski Jahweh – 2015 Wössner HERR – 2016 Stahl Y'HOVAH

7:32   1795 Stolz Jehovah 2x – 1798 Stolz Jehovah 2x – 2017 Fotteler HERR

7:33   1545 Luther HERR – 1752 Bengel HERR – 1734 Kayser Jehovah – 1773/4 Bahrdt Jehovah – 1777 Hahn HERR – 1783 Lavater Jehovah – 1790 Brentano Jehovah in begleitender Paraphrase – 1799 Bolten Jehova – BauerWb Gott – 1963 NeueWelt Jehova – 1968 GuteNachricht Gott – KarlHeil Jehovah – EWNT Gott – 1994 Stern Adonai – 2006 gerechteSprache ksAdonai – 2009 Werner Gott der Herr – 2015 Biermanski Jahweh – 2016 Stahl Y'HOVAH

7:35   1783 Lavater Jehovah – 1790 Brentano Jehovah in begleitender Paraphrase – 2015 Biermanski Jahweh

7:36   1798 Stolz Jehovah

7:37   (die Passage ist nicht in allen Übersetzungen enthalten) 1545 Luther HERR – 1752 Bengel HERR – 1773/4 Bahrdt Jehovah – 1777 Hahn HERR – 1795 Stolz Jehovah – 1798 Stolz Jehovah – 1799 Bolten Jehova – 1800 Thiess Jehovah – 1807 Venturini Jehovah – 1820 Stolz Jehovah – 1829 Meyer Jehovah – 1831 Hartmann Jehova – 1986 NeueWelt * – 2006 Bleile Ewiger – 2015 Biermanski Jahweh – 2016 Stahl Y'HOVAH – 2017 Fotteler HERR

7:42   1807 Venturini Jehovah

7:46   1798 Stolz Jehovah

7:49   1545 Luther HERR – 1752 Bengel HERR – 1775 Hess Jehova – 1777 Hahn HERR – 1795 Stolz Jehovah – 1798 Stolz Jehovah – 1820 Stolz Jehovah – 1829 Meyer Jehovah – BauerWb Gott – 1963 NeueWelt Jehova – 1968 GuteNachricht Gott – KarlHeil Jehovah – EWNT Gott – 1994 Stern Adonai – 2002 Schumacher Jahwe – 2006 gerechteSprache ksAdonai – 2009 Werner Gott der Herr – 2015 Biermanski Jahweh – 2015 Wössner HERR – 2016 Stahl Y'HOVAH – 2017 Fotteler HERR

7:55   2015 Biermanski Jahweh 3x

7:59   1777 Hahn HERR – KarlHeil Jehovah

Apostelgeschichte 7:60   1963 NeueWelt Jehova – KarlHeil Jehovah – 2015 Biermanski Jahweh

8:14   2015 Biermanski Jahweh

8:20   2015 Biermanski Jahweh

8:21   2015 Biermanski Jahweh

8:22   1799 Bolten Gott – 1963 NeueWelt Jehova – 1965 Zink Gott – EWNT Gott – 2009 Werner Gott – 2015 Biermanski Jahweh

8:24   1752 Bengel HERR – 1773 Bahrdt Gott – 1777 Hahn HERR – 1799 Bolten Gott – BauerWb Gott – 1963 NeueWelt Jehova – KarlHeil Jehovah – EWNT Gott – 2015 Biermanski Jahweh

8:25   1752 Bengel HERR – 1777 Hahn HERR – ThWNT Gott – 1963 NeueWelt Jehova – TBLNT Gott – 1968 GuteNachricht Gott – KarlHeil Jehovah – 1983 HoffnungFürAlle Gott – 2006 gerechteSprache Gott – 2015 Biermanski Jahweh

8:26   1545 Luther HERR – 1752 Bengel HERR – 1773 Bahrdt Gott – 1777 Hahn HERR – 1799 Bolten Gott – BauerWb Gott – ThWNT Gott – 1963 NeueWelt Jehova – TBLNT Gott – KarlHeil Jehovah – EWNT Gott – 1994 Stern Adonai – 2002 Schumacher Jahwe in Fußnote – 2006 gerechteSprache ksAdonai – 2009 Werner Gott – 2015 Biermanski Jahweh – 2015 Wössner HERR – 2016 Stahl Y'HOVAH

8:29   2009 Werner Gott der Herr

8:37   2015 Biermanski Jahweh

8:39   1752 Bengel HERR – 1773/4 Bahrdt Jehovah – 1777 Hahn HERR – 1799 Bolten Gott – BauerWb Gott – ThWNT Gott – 1963 NeueWelt Jehova – TBLNT Gott – KarlHeil Jehovah – EWNT Gott – 2006 gerechteSprache ksAdonai – 2015 Biermanski Jahweh – 2015 Wössner HERR – 2016 Stahl Y'HOVAH – 2017 Fotteler HERR

9:10   2016 Stahl Y'HOVAH

9:15   2016 Stahl Y'HOVAH

9:27   2016 Stahl Y'HOVAH

9:31   1752 Bengel HERR – 1773 Bahrdt Gott – 1777 Hahn HERR – 1963 NeueWelt Jehova – 1968 GuteNachricht Gott – 1983 HoffnungFürAlle Gott – 2006 gerechteSprache ksAdonai – 2009 Werner Gott – 2015 Biermanski Jahweh

10:4   1783 Lavater Jehovah – EWNT Gott

10:14   EWNT Gott(?)

Apostelgeschichte 10:15   2015 Biermanski Jahweh

10:22   1799 Bolten Jehova – 1807 Venturini Jehovah – 1980 Pfleiderer Jehova – 1986 NeueWelt *

10:28   2015 Biermanski Jahweh

10:31   2015 Biermanski Jahweh

10:33   1773 Bahrdt Gott – 1963 NeueWelt Jehova – EWNT Gott – 2015 Biermanski Jahweh

10:34   2015 Biermanski Jahweh

10:35   1980 Pfleiderer Jehova

10:36   2016 Stahl Y'HOVAH

10:38   1783 Lavater Jehovah – 2015 Biermanski Jahweh 2x

10:40   2015 Biermanski Jahweh

10:41   2015 Biermanski Jahweh

10:42   2015 Biermanski Jahweh

10:46   2015 Biermanski Jahweh

11:1   2015 Biermanski Jahweh

11:8   EWNT Gott

11:9   1783 Lavater Jehovah – 2015 Biermanski Jahweh

11:16   EWNT Gott(?) – 2017 Fotteler HERR

11:17   2015 Biermanski Jahweh 2x

11:18   1783 Lavater Jehovah – 2015 Biermanski Jahweh 2x

11:21   1752 Bengel HERR – 1773 Bahrdt Gott – 1777 Hahn HERR – 1829 Meyer Herr (Gott) – ThWNT Gott – 1963 NeueWelt Jehova – 1965 Zink Gott – TBLNT Gott – 1968 GuteNachricht Gott – KarlHeil Jehovah – EWNT Gott – 2006 gerechteSprache ksAdonai – 2009 Werner Gott – 2015 Biermanski Jahweh 2x – 2015 Wössner HERR – 2016 Stahl Y'HOVAH 2x – 2017 Fotteler HERR

11:23   EWNT Gott(?) – 2015 Biermanski Jahweh

12:5   2015 Biermanski Jahweh

12:7   1752 Bengel HERR – 1773 Bahrdt Gott – 1777 Hahn HERR – 1799 Bolten Gott – BauerWb Gott – ThWNT Gott – 1963 NeueWelt Jehova – TBLNT Gott – KarlHeil Jehovah – 1980 Pfleiderer Jehova – EWNT Gott – 1994 Stern Adonai – 2006 gerechteSprache ksAdonai – 2009 Werner Gott – 2015 Biermanski Jahweh – 2015 Wössner HERR – 2016 Stahl Y'HOVAH – 2017 Fotteler HERR

Apostelgeschichte 12:11   1752 Bengel HERR – 1773 Bahrdt Gott – 1777 Hahn HERR – 1799 Bolten Gott – 1963 NeueWelt Jehova – KarlHeil Jehovah – EWNT Gott – 2006 gerechteSprache ksAdonai – 2015 Biermanski Jahweh – 2016 Stahl Y'HOVAH – 2017 Fotteler HERR

12:17   1777 Hahn HERR – 1963 NeueWelt Jehova – EWNT Gott – 2016 Stahl Y'HOVAH

12:23   1752 Bengel HERR – 1773 Bahrdt Gott – 1777 Hahn HERR – 1799 Bolten Gott – BauerWb Gott – ThWNT Gott – 1963 NeueWelt Jehova – KarlHeil Jehovah – 1980 Pfleiderer Jehova – EWNT Gott – 1994 Stern Adonai – 2006 gerechteSprache ksAdonai – 2009 Werner Gott – 2015 Biermanski Jahweh – 2015 Wössner HERR – 2016 Stahl Y'HOVAH – 2017 Fotteler HERR

12:24   (die meisten Übersetzungen haben hier *Gott*) ThWNT Gott – 1963 Neue-Welt Jehova – TBLNT Gott – EWNT Gott – 2015 Biermanski Jahweh

13:2   1773 Bahrdt Gott – 1798 Stolz Gott – 1799 Bolten Gott – 1963 NeueWelt Jehova – KarlHeil Jehovah – EWNT Gott – 2009 Werner Gott der Herr – 2015 Biermanski Jahweh

13:5   2015 Biermanski Jahweh

13:7   2015 Biermanski Jahweh

13:10   1798 Stolz Gott – 1799 Bolten Gott – ThWNT Gott – 1963 NeueWelt Jehova – KarlHeil Jehovah – EWNT Gott – 1983 HoffnungFürAlle Gott – 2006 gerechteSprache ksAdonai – 2009 Werner Gott – 2015 Biermanski Jahweh – 2016 Stahl Y'HOVAH – 2017 Fotteler HERR

13:11   1799 Bolten Gott – ThWNT Gott – 1963 NeueWelt Jehova – 1965 Zink Gott – 1968 GuteNachricht Gott – KarlHeil Jehovah – 1980 Pfleiderer Jehova – EWNT Gott – 1983 HoffnungFürAlle Gott – 2006 gerechteSprache ksAdonai – 2009 Werner Gott – 2015 Biermanski Jahweh – 2016 Stahl Y'HOVAH – 2017 Fotteler HERR

13:12   1799 Bolten Gott – 1963 NeueWelt Jehova – EWNT Gott – 2009 Werner Gott der Herr – 2015 Biermanski Jahweh – 2016 Stahl Y'HOVAH

13:16   1799 Bolten Jehova – 1807 Venturini Jehovah – 1832 Meyer Jehovah – 1980 Pfleiderer Jehova

13:20   1807 Venturini Jehovah

13:21   1775 Hess Jehova

13:22   1783 Lavater Jehova

13:23   1807 Venturini Jehovah – 2015 Biermanski Jahweh

Apostelgeschichte 13:26   1799 Bolten Jehova – 1807 Venturini Jehovah – 1980 Pfleiderer Jehova – 2015 Biermanski Jahweh

13:30   2015 Biermanski Jahweh

13:33   2015 Biermanski Jahweh

13:36   2015 Biermanski Jahweh

13:37   1795 Stolz Jehovah – 2015 Biermanski Jahweh

13:43   1986 NeueWelt * – 2015 Biermanski Jahweh

13:44   (die meisten Übersetzungen haben hier *Gott*) 1963 NeueWelt Jehova – EWNT Gott – 2015 Biermanski Jahweh

13:46   2015 Biermanski Jahweh

13:47   1545 Luther HERR – 1734 Kayser Jehovah – 1752 Bengel HERR – 1777 Hahn HERR – 1829 Meyer Herr (Gott) – 1963 NeueWelt Jehova – EWNT Gott – 1994 Stern Adonai – 2009 Werner Gott der Herr – 2015 Biermanski Jahweh – 2015 Wössner HERR

13:48   1829 Meyer Herr (Gott) – ThWNT Gott – 1963 NeueWelt Jehova – TBLNT Gott – KarlHeil Jehovah – EWNT Gott – 1983 HoffnungFürAlle Gott – 2006 gerechteSprache ksAdonai – 2009 Werner Gott – 2015 Biermanski Jahweh

13:49   1795 Stolz Jehovah – ThWNT Gott – 1963 NeueWelt Jehova – TBLNT Gott – KarlHeil Jehovah – EWNT Gott – 1983 HoffnungFürAlle Gott – 2006 gerechteSprache ksAdonai – 2015 Biermanski Jahweh – 2016 Stahl Y'HOVAH

13:50   1980 Pfleiderer Jehova – 1986 NeueWelt *

14:3   1829 Meyer Herr (Gott) – 1963 NeueWelt Jehova – KarlHeil Jehovah – 2015 Biermanski Jahweh – 2016 Stahl Y'HOVAH

14:22   2015 Biermanski Jahweh

14:23   1963 NeueWelt Jehova

14:25   1986 NeueWelt * – 2016 Stahl Y'HOVAH

14:26   2015 Biermanski Jahweh – 2016 Stahl Y'HOVAH

14:27   2015 Biermanski Jahweh

15:4   2015 Biermanski Jahweh

15:5   2015 Biermanski Jahweh

15:7   2015 Biermanski Jahweh

15:8   2015 Biermanski Jahweh

15:10   2015 Biermanski Jahweh

Apostelgeschichte 15:12   2015 Biermanski Jahweh

15:14   2015 Biermanski Jahweh

15:17   1545 Luther HERR 2x – 1752 Bengel HERR 2x – 1755/6 Rambach Jehovah – 1773/4 Bahrdt Jehovah + Gott – 1777 Hahn HERR – 1783 Lavater Jehovah 2x – 1795 Stolz Jehovah 2x – 1798 Stolz Jehovah 2x – 1799 Bolten Jehova – 1805 Scherer Jehovah – 1820 Stolz Jehovah 2x –1829 Meyer Jehovah 2x – ThWNT Gott – 1963 NeueWelt Jehova 2x – 1965 Zink Gott 2x – 1968 GuteNachricht Gott – KarlHeil Jehovah 2x – 1980 Pfleiderer Jehova 2x – EWNT Gott 2x – 1994 Stern Adonai – 2002 Schumacher Jahwe – 2006 Bleile Ewiger – 2006 gerechteSprache ksAdonai 2x – 2009 Werner Gott der Herr – 2010 Eichberger HERR – 2015 Biermanski Jahweh 2x – 2015 Wössner HERR 2x – 2016 Stahl Y'HOVAH 2x – 2017 Fotteler HERR

15:18   2008 Fried Jahve – 2015 Biermanski Jahweh

15:19   2015 Biermanski Jahweh

15:35   1798 Stolz Gott – 1829 Meyer Herr (Gott) – ThWNT Gott – 1963 NeueWelt Jehova – TBLNT Gott – KarlHeil Jehovah – EWNT Gott – 2009 Werner Gott – 2015 Biermanski Jahweh

15:36   ThWNT Gott – 1963 NeueWelt Jehova – KarlHeil Jehovah – EWNT Gott – 2009 Werner Gott – 2015 Biermanski Jahweh

15:40   1798 Stolz Gott – 1963 NeueWelt Jehova – 1965 Zink Gott – EWNT Gott – 2006 gerechteSprache ksAdonai – 2015 Biermanski Jahweh

16:10   2015 Biermanski Jahweh

16:14   1773 Bahrdt Gott – 1783 Lavater Jehovah – 1795 Stolz Jehovah – 1798 Stolz Jehovah – 1799 Bolten Gott – 1829 Meyer Herr (Gott) – 1963 NeueWelt Jehova – KarlHeil Jehovah – 1980 Pfleiderer Jehova – EWNT Gott – 2015 Biermanski Jahweh

16:15   1963 NeueWelt Jehova – EWNT Gott – 2006 gerechteSprache Jesus – 2015 Biermanski Jahweh

16:25   2015 Biermanski Jahweh

16:30   EWNT Gott

16:31   1545 Luther HERR

16:32   1963 NeueWelt Jehova – EWNT Gott(?) – 2006 gerechteSprache Gott – 2015 Biermanski Jahweh – 2016 Stahl Y'HOVAH

16:34   2015 Biermanski Jahweh

17:13   2015 Biermanski Jahweh

Apostelgeschichte 17:24   1545 Luther HERR – BauerWb Gott – ThWNT Gott – TBLNT Gott – EWNT Gott – 2006 gerechteSprache Gott – 2015 Biermanski Jahweh

17:27   2015 Biermanski Jahweh

18:7   2015 Biermanski Jahweh

18:8   EWNT Gott

18:9   EWNT Gott(?) – 2015 Biermanski Jahweh – 2016 Stahl Y'HOVAH

18:11   2015 Biermanski Jahweh

18:21   (fast alle Übersetzungen haben hier *Gott*) 1963 NeueWelt Jehova – 2015 Biermanski Jahweh

18:25   1963 NeueWelt Jehova – EWNT Gott – 2015 Biermanski Jahweh – 2016 Stahl Y'HOVAH

18:26   2015 Biermanski Jahweh – 2016 Stahl Y'HOVAH

19:8   2015 Biermanski Jahweh

19:10   ThWNT Gott – EWNT Gott – 2015 Biermanski Jahweh – 2016 Stahl Y'HOVAH

19:11   2015 Biermanski Jahweh

19:20   ThWNT Gott – 1963 NeueWelt Jehova – KarlHeil Jehovah – EWNT Gott – 1983 HoffnungFürAlle Gott – 2015 Biermanski Jahweh

19:23   1986 NeueWelt *

20:19   EWNT Gott(?)

20:21   2015 Biermanski Jahweh

20:24   2015 Biermanski Jahweh

20:25   1986 NeueWelt *

20:27   2015 Biermanski Jahweh

20:28   EWNT Gott – 2015 Biermanski Jahweh

20:32   EWNT Gott – 2015 Biermanski Jahweh

21:14   1799 Bolten Gott – 1963 NeueWelt Jehova – KarlHeil Jehovah – EWNT Gott – 1983 HoffnungFürAlle Gott – 2015 Biermanski Jahweh

21:19   2015 Biermanski Jahweh

21:20   2015 Biermanski Jahweh

21:28   1783 Lavater Jehovah

22:3   2015 Biermanski Jahweh

22:17   1986 NeueWelt *

Apostelgeschichte 23:3   2015 Biermanski Jahweh

24:12	1783 Lavater Jehovah
26:6	2015 Biermanski Jahweh
26:7	1986 NeueWelt * – 2015 Biermanski Jahweh
26:18	2015 Biermanski Jahweh
26:20	2015 Biermanski Jahweh
26:22	2015 Biermanski Jahweh
27:23	2015 Biermanski Jahweh
27:35	2015 Biermanski Jahweh
28:15	2015 Biermanski Jahweh
28:23	2015 Biermanski Jahweh
28:28	2015 Biermanski Jahweh
28:31	2015 Biermanski Jahweh

RÖMER

1:1	2015 Biermanski Jahweh
1:4	2015 Biermanski Jahweh
1:7	2015 Biermanski Jahweh 2x
1:9	2015 Biermanski Jahweh
1:10	2015 Biermanski Jahweh
1:16	2015 Biermanski Jahweh
1:17	2015 Biermanski Jahweh
1:18	2015 Biermanski Jahweh
1:19	2015 Biermanski Jahweh 2x
1:21	2015 Biermanski Jahweh
1:25	2015 Biermanski Jahweh
1:26	2015 Biermanski Jahweh
1:32	2015 Biermanski Jahweh
2:2	2015 Biermanski Jahweh
2:4	2015 Biermanski Jahweh
2:5	2015 Biermanski Jahweh
2:13	2015 Biermanski Jahweh
2:17	2015 Biermanski Jahweh
2:23	2015 Biermanski Jahweh

Römer 2:24   2015 Biermanski Jahweh

2:29   2015 Biermanski Jahweh

       3:2   2015 Biermanski Jahweh

3:3   2015 Biermanski Jahweh

3:4   2015 Biermanski Jahweh

3:5   2015 Biermanski Jahweh 2x

3:7   2015 Biermanski Jahweh

3:11   2006 Bleile JHWH

3:18   2015 Biermanski Jahweh

3:19   2015 Biermanski Jahweh

3:21   2015 Biermanski Jahweh

3:22   2015 Biermanski Jahweh

3:23   2015 Biermanski Jahweh

3:25   2015 Biermanski Jahweh

3:29   2015 Biermanski Jahweh

3:30   2015 Biermanski Jahweh

4:2   2015 Biermanski Jahweh

4:3   1963 NeueWelt Jehova – 2015 Biermanski Jahweh

4:8   1752 Bengel HERR – 1773 Bahrdt Gott – 1777 Hahn HERR – 1790 Mutschelle Jehovah – 1795 Stolz Jehovah – 1798 Stolz Jehovah – 1808 Gerhauser Jehova – 1820 Stolz Jehovah – 1829 Meyer Jehovah – ThWNT Gott – 1963 NeueWelt Jehova – 1965 Zink Gott – TBLNT Gott – KarlHeil Jehovah – EWNT Gott – 1983 HoffnungFürAlle Gott – 1994 Stern Adonai – 2006 gerechteSprache ksLebendige – 2009 Werner Gott der Herr – 2010 Eichberger HERR – 2015 Biermanski Jahweh – 2015 Wössner HERR – 2017 Fotteler HERR

4:17   2015 Biermanski Jahweh

4:20   2015 Biermanski Jahweh 2x

4:21   2015 Biermanski Jahweh

5:1   2015 Biermanski Jahweh

5:2   2015 Biermanski Jahweh

5:5   2015 Biermanski Jahweh

5:8   2015 Biermanski Jahweh

5:10   2015 Biermanski Jahweh

Römer 5:11   2015 Biermanski Jahweh

5:15   2015 Biermanski Jahweh

6:10   2015 Biermanski Jahweh

6:11   2015 Biermanski Jahweh

6:13   2015 Biermanski Jahweh 2x

6:22   2015 Biermanski Jahweh

6:23   2015 Biermanski Jahweh

7:4   2015 Biermanski Jahweh

7:6   1986 NeueWelt *

7:22   2015 Biermanski Jahweh

7:25   2015 Biermanski Jahweh 2x

8:3   2015 Biermanski Jahweh

8:7   2015 Biermanski Jahweh 2x

8:8   2015 Biermanski Jahweh

8:9   2015 Biermanski Jahweh

8:14   2015 Biermanski Jahweh

8:17   2015 Biermanski Jahweh

8:27   2015 Biermanski Jahweh

8:28   2015 Biermanski Jahweh

8:31   2015 Biermanski Jahweh

8:33   2015 Biermanski Jahweh 2x

8:34   2015 Biermanski Jahweh

8:39   2015 Biermanski Jahweh

9:4   1790 Mutschelle Jehovah – 1798 Stolz Jehovah – 1808 Gerhauser Jehova – 2015 Biermanski Jahweh

9:5   1994 Stern Adonai – 2015 Biermanski Jahweh in Klammer

9:6   2015 Biermanski Jahweh

9:8   2015 Biermanski Jahweh

9:11   2015 Biermanski Jahweh

9:14   2015 Biermanski Jahweh

9:16   2015 Biermanski Jahweh

9:25   1798 Stolz Jehovah – 1808Gerhauser Jehova

9:28   1752 Bengel HERR – 1773/4Bahrdt Jehovah – 1777 Hahn HERR – 1782 Struensee Jehova – 1795 Stolz Jehovah – 1798 Stolz Jehovah –1808 Gerhauser Jehova – 1820 Stolz Jehovah – 1825 Flatt Jehovah – 1829 Meyer Jehovah – ThWNT Gott – 1963 NeueWelt Jehova – 1965 Zink Gott – TBLNT Gott – KarlHeil Jehova – EWNT Gott – 1994 Stern Adonai – 2006 gerechteSprache ksLebendige – 2015 Biermanski Jahweh – 2015 Wössner HERR – 2016 Stahl Y'HOVAH

Römer 9:29   1752 Bengel HERR – 1773/4 Bahrdt Jehovah – 1777 Hahn HERR – 1782 Struensee Jehova – 1790 Mutschelle Jehovah – 1795 Stolz Jehovah – 1798 Stolz Jehovah – 1808 Gerhauser Jehova – 1820 Stolz Jehovah — 1829 Meyer Jehovah – BauerWb Gott – ThWNT Gott – 1963 NeueWelt Jehova – TBLNT Gott – KarlHeil Jehova – EWNT Gott – 1994 Stern Adonai – 2002 Schumacher Jahwe in Fußnote – 2006 gerechteSprache ksLebendige – 2015 Biermanski Jahweh – 2015 Wössner HERR – 2016 Stahl Y'HOVAH

10:2   2015 Biermanski Jahweh

10:3   2015 Biermanski Jahweh 2x

10:9   2015 Biermanski Jahweh – 2017 Fotteler HERR

10:12   1545 Luther HERR – 1752 Bengel HERR – 1773 Bahrdt Gott – 1777 Hahn HERR – 1968 GuteNachricht Gott – 1980 Pfleiderer Jehova – EWNT Gott – 1983 HoffnungFürAlle Gott – 1994 Stern Adonai – 2006 gerechteSprache ksLebendige – 2016 Stahl Y'HOVAH

10:13   1545 Luther HERR – 1752 Bengel HERR – 1773/4 Bahrdt Jehovah – 1777 Hahn HERR – 1795 Stolz Jehovah – 1798 Stolz Jehovah – 1800 Penzenkuffer Jehova – 1808 Gerhauser Jehova –1820 Stolz Jehovah – 1829 Meyer Jehovah – 1963 NeueWelt Jehova – KarlHeil Jehova – EWNT Gott – 1994 Stern Adonai – 2006 Bleile Ewiger – 2006 gerechteSprache ksLebendige – 2015 Biermanski Jahweh – 2015 Wössner HERR – 2016 Stahl Y'HOVAH – 2017 Fotteler HERR

10:16   1545 Luther HERR – 1752 Bengel HERR – 1777 Hahn HERR – 1795 Stolz Jehovah – 1798 Stolz Jehovah – 1808 Gerhauser Jehova – 1820 Stolz Jehovah – 1829 Meyer Jehovah – 1963 NeueWelt Jehova – TBLNT Gott – KarlHeil Jehova – EWNT Gott – 1994 Stern Adonai – 2006 gerechteSprache ksLebendige – 2015 Biermanski Jahweh – 2015 Wössner HERR – 2017 Fotteler HERR

10:17   1986 NeueWelt * – 2015 Biermanski Jahweh

11:1   2015 Biermanski Jahweh

11:2   1773/4 Bahrdt Jehovah – 1790 Mutschelle Jehovah – 2015 Biermanski Jahweh 2x

Römer 11:3   1545 Luther HERR – 1752 Bengel HERR – 1755/6 Rambach Jehovah – 1777 Hahn HERR – 1795 Stolz Jehovah – 1798 Stolz Jehovah – 1808 Gerhauser Jehova – 1820 Stolz Jehovah – 1829 Meyer Jehovah – ThWNT Gott – 1963 NeueWelt Jehova – TBLNT Gott – KarlHeil Jehovah – EWNT Gott – 1994 Stern Adonai – 2006 gerechteSprache ksLebendige – 2015 Biermanski Jahweh – 2015 Wössner HERR – 2017 Fotteler HERR

11:4   1790Mutschelle Jehovah – 2015 Biermanski Jahweh

11:8   1986 NeueWelt * – 2015 Biermanski Jahweh

11:21   2015 Biermanski Jahweh

11:22   2015 Biermanski Jahweh 2x

11:23   2015 Biermanski Jahweh

11:27   1773/4 Bahrdt Jehovah

11:29   2015 Biermanski Jahweh

11:30   2015 Biermanski Jahweh

11:32   2015 Biermanski Jahweh

11:33   2015 Biermanski Jahweh

11:34   1545 Luther HERR – 1752 Bengel HERR – 1773 Bahrdt Gott – 1777 Hahn HERR – ThWNT Gott – 1963 NeueWelt Jehova – TBLNT Gott – KarlHeil Jehovah – EWNT Gott – 1983 HoffnungFürAlle Gott – 2006 gerechteSprache ksLebendige – 2009 Werner Gott – 2010 Eichberger HERR – 2015 Biermanski Jahweh – 2016 Stahl Y'HOVAH – 2017 Fotteler HERR

12:1   2015 Biermanski Jahweh 2x

12:2   2015 Biermanski Jahweh

12:3   2015 Biermanski Jahweh

12:11   1963 NeueWelt Jehova – 1983 HoffnungFürAlle Gott – 2006 gerechteSprache ksLebendige – 2015 Biermanski Jahweh

12:19   1545 Luther HERR – 1752 Bengel HERR – 1777 Hahn HERR – 1820 Stolz Jehovah – 1829 Meyer Jehovah – ThWNT Gott – 1963 NeueWelt Jehova – 1965 Zink Gott – TBLNT Gott – KarlHeil Jehovah – EWNT Gott – 1983 HoffnungFürAlle Gott – 1994 Stern Adonai – 2006 gerechteSprache ksLebendige – 2009 Werner Gott der Herr – 2015 Biermanski Jahweh – 2015 Wössner HERR – 2017 Fotteler HERR

13:1   2015 Biermanski Jahweh 2x

13:2   2015 Biermanski Jahweh

13:4   2015 Biermanski Jahweh 2x

Römer 13:6   2015 Biermanski Jahweh

14:3   2015 Biermanski Jahweh

14:4   1773 Bahrdt Gott – 1798 Stolz Gott – 1829 Meyer Herr (Gott) – 1963 NeueWelt Jehova – EWNT Gott – 2015 Biermanski Jahweh

14:6   1773 Bahrdt Gott 2x – 1829 Meyer Herr (Gott) – 1963 NeueWelt Jehova 3x – EWNT Gott 3x – 1983 HoffnungFürAlle Gott 3x – 2006 gerechteSprache ksLebendige 3x – 2015 Biermanski Jahweh 4x – 2017 Fotteler HERR 2x

14:8   1963 NeueWelt Jehova 3x – 2006 gerechteSprache Lebendige (ohne Hervorhebung) 3x

14:9   2016 Stahl Y'HOVAH

14:10   2015 Biermanski Jahweh

14:11   1545 Luther HERR – 1752 Bengel HERR – 1777 Hahn HERR – 1782 Struensee Jehova – 1795 Stolz Jehovah – 1798 Stolz Jehovah 2x – 1808Gerhauser Jehova 2x – 1820 Stolz Jehovah – 1829 Meyer Jehovah – 1875 Tafel Jehovah – 1963 NeueWelt Jehova – 1965 Zink Gott – TBLNT Gott – KarlHeil Jehovah – EWNT Gott – 1994 Stern Adonai – 2002 Schumacher Jahwe – 2006 gerechteSprache ksLebendige – 2009 Werner Gott der Herr – 2010 Eichberger HERR – 2015 Biermanski Jahweh 2x – 2015 Wössner HERR – 2016 Stahl Y'HOVAH – 2017 Fotteler HERR

14:12   2015 Biermanski Jahweh

14:14   2016 Stahl Y'HOVAH

14:17   2015 Biermanski Jahweh

14:18   2015 Biermanski Jahweh

14:20   2015 Biermanski Jahweh

14:22   2015 Biermanski Jahweh

15:7   2015 Biermanski Jahweh

15:8   2015 Biermanski Jahweh

15:9   2015 Biermanski Jahweh

15:10   1790 Mutschelle Jehovah – 1795 Stolz Jehovah – 1798 Stolz Jehovah – 1808 Gerhauser Jehova

15:11   1545 Luther HERR – 1752 Bengel HERR – 1773/4 Bahrdt Jehova – 1777 Hahn HERR – 1793 Oertel Jehova – 1797 Seyffarth Jehova – 1803 Küster Jehova – 1820 Stolz Jehovah – 1829 Meyer Jehovah – ThWNT Gott – 1963 NeueWelt Jehova – TBLNT Gott – KarlHeil Jehovah – EWNT Gott – 1994 Stern Adonai – 2006 gerechteSprache ksLebendige – 2009 Werner Gott der

Herr – 2010 Eichberger HERR – 2015 Biermanski Jahweh – 2015 Wössner HERR – 2016 Stahl Y'HOVAH – 2017 Fotteler HERR

Römer 15:15   2015 Biermanski Jahweh

15:16   2015 Biermanski Jahweh 2x

15:30   2015 Biermanski Jahweh

15:32   2015 Biermanski Jahweh

1 KORINTHER

1:1   2015 Biermanski Jahweh

1:3   2015 Biermanski Jahweh

1:4   2015 Biermanski Jahweh

1:9   2015 Biermanski Jahweh

1:10   1777 Hahn HERR

1:18   2015 Biermanski Jahweh

1:20   2015 Biermanski Jahweh

1:21   2015 Biermanski Jahweh

1:25   2015 Biermanski Jahweh 2x

1:27   2015 Biermanski Jahweh 2x

1:28   2015 Biermanski Jahweh

1:30   2015 Biermanski Jahweh

1:31   1545 Luther HERR – 1752 Bengel HERR – 1829 Meyer Jehovah – ThWNT Gott – 1963 NeueWelt Jehova – KarlHeil Jehova – EWNT Gott – 1983 HoffnungFürAlle Gott – 1994 Stern Adonai – 2006 Bleile Ewiger – 2006 gerechteSprache ksEwige – 2015 Biermanski Jahweh – 2015 Wössner HERR – 2016 Stahl Y'HOVAH – 2017 Fotteler HERR

2:1   2015 Biermanski Jahweh

2:5   2015 Biermanski Jahweh

2:7   2015 Biermanski Jahweh 2x

2:9   2015 Biermanski Jahweh

2:10   2015 Biermanski Jahweh

2:11   2015 Biermanski Jahweh 2x

2:12   2015 Biermanski Jahweh 2x

2:14   2015 Biermanski Jahweh

2:16   1545 Luther HERR – 1752 Bengel HERR – ThWNT Gott – 1963 NeueWelt Jehova – 1968 GuteNachricht Gott – KarlHeil Jehovah – EWNT Gott –

1994 Stern Adonai – 2006 gerechteSprache ksEwige – 2009 Werner Gott der Herr – 2010 Eichberger HERR – 2015 Wössner HERR – 2015 Biermanski Jahweh – 2016 Stahl Y'HOVAH – 2017 Fotteler HERR

1. Korinther 3:5   1798 Stolz Gott – 1829 Meyer Herr (Gott) – 1968 GuteNachricht Gott – 1983 HoffnungFürAlle Gott – 2006 gerechteSprache ksEwige – 2016 Stahl Y'HOVAH

3:6   2015 Biermanski Jahweh

3:7   2015 Biermanski Jahweh

3:9   2015 Biermanski Jahweh 3x

3:10   2015 Biermanski Jahweh

3:16   2015 Biermanski Jahweh 2x

3:17   2015 Biermanski Jahweh 3x

3:19   2015 Biermanski Jahweh

3:20   1545 Luther HERR – 1752 Bengel HERR – 1773 Bahrdt Gott – 1777 Hahn HERR – 1795 Stolz Jehovah – 1798 Stolz Jehovah – 1820 Stolz Jehovah – 1829 Meyer Jehovah – ThWNT Gott – 1963 NeueWelt Jehova – TBLNT Gott – KarlHeil Jehovah – 1994 Stern Adonai – 2006 Bleile Ewiger – 2006 gerechteSprache ksEwige – 2009 Werner Gott der Herr – 2010 Eichberger HERR – 2015 Biermanski Jahweh – 2015 Wössner HERR – 2016 Stahl Y'HOVAH – 2017 Fotteler HERR

3:23   2015 Biermanski Jahweh

4:1   2015 Biermanski Jahweh

4:4   1829 Meyer Herr (Gott) – 1963 NeueWelt Jehova – KarlHeil Jehovah – 1983 HoffnungFürAlle Gott – 2006 gerechteSprache ksEwige – 2016 Stahl Y'HOVAH

4:5   2006 gerechteSprache ksEwige – 2015 Biermanski Jahweh – 2016 Stahl Y'HOVAH

4:17   2015 Biermanski Jahweh – 2016 Stahl Y'HOVAH

4:19   1773 Bahrdt Gott – 1829 Meyer Herr (Gott) – 1963 NeueWelt Jehova – EWNT Gott – 2006 gerechteSprache ksEwige – 2015 Biermanski Jahweh – 2016 Stahl Y'HOVAH

4:20   2015 Biermanski Jahweh

5:5   EWNT Gott – 2006 gerechteSprache ksEwige

6:9   2015 Biermanski Jahweh

6:10   2015 Biermanski Jahweh

1. Korinther 6:17   2015 Biermanski Jahweh

6:19   2015 Biermanski Jahweh

6:20   2015 Biermanski Jahweh 2x

7:7   2015 Biermanski Jahweh

7:10   2015 Biermanski Jahweh

7:12   1777 Hahn HERR – 2015 Biermanski Jahweh

7:15   2015 Biermanski Jahweh

7:17   1829 Meyer Herr (Gott) – 1963 NeueWelt Jehova (+1986 NeueWelt *) – 1965 Zink Gott – EWNT Gott – 2006 gerechteSprache ksEwige – 2009 Werner Gott der Herr – 2015 Biermanski Jahweh 2x – 2016 Stahl Y'HOVAH

7:19   2015 Biermanski Jahweh

7:22   2006 gerechteSprache ksEwige 2x – 2017 Fotteler HERR

7:24   2015 Biermanski Jahweh

7:25   2006 gerechteSprache ksEwige – 2017 Fotteler HERR

7:32   2006 gerechteSprache ksEwige 2x

7:34   2006 gerechteSprache ksEwige

7:35   2006 gerechteSprache ksEwige

7:39   2006 gerechteSprache ksEwige

7:40   2015 Biermanski Jahweh

8:3   2015 Biermanski Jahweh

8:4   2015 Biermanski Jahweh

8:6   2015 Biermanski Jahweh in Klammer – 2016 Stahl Y'HOVAH

9:9   2015 Biermanski Jahweh

9:14   2006 gerechteSprache ksEwige

9:21   2015 Biermanski Jahweh

10:5   2015 Biermanski Jahweh

10:6   1796 Seyffarth Jehova

10:9   1773 Bahrdt Gott – ThWNT Gott – 1963 NeueWelt Jehova – 1965 Zink Gott – 1983 HoffnungFürAlle Gott – 2006 gerechteSprache ksEwige

10:13   2015 Biermanski Jahweh

10:20   2015 Biermanski Jahweh

10:21   1795 Stolz Jehovah – 1963 NeueWelt Jehova 2x – 2006 gerechteSprache ksEwige 2x – 2017 Fotteler HERR 2x

1. Korinther 10:22   ThWNT Gott – 1963 NeueWelt Jehova – 2006 gerechteSprache ksEwige

10:26   1545 Luther HERR – 1752 Bengel HERR – ThWNT Gott – 1963 NeueWelt Jehova – KarlHeil Jehovah – EWNT Gott – 2006 gerechteSprache ksEwige – 2009 Werner Gott der Herr – 2010 Eichberger HERR – 2015 Biermanski Jahweh – 2015 Wössner HERR – 2016 Stahl Y'HOVAH

10:28   1545 Luther HERR – 1986 NeueWelt * – 2015 Biermanski Jahweh – 2017 Fotteler HERR

10:31   2015 Biermanski Jahweh

10:32   2015 Biermanski Jahweh

11:3   2015 Biermanski Jahweh

11:7   2015 Biermanski Jahweh

11:12   2015 Biermanski Jahweh

11:13   2015 Biermanski Jahweh

11:16   2015 Biermanski Jahweh

11:22   2015 Biermanski Jahweh

11:23   1986 NeueWelt *

11:27   2016 Stahl Y'HOVAH

11:29   2016 Stahl Y'HOVAH

11:32   1829 Meyer Herr (Gott) – 1963 NeueWelt Jehova – 1965 Zink Gott – 2006 gerechteSprache ksEwige

12:3   1734 Zinzendorf Jehovah – 2015 Biermanski Jahweh – 2016 Stahl Y'HOVAH – 2017 Fotteler HERR

12:5   2006 gerechteSprache ksEwige – 2016 Stahl Y'HOVAH

12:18   2015 Biermanski Jahweh

12:24   2015 Biermanski Jahweh

12:28   2015 Biermanski Jahweh

14:21   1545 Luther HERR – 1752 Bengel HERR – 1777 Hahn HERR – 1798 Stolz Jehovah – 1820 Stolz Jehovah – 1829 Meyer Jehovah – 1963 NeueWelt Jehova – 1965 Zink Gott – TBLNT Gott – 1968 GuteNachricht Gott – KarlHeil Jehovah – 1980 Pfleiderer Jehova – EWNT Gott – 1994 Stern Adonai – 2006 gerechteSprache ksEwige – 2009 Werner Gott der Herr – 2015 Biermanski Jahweh – 2015 Wössner HERR – 2016 Stahl Y'HOVAH – 2017 Fotteler HERR

14:25   2015 Biermanski Jahweh

1. Korinther 14:28   2015 Biermanski Jahweh

14:33   2015 Biermanski Jahweh

14:36   2015 Biermanski Jahweh

14:37   2015 Biermanski Jahweh

15:9   2015 Biermanski Jahweh

15:10   2015 Biermanski Jahweh 2x

15:15   2015 Biermanski Jahweh 2x

15:24   1797 desCotes Jehovah – 2015 Biermanski Jahweh

15:28   2015 Biermanski Jahweh

15:34   2015 Biermanski Jahweh

15:38   2015 Biermanski Jahweh

15:47   2016 Stahl Y'HOVAH

15:50   2015 Biermanski Jahweh

15:58   1965 Zink Gott – 2006 gerechteSprache ksEwige 2x – 2016 Stahl Y'HOVAH 2x

16:7   1829 Meyer Herr (Gott) – 1963 NeueWelt Jehova – KarlHeil Jehovah – 2006 gerechteSprache ksEwige – 2015 Biermanski Jahweh

16:10   1963 NeueWelt Jehova – KarlHeil Jehovah – 2006 gerechteSprache ksEwige – 2015 Biermanski Jahweh – 2016 Stahl Y'HOVAH – 2017 Fotteler HERR

16:22   2006 gerechteSprache ksEwige

2 KORINTHER

1:1   2015 Biermanski Jahweh 2x

1:2   2015 Biermanski Jahweh

1:9   2015 Biermanski Jahweh

1:12   2015 Biermanski Jahweh

1:18   2015 Biermanski Jahweh

1:19   2015 Biermanski Jahweh

1:20   2015 Biermanski Jahweh 2x

1:21   2015 Biermanski Jahweh

2:12   2006 gerechteSprache ksEwiger – 2016 Stahl Y'HOVAH

2:15   2015 Biermanski Jahweh

2:17   2015 Biermanski Jahweh 2x – 2017 Fotteler HERR

2:18   2017 Fotteler HERR

2. Korinther 3:4   2015 Biermanski Jahweh

3:5   2015 Biermanski Jahweh

3:16   ThWNT Gott – 1963 NeueWelt Jehova – 1994 Stern Adonai – 2006 gerechteSprache ksEwiger – 2015 Biermanski Jahweh – 2015 Wössner HERR – 2016 Stahl Y'HOVAH

3:17   1963 NeueWelt Jehova 2x – 1994 Stern Adonai 2x – 2006 gerechteSprache ksEwiger 2x – 2015 Biermanski Jahweh 2x – 2016 Stahl Y'HOVAH 2x

3:18   1782Struensee Jehova – 1963 NeueWelt Jehova 2x – 1965 Zink Gott – 1983 HoffnungFürAlle Gott 2x – 1994 Stern Adonai – 2006 gerechteSprache ksEwiger 2x – 2015 Biermanski Jahweh 2x – 2016 Stahl Y'HOVAH 2x

4:2   2015 Biermanski Jahweh 2x

4:5   1777 Hahn HERR

4:6   2015 Biermanski Jahweh

4:7   2015 Biermanski Jahweh

4:15   2015 Biermanski Jahweh

5:1   2015 Biermanski Jahweh

5:5   2015 Biermanski Jahweh

5:11   EWNT Gott(?) – 2006 gerechteSprache ksEwiger

5:13   2015 Biermanski Jahweh

5:18   2015 Biermanski Jahweh

5:19   2015 Biermanski Jahweh

5:20   2015 Biermanski Jahweh 2x

5:21   2015 Biermanski Jahweh

6:1   2015 Biermanski Jahweh

6:4   2015 Biermanski Jahweh

6:7   2015 Biermanski Jahweh

6:16   2015 Biermanski Jahweh 2x

6:17   1545 Luther HERR – 1752 Bengel HERR – 1777 Hahn HERR – 1790 Mutschelle Jehovah – 1795 Schmidt Jehova – 1795 Stolz Jehovah – 1798 Stolz Jehovah – 1820 Stolz Jehovah – 1829 Meyer Jehovah – ThWNT Gott – 1963 NeueWelt Jehova – TBLNT Gott – 1968 GuteNachricht Gott – KarlHeil Jehovah – EWNT Gott – 1983 HoffnungFürAlle Gott – 1994 Stern Adonai – 2002 Schumacher Jahwe – 2006 Bleile Ewiger – 2006 gerechteSprache ksEwiger – 2009 Werner Gott der Herr – 2015 Biermanski Jahweh – 2015 Wössner HERR – 2016 Stahl Y'HOVAH – 2017 Fotteler HERR

2. Korinther 6:18   1545 Luther HERR – 1752 Bengel HERR – 1777 Hahn HERR – 1790 Mutschelle Jehovah – 1795 Stolz Jehovah – 1795 Schmidt Jehova – 1798 Stolz Jehovah – 1820 Stolz Jehovah – 1829 Meyer Jehovah – 1963 NeueWelt Jehova – KarlHeil Jehovah – EWNT Gott – 1994 Stern Adonai – 2002 Schumacher Jahwe – 2006 gerechteSprache ksEwiger – 2009 Werner Gott der Herr – 2010 Eichberger HERR – 2015 Biermanski Jahweh – 2015 Wössner HERR – 2016 Stahl Y'hovah – 2017 Fotteler HERR

7:6   2015 Biermanski Jahweh

7:12   2015 Biermanski Jahweh

8:1   2015 Biermanski Jahweh

8:5   1965 Zink Gott – 2006 gerechteSprache ksEwiger – 2015 Biermanski Jahweh

8:19   EWNT Gott – 2006 gerechteSprache ksEwiger

8:21   1752 Bengel HERR – 1773 Bahrdt Gott – 1798 Stolz Gott – 1829 Meyer Herr (Gott) – ThWNT Gott – 1963 NeueWelt Jehova – EWNT Gott – 1983 HoffnungFürAlle Gott – 2006 gerechteSprache ksEwiger

9:7   2015 Biermanski Jahweh

9:8   2015 Biermanski Jahweh

9:11   2015 Biermanski Jahweh

9:12   2015 Biermanski Jahweh

9:13   2015 Biermanski Jahweh

9:14   2015 Biermanski Jahweh

9:15   2015 Biermanski Jahweh

10:4   2015 Biermanski Jahweh

10:5   2015 Biermanski Jahweh

10:8   2006 gerechteSprache ksEwiger

10:13   2015 Biermanski Jahweh

10:17   1545 Luther HERR – ThWNT Gott – 1963 NeueWelt Jehova – KarlHeil Jehovah – EWNT Gott – 1983 HoffnungFürAlle Gott – 1994 Stern Adonai – 2006 gerechteSprache ksEwiger – 2009 Werner Gott der Herr – 2015 Biermanski Jahweh – 2015 Wössner HERR – 2016 Stahl Y'HOVAH – 2017 Fotteler HERR

10:18   1545 Luther HERR – 1773 Bahrdt Gott – 1963 NeueWelt Jehova – KarlHeil Jehovah – EWNT Gott – 1983 HoffnungFürAlle Gott – 2006 gerechteSpra-

che ksEwiger – 2009 Werner Gott – 2015 Biermanski Jahweh – 2016 Stahl
Y'HOVAH

2. Korinther 11:7   2015 Biermanski Jahweh

11:17   2006 gerechteSprache ksEwiger

12:1   2006 gerechteSprache ksEwiger – 2017 Fotteler HERR

12:8   1773 Bahrdt Gott – 2006 gerechteSprache ksEwiger

12:19   2015 Biermanski Jahweh

13:4   2015 Biermanski Jahweh 2x

13:7   2015 Biermanski Jahweh

13:10   2006 gerechteSprache ksEwiger

GALATER

1:1   2015 Biermanski Jahweh

1:3   2015 Biermanski Jahweh

1:13   2015 Biermanski Jahweh

1:15   2015 Biermanski Jahweh

2:6   1986 NeueWelt *

2:19   2015 Biermanski Jahweh

2:20   2015 Biermanski Jahweh

2:21   2015 Biermanski Jahweh

3:6   1963 NeueWelt Jehova – 2015 Biermanski Jahweh

3:11   2015 Biermanski Jahweh

3:17   2015 Biermanski Jahweh

3:18   2015 Biermanski Jahweh

3:20   1798 Winterberg Jehova – 1803 Schmidt Jehova – 1986 NeueWelt * – 2015
          Biermanski Jahweh

4:4   2015 Biermanski Jahweh

4:6   2015 Biermanski Jahweh

4:7   2015 Biermanski Jahweh

4:8   2015 Biermanski Jahweh

4:a   2015 Biermanski Jahweh 2x

5:10   1986 NeueWelt * – 2006 gerechteSprache ksGOTT

5:12   1986 NeueWelt *

5:21   2015 Biermanski Jahweh

Galater 6:16   2015 Biermanski Jahweh

EPHESER

1:1	2015 Biermanski Jahweh
1:3	1994 Stern Adonai
1:14	2015 Biermanski Jahweh
1:17	2015 Biermanski Jahweh in Klammer
2:8	2015 Biermanski Jahweh
2:10	2015 Biermanski Jahweh
2:12	2015 Biermanski Jahweh
2:16	2015 Biermanski Jahweh
2:19	2015 Biermanski Jahweh
2:21	1803 Leun Jehova – 1773 Bahrdt Gott – 1798 Stolz Gott – 1963 NeueWelt Jehova – 1965 Zink Gott – KarlHeil Jehovah – 1983 HoffnungFürAlle Gott – 2006 gerechteSprache ksGOTT – 2016 Stahl Y'HOVAH
2:22	2015 Biermanski Jahweh
3:2	2015 Biermanski Jahweh
3:7	2015 Biermanski Jahweh
3:19	2015 Biermanski Jahweh
3:20	1796 Seyffarth Jehova
4:5	2016 Stahl Y'HOVAH
4:13	2015 Biermanski Jahweh
4:17	2006 gerechteSprache ksGOTT – 2016 Stahl Y'HOVAH
4:24	2015 Biermanski Jahweh
4:30	2015 Biermanski Jahweh
4:32	2015 Biermanski Jahweh
5:2	2015 Biermanski Jahweh
5:5	2015 Biermanski Jahweh
5:6	2015 Biermanski Jahweh
5:10	1773 Bahrdt Gott – 2006 gerechteSprache ksGOTT
5:17	1963 NeueWelt Jehova – 1965 Zink Gott – 2006 gerechteSprache ksGOTT
5:19	1963 NeueWelt Jehova – 1968 GuteNachricht Gott – 2006 gerechteSprache ksGOTT – 2015 Biermanski Jahweh – 2016 Stahl Y'HOVAH
5:20	2015 Biermanski Jahweh

Epheser 5:21   2015 Biermanski Jahweh

6:3   1790 Mutschelle Jehovah – 2015 Biermanski Jahweh

6:4   1963 NeueWelt Jehova – 2017 Fotteler HERR

6:6   2015 Biermanski Jahweh

6:7   BauerWb Gott – 1963 NeueWelt Jehova

6:8   1773 Bahrdt Gott – 1963 NeueWelt Jehova

6:11   2015 Biermanski Jahweh

6:13   2015 Biermanski Jahweh

6:17   2015 Biermanski Jahweh

6:23   2015 Biermanski Jahweh

PHILIPPER

1:2   2015 Biermanski Jahweh

1:11   2015 Biermanski Jahweh

1:14   2015 Biermanski Jahweh

1:28   2015 Biermanski Jahweh

2:6   2015 Biermanski Jahweh

2:9   2015 Biermanski Jahweh

2:11   1704 Paulli Jehovah – 1994 Stern Adonai – 2015 Biermanski Jahweh – 2015 Wössner HERR – 2016 Stahl Y'HOVAH – 2017 Fotteler HERR

2:13   2015 Biermanski Jahweh

2:27   2015 Biermanski Jahweh

2:29   2016 Stahl Y'HOVAH

3:3   2015 Biermanski Jahweh

3:9   2015 Biermanski Jahweh

3:14   2015 Biermanski Jahweh

4:1   1986 NeueWelt *

4:4   1986 NeueWelt *

4:5   1986 NeueWelt *

4:6   2015 Biermanski Jahweh

4:7   2015 Biermanski Jahweh

4:10   1986 NeueWelt *

4:18   1986 NeueWelt * – 2015 Biermanski Jahweh

KOLOSSER

1:1	2015 Biermanski Jahweh
1:2	2015 Biermanski Jahweh
1:3	2015 Biermanski Jahweh
1:10	1773 Bahrdt Gott – 1963 NeueWelt Jehova – 1983 HoffnungFürAlle Gott – 2006 gerechteSprache ksGOTT
1:11	2015 Biermanski Jahweh
1:15	2015 Biermanski Jahweh
1:25	2015 Biermanski Jahweh 2x
1:27	2015 Biermanski Jahweh
2:12	2015 Biermanski Jahweh
3:1	2015 Biermanski Jahweh
3:3	2015 Biermanski Jahweh
3:6	2015 Biermanski Jahweh
3:12	2015 Biermanski Jahweh
3:13	1963 NeueWelt Jehova – 2006 gerechteSprache ksGOTT
3:15	1986 NeueWelt * – 2015 Biermanski Jahweh
3:16	1963 NeueWelt Jehova – 2015 Biermanski Jahweh
3:17	2015 Biermanski Jahweh – 2017 Fotteler HERR
3:22	1773 Bahrdt Gott – 1798 Stolz Gott – 1963 NeueWelt Jehova – KarlHeil Jehovah – 2006 gerechteSprache ksGOTT – 2015 Biermanski Jahweh – 2016 Stahl Y'HOVAH
3:23	1773 Bahrdt Gott – 1963 NeueWelt Jehova – KarlHeil Jehovah – 1983 HoffnungFürAlle Gott – 2015 Biermanski Jahweh
3:24	1773 Bahrdt Gott – 1963 NeueWelt Jehova – KarlHeil Jehovah – 1983 HoffnungFürAlle Gott – 2006 gerechteSprache ksGOTT – 2015 Biermanski Jahweh – 2016 Stahl Y'HOVAH
4:7	2016 Stahl Y'HOVAH
4:12	2015 Biermanski Jahweh

1. THESSALONICHER

1:1	2015 Biermanski Jahweh 2x
1:2	2015 Biermanski Jahweh
1:4	2015 Biermanski Jahweh

1. Thessalonicher 1:8   ThWNT ? – 1963 NeueWelt Jehova – KarlHeil Jehovah
– 2009 Werner Gott – 2015 Biermanski Jahweh

1:9   2015 Biermanski Jahweh

2:2   2015 Biermanski Jahweh

2:4   2015 Biermanski Jahweh

2:8   2015 Biermanski Jahweh

2:9   2015 Biermanski Jahweh

2:13   2015 Biermanski Jahweh 2x

2:14   2015 Biermanski Jahweh

2:15   2015 Biermanski Jahweh

3:2   2015 Biermanski Jahweh

4:3   2015 Biermanski Jahweh

4:5   2015 Biermanski Jahweh

4:6   1773 Bahrdt Gott – 1963 NeueWelt Jehova – 1965 Zink Gott – KarlHeil
Jehovah – 1983 HoffnungFürAlle Gott – 2006 gerechteSprache ksGOTT –
2015 Wössner HERR – 2015 Biermanski Jahweh

4:7   2015 Biermanski Jahweh

4:9   1986 NeueWelt * – 2015 Biermanski Jahweh

4:15   1963 NeueWelt Jehova – KarlHeil Jehovah – EWNT Gott – 2015 Biermanski Jahweh

4:16   1986 NeueWelt * – 2015 Biermanski Jahweh

4:17   1986 NeueWelt * 2x

5:2   1963 NeueWelt Jehova – KarlHeil Jehovah – EWNT Gott – 2006 gerechte-
Sprache ksGOTT – 2009 Werner Gott – 2015 Biermanski Jahweh – 2015
Wössner HERR – 2017 Fotteler HERR

5:9   2015 Biermanski Jahweh

5:18   2015 Biermanski Jahweh

5:27   1986 NeueWelt *

2 THESSALONICHER

1:1   2015 Biermanski Jahweh

1:2   2015 Biermanski Jahweh

1:3   1829 Meyer Herr (Gott)

1:4   1829 Meyer Herr (Gott) – 2015 Biermanski Jahweh

1:5   1829 Meyer Herr (Gott) – 2015 Biermanski Jahweh

2. Thessalonicher 1:6   2015 Biermanski Jahweh

1:9   ThWNT Gott – 2006 gerechteSprache ksGOTT – 2015 Biermanski Jahweh

1:16   1829 Meyer Herr (Gott) 2x

2:2   1963 NeueWelt Jehova – KarlHeil Jehovah – EWNT Gott – 2006 gerechte-Sprache ksGOTT – 2009 Werner Gott

2:11   2015 Biermanski Jahweh

2:13   1963 NeueWelt Jehova – 2006 gerechteSprache ksGOTT

2:16   2015 Biermanski Jahweh

3:1   ThWNT ? – 1963 NeueWelt Jehova – KarlHeil Jehovah – EWNT Gott – 2015 Biermanski Jahweh

3:3   BauerWb Gott – 2006 gerechteSprache ksGOTT – 2016 Stahl Y'HOVAH

3:4   2006 gerechteSprache ksGOTT

3:5   1777 Hahn HERR – 1829 Meyer Herr (Gott) – 2006 gerechteSprache ksGOTT – 2015 Biermanski Jahweh

3:15   1773 Bahrdt Gott

3:16   1773 Bahrdt Gott – 2006 gerechteSprache ksGOTT 2x

1. TIMOTHEUS

1:1   2015 Biermanski Jahweh

1:2   2015 Biermanski Jahweh

1:4   2015 Biermanski Jahweh

1:14   BauerWb Gott

2:2   1986 NeueWelt *

2:3   2015 Biermanski Jahweh

2:5   2015 Biermanski Jahweh

2:10   1986 NeueWelt *

2:17   2015 Biermanski Jahweh in Klammer

3:5   2015 Biermanski Jahweh

3:16   1796 Penzenkuffer Jehovah – 1986 NeueWelt *

4:3   2015 Biermanski Jahweh

4:4   2015 Biermanski Jahweh

4:5   2015 Biermanski Jahweh

4:7   1986 NeueWelt *

4:8   1986 NeueWelt *

1. Timotheus 5:4   1986 NeueWelt *

5:5   2015 Biermanski Jahweh

5:8   1986 NeueWelt *

5:21   2015 Biermanski Jahweh

6:1   2015 Biermanski Jahweh

6:2   1986 NeueWelt *

6:3   1986 NeueWelt *

6:6   1986 NeueWelt *

6:11   1986 NeueWelt * – 2015 Biermanski Jahweh

6:13   2015 Biermanski Jahweh

6:15   BauerWb Gott – ThWNT Gott – TBLNT Gott

6:17   2015 Biermanski Jahweh

2. TIMOTHEUS

1:1   2015 Biermanski Jahweh

1:2   2015 Biermanski Jahweh

1:6   2015 Biermanski Jahweh

1:7   2015 Biermanski Jahweh

1:8   2015 Biermanski Jahweh

1:16   BauerWb Gott – 1986 NeueWelt * – 2006 gerechteSprache ksGOTT

1:18   BauerWb Gott – ThWNT Gott – 1963 NeueWelt Jehova (+1986 NeueWelt *) – 1965 Zink Gott – KarlHeil Jehovah – 1983 HoffnungFürAlle Gott – 1994 Stern Adonai – 2009 Werner Gott – 2015 Biermanski Jahweh

2:7   2006 gerechteSprache ksGOTT – 2015 Biermanski Jahweh

2:9   2015 Biermanski Jahweh

2:14   EWNT Gott(?) – 1986 NeueWelt *

2:15   2015 Biermanski Jahweh

2:19   1829 Meyer Herr (Gott) 2x – ThWNT Gott – 1963 NeueWelt Jehova 2x – KarlHeil Jehovah 2x – 1980 Pfleiderer Jehova – EWNT Gott 2x – 2006 gerechteSprache ksGOTT 2x – 2009 Werner Gott der Herr – 2015 Biermanski Jahweh 3x – 2015 Wössner HERR – 2016 Stahl Y'HOVAH 2x – 2017 Fotteler HERR 2x

2:22   1829 Meyer Herr (Gott) – KarlHeil Jehovah – EWNT Gott(?) – 1983 HoffnungFürAlle Gott – 1986 NeueWelt * – 2006 gerechteSprache ksGOTT – 2015 Biermanski Jahweh – 2017 Fotteler HERR

2. Timotheus 2:24   1773 Bahrdt Gott – EWNT Gott(?) – 1986 NeueWelt * –
          2006 gerechteSprache ksGOTT

2:25   2015 Biermanski Jahweh

3:4   2015 Biermanski Jahweh

3:11   2006 gerechteSprache ksGOTT

3:16   2015 Biermanski Jahweh

3:17   2015 Biermanski Jahweh

4:1   2015 Biermanski Jahweh

4:14   1773 Bahrdt Gott – 1963 NeueWelt Jehova – KarlHeil Jehovah – 2015
         Biermanski Jahweh

4:18   2006 gerechteSprache ksGOTT

TITUS

1:1   2015 Biermanski Jahweh 2x

1:2   2015 Biermanski Jahweh

1:3   2015 Biermanski Jahweh

1:4   2015 Biermanski Jahweh

1:7   2015 Biermanski Jahweh

1:16   2015 Biermanski Jahweh

2:5   2015 Biermanski Jahweh

2:10   2015 Biermanski Jahweh

2:11   2015 Biermanski Jahweh

2:12   1986 NeueWelt *

2:13   2015 Biermanski Jahweh in Klammer

3:4   2015 Biermanski Jahweh

3:8   2015 Biermanski Jahweh

PHILEMON

3   2015 Biermanski Jahweh

HEBRÄER

1:1   2015 Biermanski Jahweh

1:3   2015 Biermanski Jahweh in Klammer

1:5   2015 Biermanski Jahweh

1:6   2015 Biermanski Jahweh

1:9   2015 Biermanski Jahweh 2x

Hebräer 1:10   1545 Luther HERR – 1780 Zachariä Jehovah – ThWNT Gott – KarlHeil Jehovah – EWNT Gott – 2006 gerechteSprache ksEwige – 2015 Biermanski Jahweh – 2015 Wössner HERR – 2017 Fotteler HERR

2:4   2015 Biermanski Jahweh

2:9   2015 Biermanski Jahweh

2:13   1780 Zachariä Jehovah 2x – 1963 NeueWelt Jehova – 2010 Eichberger HERR – 2015 Biermanski Jahweh

2:17   2015 Biermanski Jahweh

3:4   2015 Biermanski Jahweh

3:5   1790 Mutschelle Jehovah

3:8   1795 Stolz Jehovah – 1798 Stolz Jehovah

3:12   2015 Biermanski Jahweh in Klammer

4:3   1986 NeueWelt * – 2015 Biermanski Jahweh in Klammer

4:4   2015 Biermanski Jahweh

4:7   2015 Biermanski Jahweh in Klammer

4:8   2015 Biermanski Jahweh in Klammer

4:9   2015 Biermanski Jahweh

4:10   2015 Biermanski Jahweh

4:12   2015 Biermanski Jahweh

4:13   2015 Biermanski Jahweh in Klammer

4:14   2015 Biermanski Jahweh

5:1   2015 Biermanski Jahweh

5:4   2015 Biermanski Jahweh

5:7   2015 Biermanski Jahweh in Klammer

5:10   2015 Biermanski Jahweh

5:12   2015 Biermanski Jahweh

6:1   2015 Biermanski Jahweh

6:3   2015 Biermanski Jahweh – 2016 Stahl Y'HOVAH

6:5   2015 Biermanski Jahweh

6:6   2015 Biermanski Jahweh

6:7   2015 Biermanski Jahweh

6:10   2015 Biermanski Jahweh

6:13   2015 Biermanski Jahweh

6:17   2015 Biermanski Jahweh

Hebräer 6:18   2015 Biermanski Jahweh

7:1   2015 Biermanski Jahweh in Klammer

7:3   2015 Biermanski Jahweh

7:19   2015 Biermanski Jahweh

7:21   1545 Luther HERR – 1752 Bengel HERR – 1773/4 Bahrdt Jehovah – 1777 Hahn HERR – 1777 Grynäus Jehovah – 1795 Stolz Jehovah – 1798 Stolz Jehovah – 1805 Scherer Jehovah – 1805 Babor Ihova – 1820 Stolz Jehovah – 1829 Meyer Jehovah – BauerWb Gott – ThWNT Gott – 1963 NeueWelt Jehova – KarlHeil Jehovah – EWNT Gott – 1994 Stern Adonai – 2006 gerechteSprache ksEwige – 2010 Eichberger HERR – 2015 Biermanski Jahweh – 2015 Wössner HERR – 2016 Stahl Y'HOVAH

7:25   2015 Biermanski Jahweh

8:2   1752 Bengel HERR – 1773 Bahrdt Gott – 1777 Hahn HERR – 1798 Stolz Gott – BauerWb Gott – ThWNT Gott – 1963 NeueWelt Jehova – 1965 Zink Gott – 1968 GuteNachricht Gott – KarlHeil Jehovah – EWNT Gott(?) – 1983 HoffnungFürAlle Gott – 1994 Stern Adonai – 2006 gerechteSprache ksEwige – 2009 Werner Gott – 2015 Biermanski Jahweh

8:5   1790 Brentano Jehovah in begleitender Paraphrase – 2015 Biermanski Jahweh

8:8   1545 Luther HERR – 1752 Bengel HERR – 1777 Hahn HERR – 1790 Mutschelle Jehovah – 1795 Stolz Jehovah – 1798 Stolz Jehovah – 1805 Scherer Jehovah – 1820 Stolz Jehovah – 1829 Meyer Jehovah – ThWNT Gott – 1963 NeueWelt Jehova – 1965 Zink Gott – KarlHeil Jehovah – 1980 Pfleiderer Jehova – EWNT Gott – 1994 Stern Adonai – 2006 gerechteSprache ksEwige – 2009 Werner Gott – 2010 Eichberger HERR – 2015 Biermanski Jahweh 2x – 2015 Wössner HERR – 2016 Stahl Y'HOVAH – 2017 Fotteler HERR

8:9   1545 Luther HERR – 1752 Bengel HERR – 1777 Hahn HERR – 1798 Stolz Jehovah – 1820 Stolz Jehovah – 1829 Meyer Jehovah – ThWNT Gott – 1963 NeueWelt Jehova – KarlHeil Jehovah – 1980 Pfleiderer Jehova – 1994 Stern Adonai – 2006 gerechteSprache ksEwige – 2010 Eichberger HERR – 2015 Biermanski Jahweh – 2015 Wössner HERR – 2016 Stahl Y'HOVAH – 2017 Fotteler HERR

8:10   1545 Luther HERR – 1752 Bengel HERR – 1777 Hahn HERR – 1790 Mutschelle Jehovah – 1795 Stolz Jehovah – 1798 Stolz Jehovah – 1820 Stolz Jehovah – 1829 Meyer Jehovah – ThWNT Gott – 1963 NeueWelt Jehova – KarlHeil Jehovah – 1980 Pfleiderer Jehova – EWNT Gott – 1994 Stern Adonai – 2006 Bleile Ewiger – 2006 gerechteSprache ksEwige – 2009 Wer-

ner Gott – 2010 Eichberger HERR – 2015 Biermanski Jahweh – 2015 Wössner HERR – 2016 Stahl Y'HOVAH – 2017 Fotteler HERR

Hebräer 8:11   1545 Luther HERR – 1752 Bengel HERR – 1773 Bahrdt Gott –
1777 Hahn HERR – 1781 Rosenmüller Jehovah – 1795 Stolz Jehovah – 1798
Stolz Jehovah – 1805 Welcker Jehova – 1820 Stolz Jehovah – 1829 Meyer
Jehovah – ThWNT Gott – 1963 NeueWelt Jehova – 1965 Zink Gott – Karl-
Heil Jehovah – 1980 Pfleiderer Jehova – EWNT Gott – 1994 Stern Adonai –
2006 Bleile Ewiger – 2006 gerechteSprache ksEwige – 2009 Werner Gott –
2010 Eichberger HERR – 2015 Biermanski Jahweh – 2016 Stahl Y'HOVAH

9:14   2015 Biermanski Jahweh 2x

9:20   1986 NeueWelt * – 2015 Biermanski Jahweh

9:24   2015 Biermanski Jahweh

10:7   2015 Biermanski Jahweh in Klammer

10:9   2015 Biermanski Jahweh

10:12   2015 Biermanski Jahweh

10:16   1545 Luther HERR – 1752 Bengel HERR – 1773 Bahrdt Gott – 1777 Hahn
HERR – 1790 Mutschelle Jehovah – 1795 Stolz Jehovah – 1798 Stolz Jehovah – 1820 Stolz Jehovah – 1829 Meyer Jehovah – 1963 NeueWelt Jehova –
KarlHeil Jehovah – 1980 Pfleiderer Jehova – EWNT Gott – 1994 Stern
Adonai – 2006 Bleile Ewiger – 2006 gerechteSprache ksEwige – 2009 Werner Gott der Herr – 2010 Eichberger HERR – 2015 Biermanski Jahweh –
2015 Wössner HERR – 2016 Stahl Y'HOVAH

10:21   2015 Biermanski Jahweh in Klammer

10:29   1781Bahrdt Jehovah – 2015 Biermanski Jahweh

10:30   1545 Luther HERR 2x – 1752 Bengel HERR – 1777 Hahn HERR – 1780
Zachariä Jehovah 2x – 1790 Mutschelle Jehovah 2x – 1795 Stolz Jehovah 2x
– 1798 Stolz Jehovah 2x –1820 Stolz Jehovah 2x – 1829 Meyer Jehovah –
ThWNT Gott – 1963 NeueWelt Jehova (+1986 NeueWelt *) – KarlHeil Jehovah – EWNT Gott 2x – 1994 Stern Adonai – 2006 gerechteSprache ksE-
wige – 2009 Werner Gott der Herr – 2010 Eichberger HERR – 2015 Biermanski Jahweh 2x – 2015 Wössner HERR – 2016 Stahl Y'HOVAH – 2017
Fotteler HERR

10:31   1780 Zachariä Jehovah

10:36   2015 Biermanski Jahweh

11:3   2015 Biermanski Jahweh

11:4   2015 Biermanski Jahweh 2x

Hebräer 11:5   2015 Biermanski Jahweh in Klammer

11:6   2015 Biermanski Jahweh in Klammer

11:7   2015 Biermanski Jahweh

11:10   2015 Biermanski Jahweh

11:16   2015 Biermanski Jahweh

11:19   2015 Biermanski Jahweh

11:21   2015 Biermanski Jahweh

11:25   2015 Biermanski Jahweh

11:40   2015 Biermanski Jahweh

12:2   2015 Biermanski Jahweh

12:5   1545 Luther HERR – 1752 Bengel HERR – 1773 Bahrdt Gott – 1777 Hahn HERR – 1829 Meyer Jehovah – ThWNT Gott – 1963 NeueWelt Jehova – 1965 Zink Gott – KarlHeil Jehovah – EWNT Gott – 1994 Stern Adonai – 2006 gerechteSprache ksEwige – 2009 Werner Gott der Herr – 2010 Eichberger HERR – 2015 Biermanski Jahweh – 2015 Wössner HERR – 2016 Stahl Y'HOVAH – 2017 Fotteler HERR

12:6   1545 Luther HERR – 1752 Bengel HERR – 1773 Bahrdt Gott – 1777 Hahn HERR – 1829 Meyer Jehovah – BauerWb Gott – ThWNT Gott – 1963 NeueWelt Jehova – 1965 Zink Gott – KarlHeil Jehovah – EWNT Gott – 1994 Stern Adonai – 2006 gerechteSprache ksEwige – 2009 Werner Gott – 2010 Eichberger HERR – 2015 Biermanski Jahweh – 2015 Wössner HERR – 2016 Stahl Y'HOVAH – 2017 Fotteler HERR

12:7   2015 Biermanski Jahweh

12:14   1773 Bahrdt Gott – 2006 gerechteSprache ksEwige

12:15   2015 Biermanski Jahweh

12:22   2015 Biermanski Jahweh in Klammer

12:23   2015 Biermanski Jahweh in Klammer

12:29   2015 Biermanski Jahweh in Klammer

13:5   2015 Biermanski Jahweh in Klammer – 2016 Stahl Y'HOVAH

13:6   1545 Luther HERR – 1752 Bengel HERR – 1777 Hahn HERR – 1795 Stolz Jehovah – 1798 Stolz Jehovah – 1800 Penzenkuffer Jehova – 1820 Stolz Jehovah –1829 Meyer Jehovah – ThWNT Gott – 1963 NeueWelt Jehova – KarlHeil Jehovah – EWNT Gott – 1994 Stern Adonai – 2006 gerechteSprache ksEwige – 2009 Werner Gott der Herr – 2010 Eichberger HERR – 2015 Biermanski Jahweh – 2015 Wössner HERR – 2017 Fotteler HERR

Hebräer 13:7   2015 Biermanski Jahweh

13:15   2015 Biermanski Jahweh

13:16   2015 Biermanski Jahweh

13:20   2015 Biermanski Jahweh in Klammer

JAKOBUS

1:1   2015 Biermanski Jahweh

1:5   2015 Biermanski Jahweh

1:7   1773 Bahrdt Gott – 1829 Meyer Herr (Gott) – BauerWb Gott – ThWNT Gott – 1963 NeueWelt Jehova – 1965 Zink Gott – KarlHeil Jehovah – 1983 HoffnungFürAlle Gott – 2006 gerechteSprache ksGOTT – 2015 Biermanski Jahweh – 2016 Stahl Y'HOVAH

1:12   1829 Meyer Herr (Gott) – 1963 NeueWelt Jehova – 2015 Biermanski Jahweh

1:13   2015 Biermanski Jahweh 2x

1:20   2015 Biermanski Jahweh

2:5   2015 Biermanski Jahweh

2:23   1963 NeueWelt Jehova 2x – 2015 Biermanski Jahweh 2x

3:9   ThWNT Gott – 1963 Neue Welt Jehova – EWNT Gott – 1994 Stern Adonai – 2006 gerechteSprache ksGOTT – 2015 Biermanski Jahweh – 2016 Stahl Y'HOVAH

4:4   2015 Biermanski Jahweh 3x

4:6   2015 Biermanski Jahweh

4:7   2015 Biermanski Jahweh

4:8   2015 Biermanski Jahweh

4:10   1752 Bengel HERR – 1777 Hahn HERR – 1829 Meyer Herr (Gott) – 1963 NeueWelt Jehova – 1965 Zink Gott – 1968 GuteNachricht Gott – KarlHeil Jehovah – EWNT Gott – 2006 gerechteSprache ksGOTT – 2015 Biermanski Jahweh – 2015 Wössner HERR – 2016 Stahl Y'HOVAH

4:15   1545 Luther HERR – 1752 Bengel HERR – 1773 Bahrdt Gott – 1829 Meyer Herr (Gott) – BauerWb Gott – 1963 NeueWelt Jehova – KarlHeil Jehovah – EWNT Gott – 1994 Stern Adonai – 2006 gerechteSprache ksGOTT – 2009 Werner Gott der Herr – 2015 Biermanski Jahweh – 2016 Stahl Y'HOVAH

5:4   1752 Bengel HERR – 1798 Stolz Gott – BauerWb Gott – ThWNT Gott – 1963 NeueWelt Jehova – 1968 GuteNachricht Gott – KarlHeil Jehovah – 1980 Pfleiderer Jehova – EWNT Gott – 1983 HoffnungFürAlle Gott – 1994

Stern Adonai – 2002 Schumacher Jahwe in Fußnote – 2006 Bleile Jehova in Klammer – 2006 gerechteSprache ksGOTT – 2010 Eichberger HERR – 2015 Biermanski Jahweh – 2015 Wössner HERR – 2016 Stahl Y'HOVAH – 2017 Fotteler HERR

Jakobus 5:10   1773 Bahrdt Gott – 1798 Stolz Gott – 1829 Meyer Herr (Gott) – ThWNT Gott – 1963 NeueWelt Jehova – 1965 Zink Gott – TBLNT Gott – KarlHeil Jehovah – EWNT Gott – 1983 HoffnungFürAlle Gott – 1994 Stern Adonai – 2006 gerechteSprache ksGOTT – 2009 Werner Gott – 2015 Biermanski Jahweh – 2015 Wössner HERR – 2016 Stahl Y'HOVAH – 2017 Fotteler HERR

5:11   1752 Bengel HERR 2x – 1773 Bahrdt Gott – 1798 Stolz Gott – 1829 Meyer Herr (Gott) – ThWNT Gott 2x – 1963 NeueWelt Jehova 2x – KarlHeil Jehovah 2x – EWNT Gott 2x – 1983 HoffnungFürAlle Gott – 1994 Stern Adonai 2x – 2006 gerechteSprache ksGOTT 2x – 2015 Biermanski Jahweh 2x – 2015 Wössner HERR – 2016 Stahl Y'HOVAH 2x

5:14   ThWNT Gott – 1963 NeueWelt Jehova – TBLNT Gott – KarlHeil Jehovah – 2006 gerechteSprache ksGOTT – 2015 Biermanski Jahweh

5:15   1829 Meyer Herr (Gott) – 1963 NeueWelt Jehova – 1983 HoffnungFürAlle Gott – KarlHeil Jehovah – 2006 gerechteSprache ksGOTT – 2015 Biermanski Jahweh

1. PETRUS

1:2   2015 Biermanski Jahweh

1:5   2015 Biermanski Jahweh

1:21   2015 Biermanski Jahweh

1:23   2015 Biermanski Jahweh

1:25   1545 Luther HERR – 1752 Bengel HERR – 1771 Zachariä Jehovah – BauerWb Gott – ThWNT Gott – 1963 NeueWelt Jehova – 1968 GuteNachricht Gott – KarlHeil Jehovah – 1980 Pfleiderer Jehova – EWNT Gott – 1983 HoffnungFürAlle Gott – 1994 Stern Adonai – 2006 gerechteSprache ksGOTT – 2009 Werner Gott der Herr – 2015 Biermanski Jahweh – 2015 Wössner HERR – 2017 Fotteler HERR

2:3   1545 Luther HERR – 1752 Bengel HERR – ThWNT Gott – EWNT Gott – 1994 Stern Adonai – 2006 gerechteSprache ksGOTT – 2010 Eichberger HERR – 2015 Biermanski Jahweh – 2015 Wössner HERR – 2016 Stahl Y'HOVAH

2:4   2015 Biermanski Jahweh

1. Petrus 2:5   2015 Biermanski Jahweh

2:9   2015 Biermanski Jahweh

2:12   2015 Biermanski Jahweh

2:13   EWNT Gott(?) – 1986 NeueWelt *

2:15   2015 Biermanski Jahweh

2:16   2015 Biermanski Jahweh

2:17   2015 Biermanski Jahweh

2:19   2015 Biermanski Jahweh

2:20   2015 Biermanski Jahweh

3:1   1986 NeueWelt *

3:4   2015 Biermanski Jahweh

3:5   2015 Biermanski Jahweh

3:12   1545 Luther HERR 2x – 1752 Bengel HERR 2x – 1771 Zachariä Jehovah – 1773 Bahrdt Gott – 1795 Stolz Jehovah – 1796 Seyffarth Jehova – 1798 Stolz Jehovah – 1800 Penzenkuffer Jehovah – 1820 Stolz Jehovah 2x – 1824 Eisenschmid Jehova – 1829 Meyer Jehovah 2x – ThWNT Gott 2x – 1963 NeueWelt Jehova 2x – KarlHeil Jehovah 2x – 1980 Pfleiderer Jehova 2x – EWNT Gott 2x – 1983 HoffnungFürAlle Gott 2x – 1994 Stern Adonai 2x – 2006 Bleile Ewiger 2x – 2006 gerechteSprache ksGOTT 3x – 2009 Werner Gott 2x – 2009 Kirchentag Adonaj 2x – 2010 Eichberger HERR 2x – 2015 Biermanski Jahweh 3x – 2015 Wössner HERR 2x – 2016 Stahl Y'HOVAH 2x

3:13   1796 Seyffarth Jehova

3:14   1734 Zinzendorf Jehovah

3:15   1545 Luther HERR – 1752 Bengel HERR – 1796 Seyffarth Jehova – 1986 NeueWelt * – 2009 Kirchentag Adonaj – 2015 Biermanski Jahweh – 2017 Fotteler HERR – 2016 Stahl Y'HOVAH

3:17   2015 Biermanski Jahweh

3:18   2015 Biermanski Jahweh

3:20   2015 Biermanski Jahweh

3:21   2015 Biermanski Jahweh

3:22   2015 Biermanski Jahweh

4:2   2015 Biermanski Jahweh

4:6   2015 Biermanski Jahweh

4:10   2015 Biermanski Jahweh

1. Petrus 4:11   2015 Biermanski Jahweh 3x

4:14   2015 Biermanski Jahweh

4:16   2015 Biermanski Jahweh

4:17   2015 Biermanski Jahweh

4:19   2015 Biermanski Jahweh

5:2   2015 Biermanski Jahweh 2x

5:3   1986 NeueWelt *

5:5   2015 Biermanski Jahweh

5:6   2015 Biermanski Jahweh

5:12   2015 Biermanski Jahweh

2. PETRUS

1:2   2015 Biermanski Jahweh

1:3   1986 NeueWelt *

1:17   2015 Biermanski Jahweh

1:21   2015 Biermanski Jahweh

2:4   2015 Biermanski Jahweh

2:9   1545 Luther HERR – 1752 Bengel HERR – 1773 Bahrdt Gott – 1829 Meyer Herr (Gott) – BauerWb Gott – 1963 NeueWelt Jehova – KarlHeil Jehovah – EWNT Gott – 1983 HoffnungFürAlle Gott – 2006 gerechteSprache ksGOTT – 2015 Wössner HERR – 2016 Stahl Y'HOVAH – 2017 Fotteler HERR

2:11   1752 Bengel HERR – 1771 Zachariä Jehovah – 1798 Stolz Gott – 1829 Meyer Herr (Gott) – 1963 NeueWelt Jehova – KarlHeil Jehovah – EWNT Gott(?) – 1983 HoffnungFürAlle Gott – 2006 gerechteSprache ksGOTT – 2009 Werner Gott der Herr – 2015 Biermanski Jahweh – 2016 Stahl Y'HOVAH

3:2   2016 Stahl Y'HOVAH

3:5   2015 Biermanski Jahweh

3:8   1752 Bengel HERR – 1771 Zachariä Jehovah – 1773 Bahrdt Gott – 1829 Meyer Herr (Gott) – BauerWb Gott – ThWNT Gott – 1963 NeueWelt Jehova – 1965 Zink Gott – 1968 GuteNachricht Gott – KarlHeil Jehovah – EWNT Gott – 1983 HoffnungFürAlle Gott – 2006 gerechteSprache ksGOTT – 2009 Werner Gott der Herr – 2015 Biermanski Jahweh – 2015 Wössner HERR – 2016 Stahl Y'HOVAH

2. Petrus 3:9   1545 Luther HERR – 1752 Bengel HERR – 1773 Bahrdt Gott – 1829 Meyer Herr (Gott) – 1963 NeueWelt Jehova – KarlHeil Jehovah – EWNT Gott – 1983 HoffnungFürAlle Gott – 2006 gerechteSprache ksGOTT – 2009 Werner Gott der Herr – 2015 Biermanski Jahweh – 2015 Wössner HERR – 2016 Stahl Y'HOVAH

3:10   1752 Bengel HERR – 1963 NeueWelt Jehova – KarlHeil Jehovah – EWNT Gott – 2006 gerechteSprache ksGOTT – 2009 Werner Gott – 2015 Biermanski Jahweh – 2015 Wössner HERR – 2016 Stahl Y'HOVAH

3:12   1963 NeueWelt Jehova – 2015 Biermanski Jahweh

3:15   BauerWb Gott – EWNT Gott – 2016 Stahl Y'HOVAH

1. JOHANNES

1:2   2015 Biermanski Jahweh in Klammer

1:5   2015 Biermanski Jahweh

2:5   2015 Biermanski Jahweh

2:14   2015 Biermanski Jahweh

2:29   1796 Penzenkuffer Jehovah

3:8   2015 Biermanski Jahweh

3:9   2015 Biermanski Jahweh 2x

3:10   2015 Biermanski Jahweh

3:17   2015 Biermanski Jahweh

4:1   2015 Biermanski Jahweh

4:2   2015 Biermanski Jahweh 2x

4:3   2015 Biermanski Jahweh

4:4   2015 Biermanski Jahweh

4:6   2015 Biermanski Jahweh 3x

4:7   2015 Biermanski Jahweh 3x

4:9   2015 Biermanski Jahweh 2x

4:10   2015 Biermanski Jahweh

4:11   2015 Biermanski Jahweh

4:12   2015 Biermanski Jahweh 2x

4:15   2015 Biermanski Jahweh

4:16   2015 Biermanski Jahweh 4x

4:20   2015 Biermanski Jahweh 2x

4:21   2015 Biermanski Jahweh

1.Johannes 5:1   2015 Biermanski Jahweh

5:2   2015 Biermanski Jahweh

5:3   2015 Biermanski Jahweh

5:4   2015 Biermanski Jahweh

5:5   2015 Biermanski Jahweh

5:9   2015 Biermanski Jahweh 2x

5:10   2015 Biermanski Jahweh 3x

5:11   2015 Biermanski Jahweh

5:12   2015 Biermanski Jahweh 2x

5:13   2015 Biermanski Jahweh 2x

5:18   2015 Biermanski Jahweh 2x

5:19   2015 Biermanski Jahweh

5:20   2015 Biermanski Jahweh 2x

2. JOHANNES

3   2015 Biermanski Jahweh

9   2015 Biermanski Jahweh

11   1986 NeueWelt *

3. JOHANNES

6   2015 Biermanski Jahweh

11   2015 Biermanski Jahweh 2x

JUDAS

1   2015 Biermanski Jahweh

5   1545 Luther HERR – 1752 Bengel HERR – 1777 Hahn HERR – 1790 Mut-schelle Jehovah – 1829 Meyer Herr (Gott) – BauerWb Gott – ThWNT Gott – 1963 NeueWelt Jehova – KarlHeil Jehovah – 1980 Pfleiderer Jehova – EWNT Gott(?)– 1983 HoffnungFürAlle Gott – 1994 Stern Adonai – 2015 Biermanski Jahweh – 2015 Wössner HERR

9   1545 Luther HERR – 1752 Bengel HERR – 1771 Zachariä Jehovah – 1773 Bahrdt Gott – 1777 Hahn HERR – 1798 Stolz Gott – 1829 Meyer Herr (Gott) – BauerWb Gott – ThWNT Gott – 1963 NeueWelt Jehova – KarlHeil Jehovah – 1980 Pfleiderer Jehova – EWNT Gott – 1994 Stern Adonai – 2006 gerechteSprache ksGOTT – 2010 Eichberger HERR – 2015 Biermanski Jahweh – 2015 Wössner HERR – 2016 Stahl Y'HOVAH

Judas 14   1545 Luther HERR – 1752 Bengel HERR – 1777 Hahn HERR – 1829 Meyer Herr (Gott) – 1963 NeueWelt Jehova – KarlHeil Jehovah – 1980 Pfleiderer Jehova – EWNT Gott – 1994 Stern Adonai – 2006 gerechte-Sprache ksGOTT – 2009 Werner Gott der Herr – 2015 Biermanski Jahweh – 2015 Wössner HERR – 2016 Stahl Y'HOVAH – 2017 Fotteler HERR

21   2015 Biermanski Jahweh

25   2015 Biermanski Jahweh in Klammer

OFFENBARUNG

1:1   2015 Biermanski Jahweh

1:2   1739 Kayser Jehovah

1:4   1773/4 Bahrdt Jehovah – 2015 Biermanski Jahweh

1:6   1739 Kayser Jehovah

1:8   1739 Kayser Jehovah – 1752 Bengel HERR – 1755/6 Rambach Jehovah – 1773/4 Bahrdt Jehovah – 1777 Hahn HERR – 1780Lavater Jehovah – 1788 Johannsen Jehovah – 1806 Muenter Jehova – 1862 Volkmar Jahve – BauerWb Gott – ThWNT Gott – 1963 NeueWelt Jehova – TBLNT Gott – Karl-Heil Jehovah – EWNT Gott – 1994 Stern Adonai – 2002 Schumacher Jahwe in Fußnote – 2006 GerechteSprache Macht (ohne Hervorhebung) – 2010 Eichberger HERR – 2015 Biermanski Jahweh – 2015 Wössner HERR – 2016 Stahl Y'HOVAH – 2017 Fotteler HERR

1:9   1739 Kayser Jehovah – 2015 Biermanski Jahweh

1:10   2015 Biermanski Jahweh

2:18   1780 Lavater Jehovah – 2015 Biermanski Jahweh

2:27   1780 Lavater Jehovah

3:1   1780 Lavater Jehovah

3:12   1802 Schreiber Jehovah

3:21   1802 Schreiber Jehovah

4:5   1784 Muenter Jehovah – 1806 Muenter Jehova

4:8   1545 Luther HERR – 1734 Zinzendorf Jehovah – 1739 Kayser Jehovah – 1752 Bengel HERR – 1773/4 Bahrdt Jehovah – 1777 Hahn HERR – 1780 Lavater Jehovah – 1784 Muenter Jehovah – 1802 Schreiber Jehovah – 1806 Muenter Jehova – 1835Veith Jehova – 1840 Albrecht Jehovah – BauerWb Gott – 1930 Rutherford Jehovah – ThWNT Gott – 1963 NeueWelt Jehova – TBLNT Gott – KarlHeil Jehovah – 1980 Pfleiderer Jehova – EWNT Gott – 1994 Stern Adonai – 2006 gerechteSprache ksGOTT (neben Macht ohne

Hervorhebung) – 2010 Eichberger HERR – 2015 Biermanski Jahweh – 2015 Wössner HERR – 2016 Stahl Y'HOVAH – 2017 Fotteler HERR

Offenbarung 4:11   1545 Luther HERR – 1734 Zinzendorf Jehovah – 1739 Kayser Jehovah – 1752 Bengel HERR – 1768 Rambach Jehovah – 1773/4 Bahrdt Jehovah – 1777 Hahn HERR – 1780 Lavater Jehovah – 1784 Muenter Jehovah – 1806 Muenter Jehova – 1825 Hahn Jehovah – 1840 Albrecht Jehovah – ThWNT Gott – 1963 NeueWelt Jehova – TBLNT Gott – KarlHeil Jehovah – EWNT Gott – 1994 Stern Adonai – 2006 gerechteSprache Macht (ohne Hervorhebung)

5:1	1802 Schreiber Jehovah
5:2	1802 Schreiber Jehovah
5:3	1802 Schreiber Jehovah
5:4	1802 Schreiber Jehovah
5:6	2015 Biermanski Jahweh
5:7	1780 Lavater Jehovah – 1802 Schreiber Jehovah
5:8	1780 Lavater Jehovah
5:9	2015 Biermanski Jahweh
5:13	1802 Schreiber Jehovah
6:2	1802 Schreiber Jehovah
6:9	1739 Kayser Jehovah – 2015 Biermanski Jahweh
6:10	1545 Luther HERR – 1802 Schreiber Jehovah – KarlHeil Jehovah – 2015 Biermanski Jahweh – 2016 Stahl Y'HOVAH
6:16	1802 Schreiber Jehovah
7:2	1773/4 Bahrdt Jehovah
7:3	1806 Muenter Jehova
7:4	1780 Lavater Jehovah
7:5	1780 Lavater Jehovah
7:9	1802 Schreiber Jehovah
7:10	2015 Biermanski Jahweh in Klammer
7:11	2015 Biermanski Jahweh
7:14	1802 Schreiber Jehovah
7:15	2015 Biermanski Jahweh
7:17	2015 Biermanski Jahweh
8:2	1773/4 Bahrdt Jehovah – 2015 Biermanski Jahweh

Offenbarung 8:4   1806 Muenter Jehova – 2015 Biermanski Jahweh

8:6	1802 Schreiber Jehovah
9:4	2015 Biermanski Jahweh
9:13	1780 Lavater Jehovah – 2015 Biermanski Jahweh
10:1	1802 Schreiber Jehovah
10:7	1780 Lavater Jehovah – 1802 Schreiber Jehovah – 1806 Muenter Jehova
10:9	1802 Schreiber Jehovah
11:1	1806 Muenter Jehova – 1986 NeueWelt *
11:2	1780 Lavater Jehovah – 1798 Stolz Jehovah – 1805 Scherer Jehova
11:4	1777 Hahn HERR – 1780 Lavater Jehovah – 1784 Muenter Jehovah – 1798 Stolz Jehovah – 1805 Scherer Jehova – 1806 Muenter Jehova – ThWNT Gott – EWNT Gott – 2006 GerechteSprache Macht (ohne Hervorhebung)
11:6	1802 Schreiber Jova
11:11	2015 Biermanski Jahweh
11:13	1780 Lavater Jehovah – 1802Schreiber Jehovah
11:15	1752 Bengel HERR – 1773 Bahrdt Gott – 1777 Hahn HERR – 1780 Lavater Jehovah – 1797 desCotes Jehovah – 1798 Stolz Gott – BauerWb Gott – ThWNT Gott – TBLNT Gott – 1968 GuteNachricht Gott – EWNT Gott – 1983 HoffnungFürAlle Gott – 2015 Biermanski Jahweh
11:16	1780 Lavater Jehovah – 1806Muenter Jehova – 2015 Biermanski Jahweh 2x
11:17	1545 Luther HERR – 1752 Bengel HERR – 1777 Hahn HERR – 1780 Lavater Jehovah – 1784 Muenter Jehovah – 1788 Johannsen Jehovah – ThWNT Gott – 1963 NeueWelt Jehova – TBLNT Gott – KarlHeil Jehovah – EWNT Gott – 1994 Stern Adonai – 2006 GerechteSprache Macht (ohne Hervorhebung) – 2010 Eichberger HERR – 2015 Wössner HERR – 2015 Biermanski Jahweh – 2016 Stahl Y'HOVAH – 2017 Fotteler HERR
11:18	1780Lavater Jehovah
11:19	1986 NeueWelt * – 2015 Biermanski Jahweh
12:5	1780 Lavater Jehovah – 1806 Muenter Jehova
12:6	1802 Schreiber Jehovah
12:10	1802 Schreiber Jehovah
12:17	1739 Kayser Jehovah
13:6	1802 Schreiber Jehovah – 2015 Biermanski Jahweh
14:1	2015 Biermanski Jahweh in Klammer
14:3	1802 Schreiber Jehovah – 1806Muenter Jehova

Offenbarung 14:4 2015 Biermanski Jahweh

14:5 1806 Muenter Jehova

14:7 1806 Muenter Jehova – 2015 Biermanski Jahweh

14:10 1802 Schreiber Jehovah – 2015 Biermanski Jahweh – 2016 Stahl Y'HOVAH

14:12 2015 Biermanski Jahweh

14:19 1806 Muenter Jehova

15:2 1784 Muenter Jehovah – 2015 Biermanski Jahweh

15:3 1545 Luther HERR – 1752 Bengel HERR – 1773/4 Bahrdt Jehovah – 1777 Hahn HERR – 1788 Johannsen Jehovah – 1790 Brentano Jehovah in begleitender Paraphrase – BauerWb Gott – 1963 NeueWelt Jehova – KarlHeil Jehovah – 1980 Pfleiderer Jehova in Klammer – EWNT Gott – 1994 Stern Adonai – 2006 gerechteSprache ksGOTT (neben Macht ohne Hervorhebung) – 2010 Eichberger HERR – 2015 Biermanski Jahweh – 2015 Wössner HERR – 2016 Stahl Y'HOVAH – 2017 Fotteler HERR

15:4 1545 Luther HERR – 1752 Bengel HERR – 1773/4 Bahrdt Jehovah – 1777 Hahn HERR – 1788 Johannsen Jehovah – 1790 Brentano Jehovah in begleitender Paraphrase – 1963 NeueWelt Jehova – KarlHeil Jehovah – 1980 Pfleiderer Jehova in Klammer – EWNT Gott – 1994 Stern Adonai – 2006 GerechteSprache Macht (ohne Hervorhebung) – 2010 Eichberger HERR – 2015 Biermanski Jahweh – 2015 Wössner HERR

15:7 1784 Muenter Jehovah – 1802 Schreiber Jehovah – 2015 Biermanski Jahweh

15:8 2015 Biermanski Jahweh

16:1 2015 Biermanski Jahweh

16:5 1545 Luther HERR – 1755/6 Rambach Jehovah – 1788 Johannsen Jehovah – EWNT Gott – 1986 NeueWelt * – 2006 GerechteSprache Macht (ohne Hervorhebung) – 2015 Biermanski Jahweh

16:7 1545 Luther HERR – 1752 Bengel HERR – 1773/4 Bahrdt Jehovah – 1777 Hahn HERR – BauerWb Gott – ThWNT Gott – 1963 NeueWelt Jehova – TBLNT Gott – KarlHeil Jehovah – EWNT Gott – 1994 Stern Adonai – 2006 GerechteSprache Macht (ohne Hervorhebung) – 2015 Biermanski Jahweh – 2015 Wössner HERR – 2016 Stahl Y'HOVAH – 2017 Fotteler HERR

16:9 2015 Biermanski Jahweh

16:14 2006 GerechteSprache Macht (ohne Hervorhebung) – 2015 Biermanski Jahweh

16:19 1802 Schreiber Jehovah – 2015 Biermanski Jahweh

Offenbarung 17:3   1802 Schreiber Jehovah

17:14   1777 Hahn HERR

17:17   1802 Schreiber Jehovah – 2015 Biermanski Jahweh 2x

18:2   1802 Schreiber Jehovah

18:5   1802 Schreiber Jehovah – 2015 Biermanski Jahweh

18:8   1545 Luther HERR – 1752 Bengel HERR – 1773/4Bahrdt Jehovah – 1784 Muenter Jehovah – 1788 Johannsen Jehovah – 1790 Brentano Jehovah in begleitender Paraphrase – 1802 Schreiber Jehovah – ThWNT Gott – 1963 NeueWelt Jehova – 1965 Zink Gott – KarlHeil Jehovah – EWNT Gott – 1994 Stern Adonai – 2002 Schumacher Jahwe in Fußnote – 2006 Gerechte-Sprache Macht (ohne Hervorhebung) – 2015 Biermanski Jahweh – 2015 Wössner HERR – 2016 Stahl Y'HOVAH – 2017 Fotteler HERR

18:20   1802 Schreiber Jehovah

19:1   1545 Luther HERR – 1755/6 Rambach Jehovah – 1788 Johannsen Jehovah – 1986 NeueWelt * – 2015 Biermanski Jahweh

19:2   1986 NeueWelt *

19:4   1755/6 Rambach Jehovah – 1802 Schreiber Jehovah – 2006 GerechteSprache Macht (ohne Hervorhebung) – 2015 Biermanski Jahweh

19:5   1790 Brentano Jehovah in begleitender Paraphrase – 1806 Muenter Jehova

19:6   1752 Bengel HERR – 1755/6 Rambach Jehovah – 1773/4 Bahrdt Jehovah – 1777 Hahn HERR – 1788 Johannsen Jehovah – 1790 Brentano Jehovah in begleitender Paraphrase – 1806 Muenter Jehova – BauerWb Gott – ThWNT Gott – 1963 NeueWelt Jehova – TBLNT Gott – KarlHeil Jehovah – EWNT Gott – 1994 Stern Adonai – 2006 GerechteSprache Macht (ohne Hervorhebung) – 2015 Biermanski Jahweh – 2015 Wössner HERR – 2016 Stahl Y'HOVAH – 2017 Fotteler HERR

19:9   1739 Kayser Jehovah – 2015 Biermanski Jahweh

19:10   1739 Kayser Jehovah – 1806 Muenter Jehova – 2015 Biermanski Jahweh

19:13   1739 Kayser Jehovah – 2015 Biermanski Jahweh

19:15   1784 Muenter Jehovah – 1806 Muenter Jehova – 1994 Stern Adonai – 2015 Biermanski Jahweh

19:16   1545 Luther HERR – 1777 Hahn HERR

19:17   1784 Muenter Jehovah – 1802 Schreiber Jehovah – 1806 Muenter Jehova

19:21   1802 Schreiber Jehovah

20:3   1802 Schreiber Jehovah

Offenbarung 20:4   1739 Kayser Jehovah – 1802 Schreiber Jehovah – 2015 Biermanski Jahweh

20:6   2015 Biermanski Jahweh

20:9   1802 Schreiber Jehovah – 2015 Biermanski Jahweh

21:2   2015 Biermanski Jahweh

21:3   1739 Kayser Jehovah – 1802 Schreiber Jehovah – 2015 Biermanski Jahweh 2x

21:4   2015 Biermanski Jahweh

21:5   1802 Schreiber Jehovah – 1806 Muenter Jehova

21:11   1739 Kayser Jehovah – 2015 Biermanski Jahweh

21:22   1545 Luther HERR – 1752 Bengel HERR – 1768 Rambach Jehovah – 1773/4 Bahrdt Jehovah – 1777 Hahn HERR – 1788 Johannsen Jehovah – BauerWb Gott – ThWNT Gott – 1963 NeueWelt Jehova – TBLNT Gott – KarlHeil Jehovah – EWNT Gott – 1994 Stern Adonai – 2006 GerechteSprache Macht (ohne Hervorhebung) – 2015 Biermanski Jahweh – 2015 Wössner HERR – 2016 Stahl Y'HOVAH

21:23   1739 Kayser Jehovah – 2015 Biermanski Jahweh

22:1   1739 Kayser Jehovah – 1802 Schreiber Jehovah – 2015 Biermanski Jahweh

22:3   1739 Kayser Jehovah – 2015 Biermanski Jahweh

22:5   1545 Luther HERR – 1739 Kayser Jehovah – 1752 Bengel HERR – 1773/4 Bahrdt Jehovah – 1777 Hahn HERR – ThWNT Gott – 1963 NeueWelt Jehova – KarlHeil Jehovah – EWNT Gott – 1994 Stern Adonai – 2002 Schumacher Jahwe in Fußnote – 2006 GerechteSprache Macht (ohne Hervorhebung) – 2015 Biermanski Jahweh – 2015 Wössner HERR – 2016 Stahl Y'HOVAH – 2017 Fotteler HERR

22:6   1739 Kayser Jehovah – 1752 Bengel HERR – 1773/4 Bahrdt Jehovah – 1777 Hahn HERR – 1806 Muenter Jehova – ThWNT Gott – 1963 NeueWelt Jehova – TBLNT Gott – KarlHeil Jehovah – EWNT Gott – 1994 Stern Adonai – 2006 GerechteSprache Macht (ohne Hervorhebung) – 2015 Biermanski Jahweh – 2016 Stahl Y'HOVAH

22:7   1773/4 Bahrdt Jehovah

22:9   1739 Kayser Jehovah – 1806 Muenter Jehova – 2015 Biermanski Jahweh

22:16   1840 Albrecht Jehovah

22:18   2015 Biermanski Jahweh

22:19   1784 Muenter Jehovah – 2015 Biermanski Jahweh

22:20   2016 Stahl Y'HOVAH

RESÜMEE

Wer meint, den Namen Gottes im Neuen Testament zu verwenden wäre ein Alleinstellungsmerkmal der *Neue-Welt-Übersetzung*, der irrt: Im Lauf der letzten 500 Jahre haben im deutschen Sprachraum Dutzende Übersetzer unterschiedlichster Konfessionen den Namen Gottes im Neuen Testament eingesetzt, oder *kyrios* auf andere Weise so wiedergeben, dass eindeutig auf den Vater hingewiesen wird.

Wer der *Neue-Welt-Übersetzung* gar den Vorwurf der *„Bibelfälschung"* macht, weil sie *Jehova* an Stellen gebraucht, an denen im Griechischen *kyrios* steht, der müsste diesen Vorwurf auch gegen zahlreiche andere Bibelübersetzungen erheben, konsequenterweise auch gegen jene, die *Jesus* oder *Christus* an Stellen gebrauchen, an denen im Griechischen *kyrios* steht[484], oder die Christus mit dem im Grundtext dort nicht vorhandenen Attribut *göttlich*[485] versehen.

Es kann bereichernd sein, wenn Bibelleser auch Übersetzungen verwenden, die den Namen Gottes im Neuen Testament enthalten; Stellen wie Matthäus 22:37, Apostelgeschichte 15:17 oder Römer 10:13 mögen dadurch eine zusätzliche Bedeutung gewinnen. Umgekehrt kann es auch für Bibelleser, die vorwiegend die *Neue-Welt-Übersetzung* oder eine ähnliche Ausgabe verwenden, bereichernd sein, gelegentlich zu einer Übersetzung zu greifen, die bei Texten wie Römer 14:8 oder Kolosser 3:23 unterschiedliche Interpretationen zulässt.

---

[484] vgl. S. 148f
[485] vgl. S. 145

234